教育部人文社会科学研究一般项目『中越边境民间文化的跨境传播问题研究（编号14YJAGJW001）』项目成果之一

乡土社会与身份流动

左江流域刊刻契约文书中的人事关系研究

杨丽云 著

湖南大学出版社
·长沙·

图书在版编目（CIP）数据

乡土社会与身份流动：左江流域刊刻契约文书中的人事关系研究 / 杨丽云著. -- 长沙：湖南大学出版社，2025.8. -- ISBN 978-7-5667-4326-8

Ⅰ. D927.670.36

中国国家版本馆 CIP 数据核字第 20258RY966 号

乡土社会与身份流动：左江流域刊刻契约文书中的人事关系研究

XIANGTU SHEHUI YU SHENFEN LIUDONG：ZUOJIANG LIUYU KANKE QIYUE WENSHU ZHONG DE RENSHI GUANXI YANJIU

著　　者：杨丽云
责任编辑：葛江月
印　　装：长沙市雅捷印务有限公司
开　　本：787 mm×1092 mm　1/16
印　　张：16
字　　数：294 千字
版　　次：2025 年 8 月第 1 版
印　　次：2025 年 8 月第 1 次印刷
书　　号：ISBN 978-7-5667-4326-8
定　　价：68.00 元

出 版 人：李文邦
出版发行：湖南大学出版社
社　　址：湖南·长沙·岳麓山
邮　　编：410082
电　　话：0731-88822559（营销部），88821315（编辑室），88821006（出版部）
传　　真：0731-88822264（总编室）
网　　址：http://press.hnu.edu.cn
电子邮箱：574587@qq.com

序

ABSTRACT IN CHINESE

2025年春节刚过，杨丽云同志带着一本书稿来见我，要我给这本即将出版的专著写个序。我感到很高兴，不避老拙，答应了下来。

杨丽云同志是我的小同乡，以前并不相识。我们第一次见面是在2012年，那时她在崇左市壮族博物馆工作，我们是文博系统的同行，有很多共同语言。多次接触后，深知她热爱博物馆事业，对地方历史有浓厚研究兴趣，工作认真负责，刻苦钻研业务，进步很快，令人钦佩。

我是个考古工作者，在广西从事田野考古40余年，虽然也接触过大量石刻资料，但对契约文书没有研究，是个外行。如果说得上有点关系的话，那就是30多年前，我的老师张传玺教授专程来广西考察时，我有幸陪他到我工作的广西壮族自治区博物馆查阅馆藏契约文书。他要我挑选一些出来，编入他的《中国历代契约会编考释》。趁此机会，我向他请教了一些古代契约文书知识，专门研究了广西出土的南朝买墓地券。

中国古代社会法制不完善，以传统习惯法为支撑的民间契约成为人们日常生活中各种民事活动的准则。明代至民国契约在中国各地都有被发现，各大博物馆和图书馆或多或少都有收藏。崇左市壮族博物馆在机缘巧合下收藏的何村契约文书，吸引杨丽云同志从民俗文化研究转向地方历史文化研究。杨丽云同志这本专著的研究对象以何村契约文书为基础，延展到左江流域刊刻契约，有选择地运用左江流域碑刻资料，结合历史文献和田野调查资料，从契约的参与主体出发，探讨人们因交易行为而产生的身份流动，进而引发了人际关系、经济状况和社会地位的变化。研究专深，甚有新意。

契约文书是学者进行以小见大的地方文化研究的重要题材。契约的研究注重民间社会实践而不局限于分析官方法律表达。为深入研究何村契约文书，杨丽云同志多次走进何村，开展实地调查，访问村中老人，了解何村契约文书中所涉及的交易者之间的关系、交易的土地分布情况、契约中提到的宗族后裔等。为充分发挥左江流域丰富的刊刻契约文书价值和研究出亮点，她去崇左各县（市、区）文博单位和乡村搜集能体现左江流域历史上人们身份流动特点的碑刻，并对碑刻的内容进行核实确认，以此思考古代左江流域人们如何在现实社会结构和社会制度下实现人生转变和改变家族命运。

作为民间契约文书的研究成果，杨丽云同志的这本著作特色鲜明。契约文书由来已久，至清代，大江南北的契约已体现出高度格式化的特点。契约早已成为中国传统社会民众进行财产交易的主要文书，构成维护中国传统社会秩序的重要实体部分。目前，学者对契约文书的研究多集中在江南农耕社会的土地契约，对少数民族契约文书特别是对契约中所包容的身份变化的研究较少。这本著作从身份再生产、中人、女性角色、边民、圩民、身份焦虑等角度对契约文书中体现身份流动的证据进行分析，最大限度彰显出左江流域刊刻契约文书的史料价值，让读者有“物尽其用”之感。本书挖掘买地券中生人、亡者与神灵角力所体现的身份问题，从身份再生产、身份焦虑等视角对契约文书进行深层解读，这是该书的一大亮点。这些研究成果让人耳目一新。

左江流域历代碑刻甚多，契约文书只是其中很少的一部分，杨丽云同志抓住了“契约”这个关键词，找准切入点，独辟蹊径，取得了成果。沿着这个思路，还可以探讨一些新的研究课题，把左江流域历代碑刻研究做深做透。杨丽云同志有较深厚的学术功底和综合研究能力，而且充满热情、执着。我们热切期待她取得更大的成绩！

是为序。

蒋廷瑜

2025 年 3 月 10 日于广西南宁

目 录

CONTENTS

绪论

PROLEGOMENON

一、研究缘起

中国传统社会长期以来流行以契约为凭进行民间交易。人们习惯使用契约文书交易已有数千年的历史。契约文书是人们在发生有关物权和债权行为时，用文书形式确定下来，表示信守诺言，确保当事人履行权利和义务而形成的纸质文件。① 契约文书是学者们，特别是历史研究学者进行以小见大、研究微观社区的重要媒介。

契约文书中很大一部分来自博物馆的收藏，如被研究引用比较多的张传玺主编的《中国历代契约会编考释》中的很多契约来源于广西壮族自治区博物馆、湖北省博物馆、中国历史博物馆、福建省博物馆等多家博物馆。② 博物馆作为集收藏、研究、展示和社会教育于一体的机构，在收藏契约上具有明显的优势。首先，博物馆具备较好的契约文书保藏条件。随着中国的博物馆事业蓬勃发展，国有博物馆在文物保藏整体环境上有较大改善，市级以上的国有博物馆基本上配有密集柜和囊匣。条件较好的博物馆有恒温恒湿的库房和有利于文物展示的设备。对保存环境要求相对较高的纸质文物，最好放置于博物馆保藏。其次，博物馆有专业技术人员。契约文书经过岁月洗涤，有发黄、脆弱、酸化现象，甚至病虫害较严重。这些需要专业技术人员对契约文书进行修复。博物馆的古籍修复人员对纸质文物进行全面修复，为更

① 杨国桢：《明清土地契约文书研究（第三版）》，北京师范大学出版社，2021，序言第 1 页。

② 张传玺主编《中国历代契约会编考释》，北京大学出版社，1995，说明页。

好地保存这些文书提供了基础。第三，博物馆收藏契约文书为其发挥最大社会效应提供了可能。博物馆不仅有专业技术人员对契约文书进行修复，还有研究人员对其进行研究以充分发挥其史料价值，还可以通过展览形式将研究成果进行转化，让更多人受益。

2021 年 1 月 26 日下午，崇左市江州区农业局何军群先生带着一沓契约文书来到崇左市壮族博物馆，他慷慨地把这些契约文书无偿捐赠给崇左市壮族博物馆永久收藏。何先生的捐赠义举使这批契约文书得以发挥其价值。因为这批契约文书来源明确，便于学者了解其产生的历史背景和文化生态原貌，充分展现其历史价值和社会价值。

据何军群先生介绍，捐赠的契约文书是自己家族祖辈多年田产交易的历史见证。10 多年前，崇左市江州区濑湍镇九岸村何村屯何军群的堂兄何荣柏、何荣慧在拆旧屋建新房时，于屋顶横梁处发现了这些契约文书。这些契约文书是何荣柏爷爷何恩深放在横梁上保存的。何恩深在家中排行最小，按当地人的习惯，家庭最重要的物品留给最小的儿子保管。房屋的横梁是屋中最高处，是家中相对安全的地方，不易被老鼠和水火侵犯，人也不易接触到。可见，何氏家族非常重视这批契约文书。这批契约文书共 34 件，时间跨度从清代至民国，包括 1 件账单、1 件收据、2 件分单、3 本礼封簿、4 件八字单，其余 23 件为土地契约文书（其中 2 件为土地交易范本）。因这批契约上所涉及的人和交易标的物都指向“四图更河村”①，也就是现在的崇左市江州区濑湍镇九岸村何村屯，当地人所称的何村，为研究方便，将这批契约文书统称为何村契约文书，其土地契约简称为何村契约。②

何村契约文书承袭有序，涉及的人事关系清晰，是清末民初左江流域社会文化的一个缩影。③ 何村契约文书具有很好的归户性，属于个案与专题性资料，正是人文科学研究所需要的。④ 为发挥这批契约文书最大的史料价值和社会价值，笔者花了近 3 年的时间整理解读这批契约文书，发现何村契约文书包含丰富多元的身份信

---

① “更”字在何村契约文书中写法不一，现统一用音近的“更”字代替。

② 杨丽云：《清代至民国时期左江流域民间契约文书中身份再生产研究——以何村契约文书为例》，《广西民族师范学院学报》2024 年第 3 期。

③ 杨丽云、秦婕：《清至民国时期广西左江流域民间契约文书研究———以崇左市壮族博物馆新藏何村契约为中心》，《农业考古》2024 年第 3 期。

④ 吕燕平：《安顺屯堡刊刻契约文书探析》，《安顺学院学报》2019 年第 1 期。

息，为研究左江流域民间契约文书中的农民身份流动提供不可多得的材料。为揭示何村契约文书中丰富的身份信息与当时社会环境之间的关联性，在前人已有研究成果基础上，本书试图以何村契约文书为基础，结合何村田野调查的资料，整合左江流域与身份相关其他的刊刻契约文书①，致力于对明至民国时期左江流域刊刻契约文书所包含的身份流动信息及社会人情网络关系进行研究②，为铸牢中华民族共同体意识提供历史逻辑参考。

二、学术史回顾

契约文书作为我国民间历史久远的一种私人文书，不仅是物权和债权的证明③，还是多元身份下的行为结果。一张陈年发黄的契约，从其格式化表述中，可以感受到多方身份力量的碰撞。本书致力于研究左江流域刊刻契约文书中的身份流动，为服务研究主旨，文献综述以契约中身份研究为主，主要包括两个方面：一是身份理论研究综述；二是契约与身份相关理论综述。

（一）国内外学者对身份的理论研究

围绕身份相关学术话题，国内外学者展开了大量的研究，把身份置于一系列急迫的理论论争和政治问题的核心位置④，使身份成为二十世纪九十年代以来文化研究中的一个核心概念⑤。国内外学者从不同角度对身份理论进行探索研究，并对身份的内涵表达了各自的见解。

1. 国外学者对身份的理论研究

身份理论研究是以哲学问题的方式进入人们视野的。苏格拉底提出的“我是谁”的问题涉及身份问题本质。威廉·詹姆斯认为人以自我为主体，并在与他人交往中

---

① 栾成显认为契约文书不单指纸质的，还包括有契约性质的碑刻和书籍，这统称为刊刻契约文书。见栾成显《明清契约文书的研究价值》，《史学月刊》2005 年第 12 期。

② 目前，左江流域发现最早的刊刻契约文书年代是明代，为立于广西崇左市龙州县逐卜乡逐卜村板弄屯的《明正德元年龙州土司赵溥给弄旦甲民众帖文碑》。

③ 杨国桢：《明清土地契约文书研究（第三版）》，北京师范大学出版社，2021，序言第 1 页。

④ Paul Gilroy：Diaspora and the Detours of Identity，Identity and Difference，edited by Kathryn Woodward，Sage Publications and Open University，1997，p. 301.

⑤ Chris Barker：The Sage Dictionary of Cultural Studies，Sage Publications Ltd，2004，p. 93.

建构结构性关系，提出了“自我”概念。在社会整体中，每一个不同的自我就是一种身份。不同的自我对应不同的角色。为此，身份成为连接研究社会地位与象征意义的一条纽带。①

米德发展了威廉·詹姆斯的“自我”概念，将之分为能动性和创造性的“主我”、社会性“客我”和社会过程中“一般化的他人”。自我是一个借助“主我”与“客我”相互作用的社会过程。复杂的社会结构影响个体的自我发展和表现；个体以自我的形式不断地变换社会角色、参与社会互动，并从他人视角来观察自我、承担社会责任，实现社会意义。② 米德从“自我”概念出发构建起个体在社会角色中的形成过程。

伯克和斯泰茨认为身份具有多元的意义。这些意义成为社会结构中与地位相关的预设行为的基础。身份理论是随着结构理论产生的，具有一定的行为和预设模式。同时，身份产生与结构相关的行为模式，而行为模式是社会结构中的身份不断生产和再生产的意义，以及与象征模式互动产生的证明自我的意义。多元的身份协商制造身份角色。身份生产的象征与意义模式是通过展示自我确认的意义来展现和维持身份的。③ 依此观点，身份的意义相当于身份的功能作用。

阿兰·德波顿认为渴求一种生存的尊严和获取他人的爱是所有人追求和渴望的焦点。物质匮乏时，被人忽略、受人白眼的人如果意识到自己身份的低下并危及自尊，会产生身份焦虑。而大量的财富给人带来显耀的身份，让人赢取他人的尊重。人的身份转变，甚至死亡，才能消除身份焦虑。④ 他的精辟观点为解决因交易产生的身份焦虑提供方法。

库勒认为个体组成了丰富多彩的社会结构内容，个体与社会是一个硬币的两面，个体行为创造了社会结构，反过来社会结构影响并促成个体行为。个体与社会组成一个相互影响的复杂系统。⑤

彼得·布劳认为社会位置与社会结构紧密相连。社会结构是不同社会位置的人所组成的多维空间，是人们在不同方面的社会位置的分布。社会结构反映和影响人们的角色关系和社会交往。社会交往、社会流动和社会分化构成了社会结构的组成

---

① William James, Psychology: The Briefer Course, New York: Holt, 1892.

② 乔治·赫伯特·米德：《心灵、自我与社会》，赵月瑟译，上海译文出版社，2014，第 48-179 页。

③ Peter J. Burke and Jan E. Stets: Identity Theory, New York: Oxford University Press, 2009, P16-17.

④ 阿兰·德波顿：《身份的焦虑》，陈广兴，南治国译，上海译文出版社，2020。

⑤ Cooley, Charles H.: Human nature and social order. New York: Scribner, 1902.

部分。社会交往过程和社会流动过程将这些社会位置通过为其提供社会位置之间的传播途径而连接起来。社会分化体现了人们在社会位置上的分布，其包括不平等分化和异质性分化，这既包括像社会经济地位和权力一样的等级序列位置分布，也包括宗教和性别等无序的位置分布。社会结构包含了多种形式的不平等和异质性相交叉或是社会各个方面发生的相关差异性。① 彼得·布劳把人的身份界定为社会位置，人所处的不同社会位置导致人们分化和地位的不平等。

谢尔德·斯德莱克认为社会上的每个人因拥有不同的位置或角色而有不同的身份或内在化的地位称号。这些内在化的称号以各种意义形式呈现。人类的行为根源在于分类化的社会，这些名誉或阶层与物质环境和精神环境密切相关。它们具有以社会互动为基础、以共享行为为期待表现的意义。在与他人的互动中，个体学会如何认识个体自己与客体之间的关系，同时也学会以他人的期盼为行动指向。阶层习惯性以社会地位为代表进行区分。地位是社会结构中相对稳定的、形态学的组成部分。这些地位带有惯例所贴的“角色”标签和角色的共享行为期待。这些角色标签、行为期待和行为意义内化成身份角色中自我的一部分。这些自我标签界定了占据社会职位的个体。同时，这些社会地位与个人联结起来。② 谢尔德·斯德莱克的观点深化了身份在社会互动中的功能意义。

托马斯认为人们受到情境因素的影响，并不总是对角色规范行事，而是通过互相了解对方行为的特定意义(即情境定义)来完成互动。③

林顿把“身份”(status)与“角色”(role)两者进行了区分，指出前者是一个人在社会系统中的位置或职务，后者是具有某种身份的人应该履行的行为。身份分为出生时拥有先天赋予的“天赋身份”和后天经过个人努力得到的“获得身份”。天赋身份是有限的、基本不可改变，获得身份是无限的。人们从事的绝大多数职业都是获得身份，天赋身份和获得身份互不排斥。中年时期的个体拥有最多的身份，童年和老年的个体拥有的身份最少。当一个人对自己的身份不满意时，他往往会试图改变角色。衡量社会进化的一个标准是获得更多的身份机会。很多的后天身份是技术进步和社

---

① 彼得·布劳：《不平等和异质性》，王春光、谢圣赞译，中国社会科学出版社，1991，第8页。

② Stryker，Sheldon：Identity salience and role performance. *Journal of Marriage and the Family*，1968.

③ Thomas W I：The behavior pattern and the situation. Publications of the American Sociological Society，1927 (22)：1-14.

会组织增加的结果。① 角色经常被描述成结构特征和被期望的特征的总合，它是一个人在社会中被期望采取的符合规范的行为。每个人在社会上都有多个角色，这是多系统运作的结果。当一个人的行为与社会互动系统不符时，就会产生角色冲突和角色紧张。适应多角色社会互动系统的个人能提高和激励个人发展。② 林顿的身份理论为解决现实社会中的身份不平等现象提供技术参考。

卡瑞拉认为个体身份追求自我证明和自我效能，即追求自我意识与所扮演的角色之间和角色扮演的目标与效果之间的一致性。它源于社会功能分化和劳动分工导致的角色分化。人们多在互动过程中激活多元身份角色，并产生不同的行为。多元身份角色呈现一个显著性的序列。当某一身份角色的显著性越高，它对互动行为的影响也就越大。为此，人们在互动中，根据他人身份序列显著性的高低，预测他人行为，并选择自己相应的身份角色。③

斯图亚特认为，群体身份认同是以差异的集体意识为特征的群体分化。群体身份认同由单个个体身份认同组成，其追求的是群体成员在观念与行动上保持群体特性，以及个体在社会互动中获取群体身份认知。④

戈尔曼制造的拟剧论模型用以分析研究人们在日常生活中如何呈现和表现自己的身份建构。人们通过精心设计并策略性地表现自我来实现身份的展示。污名是一种产生于互动的定义或标签，意味着自我和他人之间存在地位差异。⑤

马歇尔、吉登斯等著的《公民身份与社会阶级》阐释了公民身份的三个要素，分别为公民的要素、政治的要素和社会的要素。身份与公民身份是不同的。现实不存在对所有人一样的权利和义务，但在中世纪，也存在平等公民身份的实例。⑥

梅因把契约与身份连接起来研究，认为所有进步社会的运动，是一个从身份到

---

① 罗伯特·F·莫菲：《文化和社会人类学》，吴玫译，中国文联出版公司，1988。

② Linton R：The Study of Man：an Introduction. New York：Appleton Century Crofts，1936：113-114.

③ Callero PL：Role-Identity Salience. Social Psychology Quarterly，1985，48(3)：203-214.

④ 斯图亚特·霍尔、保罗·杜盖伊：《文化身份问题研究》，庞璃译，河南大学出版社，2010，第2-18页。

⑤ 罗布·斯通斯主编《核心社会学思想家(第3版)》，姚伟、李娜译，上海人民出版社，2020，第176-257页。

⑥ T. H. 马歇尔、安东尼·吉登斯等：《公民身份与社会阶级》，郭忠华、刘训练编，江苏人民出版社，2008，第11页。

契约的运动。[①]

以上国外学者对身份独到的见解对本书的研究提供了很好的启发。

2. 国内学者对身份的理论研究

国内学者对身份理论开展了积极研究，如王雄、郭忠华的研究表明，身份作为一种社会资本，是被结构化建构的，既是社会的产物，也是社会过程。在身份建构中，个体才有部分选择身份的机会。[②] 侯钧生认为身份是一种特殊的文化资本。[③] 王力平认为中国封建社会是基于血缘宗族关系之上的身份社会。血缘关系是连接家族与国家、社会的基本纽带，身份等级是形成一切社会关系的基础。中国传统文化的身份体制是符号权力的象征，遵从权威，也是遵从礼制的表现，是传统中国普遍价值理念。身份是一种资源和社会资本，能够再生出社会关系和社会互动模式。[④] 这些学者结合中国文化特点提出在地化的身份理论，为国内学者后期进行相关身份理论研究提供重要参考。

国内学界以具体群体产生的案例对身份再生产进行研究。学者分别研究非物质文化遗产传承人的身份再生产[⑤]、新乡贤的身份再生产[⑥]、城市农民工的身份再生产[⑦]、返乡知青的身份再生产[⑧]、契约文书中身份再生产[⑨]等。如郝彩虹以北京 M 号线地铁上建筑农民工为例得出，在多重结构条件约束背景下，基于当前利益计算的主体策略，老一代农民工暂时实现了当期的经济目标，却固化其社会身份地位，只是完成农民工和农民身份在经济消费上的再生产，却没有实现文化上身份的提升转

① 梅因：《古代法》，沈景一译，商务印书馆，2023。

② 王雄、郭忠华：《公民身份视野下中国底层阶级的形成》，《浙江学刊》2013 年第 3 期。

③ 侯钧生主编《西方社会学理论教程（第二版）》，南开大学出版社，2006，第 414 页。

④ 王力平：《身份的社会资本属性及其功能》，硕士学位论文，西北师范大学社会学系，2007 年，第 8 页。

⑤ 中国艺术人类学学会、大连大学编《艺术人类学的中国建构》，兰州大学出版社，2018。

⑥ 周丹丹：《新乡贤参与乡村振兴研究——重返费孝通乡土重建的视野》，《江淮论坛》2019 年第 3 期。

⑦ 郝彩虹：《老一代农民工的主体策略与身份再生产——基于 E 地铁工地农民工的考察》，《北京科技大学学报（社会科学版）》2018 年第 1 期。

⑧ 刘明明：《身份再生产：返城知青阶层嵌入的两重分化》，《清华社会科学》第 5 卷第 2 辑，第 195-220 页。

⑨ 杨丽云：《清代至民国时期左江流域民间契约文书中身份再生产研究——以何村契约文书为例》，《广西民族师范学院学报》2024 年第 3 期。

变。[①] 这些案例从一个侧面阐述了特殊人群为增加经济收入或名望主动发生的身份再生产，但没有阐明身份再生产的概念内涵和外延。

国内学者对不同群众以身份流动的视角进行研究。如李飞的研究表明，个人通过努力，可以实现社会地位的提升。科举制度是身份流动的制度。古代中国早已建立社会身份流动性的制度。[②] 斯钦巴图的研究表明，非物质文化遗产的记录整理者具有接受者、传播者、学者等多重身份。这些身份随着记录整理活动进展不断发生流动，这些身份流动呈现出主观性或客观性。[③] 张杨希通过分析舞蹈作品《人世间》进而阐释观演关系的流动。他认为，《人世间》的多种表演方式让观众沉浸其中，使观众与演员同频发生互动，成为作品完整呈现的组成部分，实现了观众通过演员表演实现身份流动的体验。[④] 林晓兰、唐有财在对都市女性白领的职业功能进行分析后认为，职业是一种配置性资源，职业流动的方向促进都市女性白领的身份流动。[⑤] 平田茂树对宋代科举制度的研究认为，科举制度促进社会阶层和身份的流动，带来了人口的活化移动。[⑥] 周聿峨、余彬从东南亚华人融入当地生活历程中所拥有的主权、资本视角探讨东南亚华人的身份流动。他们认为东南亚华人的身份流动是一种话语权建构过程。东南亚华人所处的历史性与全球化的社会空间，构成其身份流动性的历史语境与全球化语境。[⑦] 这些学者对不同群体的身份流动的研究成果为本书的研究提供启发。

（二）国内契约与身份相关研究

1. 契约研究

杨国桢在《明清土地契约文书研究》的序言中对中国民间契约的研究现状进行了

① 郝彩虹：《老一代农民工的主体策略与身份再生产——基于E地铁工地农民工的考察》，《北京科技大学学报（社会科学版）》2018年第1期。

② 李飞：《好医生是怎样炼成的：一位医学院教师的调查笔记》，湖北教育出版，2014，第51页。

③ 斯钦巴图：《论民间文学记录整理者的身份流动及身份认同》，《中国非物质文化遗产》2023年第6期。

④ 张杨希：《舞蹈作品中观演关系的创新实践探究——以舞蹈作品〈人世间〉为例》，硕士学位论文，上海体育大学艺术硕士（舞蹈）系，2021。

⑤ 林晓兰、唐有财：《都市女性白领的职场发展与身份流动——一个社会学的分析框架》，《福建论坛（人文社会科学版）》2014年第3期。

⑥ 平田茂树：《宋代政治史研究的新视野——以科举社会的“人际网络”为线索》，《史学月刊》2014年第3期。

⑦ 周聿峨、余彬：《东南亚华人身份流动性的全球化语境》，载李一平、刘稚主编《东南亚地区研究学术研讨会论文集》，厦门大学出版社，2011，第76-86页。

详细的梳理。他把国内学者以契约为研究对象且较有影响的论著从社会经济史（含社会文化史、历史人类学）和法制史两个研究视角进行分类和总结，认为这些研究多是地域性的知识和“小历史”，海量的契约文书还没有被研究者利用变成“历史事实”。① 他梳理明至清代全国各地同时期契约文书的特点，对比分析各地的地权关系，但没有具体分析左江流域的契约文书。

王旭在《契纸千年：中国传统契约的形式与演变》中对中国传统契约出现的格式变化特点进行梳理，发现契约既有格式化特点又有地方特色，体现了契约的二重性。民间旧契约连同新契约转移至新的所有人手中的操作方式，显示国家和地方实践具有相似性。他认为契约是一种制度性安排。②

吴向红在《典之风俗与典之法律》中分析典的来源、典中的各项权利和典的运行模式，以及对现代社会的影响。他认为典是一种在农民没有最后失去土地的前提下完成土地流通的替代手段。典具有抵押的金融工具功能，发挥着重要的社会保障作用，有效增加了地权的弹性，提高农民抵抗社会风险的能力。③ 他对典的独特见解为解决土地交易所产生的身份焦虑提供出口。

龙登高在《地权市场与资源配置》中，对比中外土地交易形式，细分了中国传统土地交易形式中典、租、当和押的概念。他认为，中国古代地权交易形式多样化，可分为资产性地权的田底权交易和经营性地权的田面权交易。地权通过人们之间缔结契约成为融通性工具。④ 他对中国传统土地交易形式的细分和功能详解，为阐明人们凭土地交易实现身份流动提供重要参考。

赵晓耕认为古代中国是一个契约社会，契约本身是一种生活方式，也是古代人自治的表现。⑤

徐嘉露研究明代契约时发现，明代民间契约涵盖范围广、契约格式统一、契约参与人呈现多样化的趋势。明代民间契约调整着人身关系、财产关系以及社会关系的有效运行。明代民间广泛存在的契约关系，得力于政府的积极推动和当时繁荣发

① 杨国桢：《明清土地契约文书研究（第三版）》，北京师范大学出版社，2021，第三版序第 11 页。
② 王旭：《契纸千年：中国传统契约的形式与演变》，北京大学出版社，2013。
③ 吴向红：《典之风俗与典之法律》，法律出版社，2009。
④ 龙登高：《地权市场与资源配置》，福建人民出版社，2012。
⑤ 赵晓耕主编《身份与契约：中国传统民事法律形态》，中国人民大学出版社，2012，第 18 页。

展的社会经济和文化。①

梁治平认为，中国契约文书表达了规则，并规定了当事人之间的权力和义务，是礼的实践方式之一。中国古代契约流行的前提是为了维护家的秩序。礼制成为划分中国古代社会成员等级身份的标志。在中国古代社会，物质享受与人所处的社会地位是统一的，物质享受转化成一种特定的身份象征，并表现出等级名分，通过差异化的物质消费形式表现出个体身份的不同。②

张应强研究清代清水江地区契约时发现，人们凭借国家力量的"纳粮附籍"对地权关系进行界定和确认，并取得土地产权，有的人因此实现了从外客到土著的身份转变。③

刘志伟在研究珠江三角洲地区土地开垦中所形成的"沙田—民田"的空间格局时提出，田地的差别不只是地的自然形态的差别，更是一种经济文化现象和一种文化权力的结构体现，是一种身份区分和一种族群认同的标记。④

李鹏飞通过分析清代清水江文书中契约签订者以及中人的身份角色得出，契约文书是人们构建关系网络的载体，也是原有社会关系的隐性表达。清水江文书中的外来人口以地缘、血缘关系为基础，在异地他乡构建新的社会网络，并通过契约活动不断地加强和拓展自己的关系网络，以此获得生存空间与社会资源。⑤

马源对清代至民国时期太原吴家堡契约文书从分类、结构、产权上进行分析得出，立契者分为单独主体和联合主体，典当导致地权横向权能分化和所有权纵向分割。⑥

上述学者各自从自己熟悉的、具有较好归户性的契约出发，提出鲜明的观点，对本书研究具有重要参考价值。

---

① 徐嘉露：《明代民间契约习惯研究》，博士学位论文，郑州大学中国史系，2018。

② 梁治平：《寻求自然秩序中的和谐：中国传统法律文化研究》，商务印书馆，2013，第27-28页。

③ 张应强：《木材之流动：清代清水江下游地区的市场、权力与社会》，生活·读书·新知三联书店，2006，第206-209页。

④ 刘志伟：《地域社会与文化的结构过程——珠江三角洲研究的历史学与人类学对话》，《历史研究》2003年第1期。

⑤ 李鹏飞：《清代清水江文书中的外来人口及其在地化——基于社会网络分析的视角》，《西南民族大学学报(人文社会科学版)》2023年10期，第17页。

⑥ 马源：《清至民国时期太原吴家堡契约文书研究》，硕士学位论文，山西大学中国史专业，2023。

2. 中人研究

中国传统契约是建立在身份基础上强关系主导的社会信仰。中人是信仰的桥梁。学者从中人的选择标准、中人的社会功能和中资（报酬）等方面对中人进行研究。

学者认为人们在中人的选择上充满理性思考。杜成材、吕燕平的研究表明，安顺大屯契约普遍存在每张契约有四个以上的中人，主要有族长、亲族、妇女、立契者本人等。① 黎开然的研究得出，清至民国时期，在桂林地区民间契约中充当中人身份的有妇女，也有买卖双方自当中人的情况。② 郭睿君的研究表明，中人的选择不拘于个人社会地位、经济状况和社会威望，而是根据契约双方具体情况和实际需要来定，甚至妇女和佃人都能当任中人，但自身品质良好是成为中人的重要条件。③ 王烨发现湖北天门熊氏契约文书有“中人群体”现象。④ 卢佳明分析《中国历代契约会编考释》里的中人总结出，不同时代、不同地域的“中人”“保人”的称谓有所差别，以此可划分不同契约类型和不同的历史发展阶段的契约。⑤ 陈胜强统计分析清代契约里中人的名称和人数、中资等情况得出，作为乡村干部的“乡保”和拥有较好经济条件或者社会影响力的乡民容易被选为中人。他们的身份地位可以弥补交易双方的信用落差、平衡买卖双方的权利和义务，成为契约第二位的当事人。⑥ 渠桂萍认为，在20世纪前期的华北乡村，中人集中在社区领袖与能力型人才两大群体，且二者担任中人的动机与效果有所不同。⑦

学者对中人的多重功能进行研究。瞿见在梳理代笔人的文献基础上以清水江文书为例得出，代笔人不是被动书写契约，而是主动表达意义地书写契约。代笔人是发挥主观能动性的契约书写者。⑧ 瞿见研究了黔东南文斗寨契约中笔银支付方式和中资在不同时间段的变化情况，研究结果表明，代笔人不仅担当代笔角色，还兼见

---

① 杜成材、吕燕平：《安顺大屯契约中的中人社会身份初探》，《安顺学院学报》2021年第1期。

② 黎开然：《清至民国时期桂林契约文书“中人”身份探析》，《理论观察》2024年第5期。

③ 郭睿君：《清代徽州契约文书所见“中人”身份探讨》，《档案学通讯》2017年第4期，第58-63页。

④ 王烨：《清代湖北天门熊氏土地买卖契约文书所见中人身份探讨》，《社会科学动态》2023年第8期。

⑤ 卢佳明：《经济关系券契“中人”“保人”异同论——以〈中国历代契约会编考释〉为样本》，硕士学位论文，沈阳师范大学法律史系，2023。

⑥ 陈胜强：《论清代土地绝卖契约中的中人现象》，《民间法》2011年第1期。

⑦ 渠桂萍：《试述20世纪前期华北乡村中人在社会分层结构中的地位》，《山西高等学校社会科学学报》2008年第2期。

⑧ 瞿见：《“依口代笔”与“依稿代笔”：清代清水江契约的代笔方式》，《思想战线》2024年第1期。

证人的角色。[①] 郭睿君分析明清徽州契约文书的中人时得出，周至清代的中人称谓的变化反映个体在实际契约活动中扮演的不同角色和担当的不同职能。[②] 他认为历史上，中人在一些地区曾是一份收取报酬的职业。支付中人报酬带有一定的主观性，成为一种定例，且平均中资呈现上升的趋势：清代总体高于明代，清中后期高于清早期。[③] 他的研究表明，明清时期的中人通过传统的风俗和情理调解契约实践过程中出现的各类纠纷，但中人的调解并非万能，存在诸多的局限。[④] 杨志军、刘崧以清水江文书为例，证明了文书是信任的物化表征，文书的中人扮演了信任关系的结构要件，而熟人社会的声誉与面子则为信任提供用之不竭的精神动力。[⑤] 王帅一的研究表明，中国传统契约中的中人通过人为制造的熟人关系将交易双方联系起来，形成具体人际关系，借助中国文化所塑造的以道德评判为主的“熟人关系”保障契约关系实施。[⑥] 毛永俊分析清代土地买卖契约里中人存在的中国传统法律背景时指出，“中人”存在的现实基础是传统民事立法领域中国家制定法的让位和制度供给不足，中人填补当事人寻求国家制度外的保障的需求。“中人”发挥作用的民事司法背景是“中人”承担民间调解纠纷的功能。同姓“中人”和邻里“中人”是清代契约的重要特点。[⑦] 陈胜强认为，清代土地绝卖契约里中人发挥作用的内在基因是中人的权威保证交易双方的公平性，维护双方的财产利益追求。[⑧] 周进认为，中人在清代土地绝卖交易中承担着督促和协调解决纠纷的双向性居间功能，在一定程度上弥补了清代私法制度的不足。[⑨] 张可辉认为，敦煌吐鲁番契约文书的中人以签名画押形式参与立契缔约，其本质是平衡社会关系。[⑩] 高学强梳理中国古代契约的中人发展历史时

---

① 瞿见：《清代村寨代笔中的“笔银”——基于黔东南文斗寨的研究》，《原生态民族文化学刊》2019 年第 1 期。

② 郭睿君：《徽州契约文书所见“中人”称谓》，《淮北师范大学学报（哲学社会科学版）》2017 年第 1 期。

③ 郭睿君：《明代徽州契约文书所见“中人”报酬——兼与清代的比较》，《安徽师范大学学报（人文社会科学版）》2020 年第 3 期。

④ 郭睿君：《托中查处：明清“中人”的调解作用——以徽州为中心的考察》，《徽学》2020 年第 1 期。

⑤ 杨志军、刘崧：《清水江文书的信任机制及其阐释》，《浙江档案》2017 第 11 期。

⑥ 王帅一：《明清时代的“中人”与契约秩序》，《政法论坛》2016 年第 2 期。

⑦ 毛永俊：《古代契约“中人”现象的法文化背景——以清代土地买卖契约为例》，《社会科学家》2012 第 9 期。

⑧ 陈胜强：《中人在清代土地绝卖契约中的功能——以中国传统交易规则的影响为视角》，《北方法学》2012 年第 4 期。

⑨ 周进：《清代土地绝卖契约中人的双向性居间功能》，《长江大学学报（社科版）》2013 年第 5 期。

⑩ 张可辉：《从敦煌吐鲁番文书看中人与地权交易契约关系》，《西域研究》2011 年第 2 期。

发现，中人具有中介和中保的作用。① 周进认为，清代中人在契约中保持角色促成规则，维持契约内在规则的一致性，减少冲突及其对契约的危害。契约中大多数的同姓中人发挥着重要契约保障作用。② 原源的分析表明，主持分家仪式的“中人”能够减少或调和因为分家引起的家庭内部矛盾，使分家仪式顺利和体面地完成。③ 李祝环认为，中人发挥着使交易双方在交易过程中局部地、暂时地保持权利与义务相对平等的支点作用。④ 王雪梅认为，自贡盐业契约中的中人具有职业化、人格化的特点，也起着中介、监督、见证、调解等作用。⑤

学者对中人是否收取报酬进行了研究。刘爱新的研究表明，清代前期广西出现少数专门从事房产、地产交易并收取酬金的牙人牙行，几乎皆为私设。牙人的功能职责多被中人替代。清代前期广西形成了中人参与田宅典当买卖的民事习惯。⑥ 周进、李桃的研究表明，同姓中人既有获得中资的权利，也要担保出卖人土地无责权瑕疵。同姓中人的出现弥补了清代私法制度的匮乏，是人们在社会关系博弈过程中自行创造出的有利于资源交换发生的规则之一。⑦ 俞如先的研究表明，清代至民国时期，闽西民间典当中的中人已经职业化，并获取一定的报酬。⑧

中人在不同地域的契约中表现出差异化的同时，更多表现出了两条共性：一是中人的选择上充满理性思考。中人一般由能够平衡交易双方信息不对等的、有一定话语权的人担当。二是中人的社会功能多样化。中人存在的最终目的是确保契约条款成功实施。

3. 女性在契约中的角色研究

学者还研究了契约中女性的参与程度及其角色功能。徐富洋子的研究表明，清代至民国时期大理女性以女儿、妻子、母亲、祖母的主导角色或同卖者参与契约，

---

① 高学强：《试论中国古代契约中的担保制度》，《大连理工大学学报（社会科学版）》2009第4期。

② 周进：《清代土地买卖契约中人现象研究》，《遵义师范学院学报》2007年第4期。

③ 原源：《“中人”在分家中的角色功能审视——以辽南海城市大莫村为例》，《民间文化论坛》2006年第6期。

④ 李祝环：《中国传统民事契约成立的要件》，《政法论坛》1997年第6期。

⑤ 王雪梅：《自贡盐业契约中的中人现象初探》，《西南民族大学学报（人文社科版）》2009年第2期。

⑥ 刘爱新：《清代前期广西牙人牙行发展考略》，《中国社会经济史研究》2010年第2期。

⑦ 周进、李桃：《同姓中人在清代土地绝卖契约中的法律角色研究——从与卖方的关系探讨》，《贵州社会科学》2009年第11期。

⑧ 俞如先：《民间典当的中人问题：以清至民国福建闽西为视点》，《福建论坛（人文社会科学版）》2009年第5期。

也会在家族土地交易时承担具有担保性质的“中人”角色等，呈现女性在民间经济生活中享有一定的地位与权利。①

徐志强认为女性受“同居共财”的理念影响成为契约行为的适格主体，并履行约定的内容，接受契约条款的约束，负责实践契约行为。②

周媛的研究表明，清代赣南妇女以协同者、立契约人等身份参与山林、田地、房屋等财产交易和放贷等活动，在以立契人身份参与契约时，多是因男性家主逝世，被动参与契约活动，且多是为了贴补家用。③

马艳玲认为，清代契约中女性参与契约的名义反映缔约原因以围绕其夫为主，标的物多与其夫家相关。女性作为中人参与契约，多是女性尊长且是已婚妇女。成为尊长的女性在分家析产过程中掌握话语权，以尊长权管理家中事务。④

刘正刚、杜云南通过研究清代珠三角地区的契约文书发现，女性长辈在家庭财产发生变故时具有重要的支配处决权。⑤

阿风研究明清徽州契约文书时指出，在中国传统社会，妇女通过契约以直接或间接的方式实现参与财产权利处置。⑥

吴声军通过对比贺江文书与清水江文书，研究发现贺江文书反映的女性权利与清水江文书大致一样，但贺江流域妇女的权利与地位得到提高。⑦

洪德善通过研究堡里文书，发现岭南各地区的妇女参加契约的方式都差不多，这不是男女平等的体现，而是财产所有权秩序与契约秩序相互作用的结果。⑧

这些学者对契约中女性的身份研究表明，女性不仅具有一定的经济权力，还具

---

① 徐富洋子：《大理契约文书中女性社会经济史料的研究》，《中国国家博物馆馆刊》2022年第5期。

② 徐志强：《中国古代庶民女性的家庭地位研究——对“三从”的再思考》，《阜阳师范大学学报（社会科学版）》2020年第3期。

③ 周媛：《清代赣南契约文书中的客家妇女经济角色研究》，硕士学位论文，赣南师范大学专门史系，2023。

④ 马艳玲：《清代契约文书中女性问题研究——以〈中国历代契约粹编〉北方部分地区契约为中心》，硕士学位论文，沈阳师范大学史系，2022。

⑤ 刘正刚、杜云南：《清代珠三角契约文书反映的妇女地位研究》，《中国社会经济史研究》2013年第4期。

⑥ 阿风：《明清时期徽州妇女在田土买卖中的权利与地位》，《历史研究》2000年第1期，第85页。

⑦ 吴声军：《从贺江文书看清代以降南岭走廊妇女的权利——兼与清水江文书的比较》，《广西社会科学》2016年第6期。

⑧ 洪德善：《民间文献遗产与传统乡村社会研究——以堡里契约文书为例（1781—1964）》，博士学位论文，南京大学考古学系，2021，第102-106页。

有一定处置不动产的权力。女性多由生活所迫，不得已参与契约活动，较少主动参与。这些理论观点为本书的研究提供了重要参考。

4. 具有契质性的买地券

买地券是明器，但学者认为它"包含契券的质料"[①]且有"浓重的冥世契约的痕迹"[②]，故把它纳入本文与契约进行比较研究。

不少学者对本地收藏的买地券从其格式、墓主身份、所包含的宗教信仰等方面进行研究。如周兴研究吉安市境内出土的四件买地券时发现，这些买地券具有格式化特点，以梅福为知见人，体现梅福信仰。[③] 唐晓认为唐代福建流行的买地券是社会经济发展的产物，反映当时福建民间土地交易频繁，具有高度的格式化特点。[④] 张瑞芳、王仁芳对开城出土元代大德买地券与唐宋元明时期买地券进行了对比研究，发现唐宋以来买地券已固定格式化，且买地券中出现神灵角色。[⑤] 黄展岳认为，买地券是古人渴望在现实中获得土地的愿望在死后的延续，期待死后继续占有土地。买地券是人们的土地私有观念发展到一定高度的产物。[⑥]

研究买地券的集大成者是美国学者韩森和中国学者鲁西奇。韩森认为，中国古代契约可分为现世契约和冥世契约。现世契约是老百姓之间协商订立的契约，冥世契约指的是买地券，是老百姓与神灵之间协商订的契约。两种契约反映了古代中国官与民、民与鬼神角力共存中相互协商讨价还价的过程。[⑦] 鲁西奇在《中国古代买地券研究》一书中对汉代至清代国内各地的买地券从格式、内容上进行解读，按年代进行前后对比研究，将买地券上出现的地址、神灵列表分析，把宋元时期的买地券分为《地理新书》式买地券、江南样式买地券、合壁式买地券和"告地"式买地券。明清时期流行的是《地理新书》式买地券。他还将出土的买地券与同时期现世实用的田

---

① 张传玺主编《中国历代契约会编考释》，北京大学出版社，1995，序言第5页。

② 金敏：《官、民和神祇之间：传统中国的契约及其变迁》，《思想政治理论教育新探索》2009年第1期，第443页。

③ 周兴：《江西考古出土梅福相关的宋元时期买地券》，《东南文化》2021年4期。

④ 唐晓：《略论福建地契文书的发展变化》，《福建史志》2017年4期。

⑤ 张瑞芳、王仁芳：《开城出土元代大德十年叶善玉墓买地券研究》，载固原市原州区文物管理所编《开城遗址研究文集》，宁夏人民出版社，2020。

⑥ 黄展岳：《考古纪原：万物的来历》，四川教育出版社，1998。

⑦ 韩森：《传统中国日常生活中的协商：中古契约研究》，鲁西奇译，江苏人民出版社，2008。

宅买卖契约进行对比研究，认为买地券可能是现世实用契约的源头。[①] 韩森和鲁西奇对买地券提出的新颖观点让人开拓视野、得到启发。

5. 左江流域刊刻契约与身份相关研究

因左江流域地处边境，该地的契约文书有特殊的身份信息，有学者对这些信息进行研究探讨。

杜树海认为，广西太平土州出现的开圩免夫役碑刻，是清末民初受赎买夫役潮流影响，且土司制度走向消亡，土民解除与土司的依附关系，获得人身自由的结果。[②] 他通过将广西土司地区清乾隆至民国时期土地契约与同时期国内的契约进行对比，研究得出，明代广西土司地区已有契约交易，此时土民没有土地权。清代，随着国家化进程的推进，左江流域有三种土地形式，分别为造田、膳田和役田。土民对造田拥有绝对的土地权，可以自由买卖造田，但需要土司确认。土地权与人身权相辅相成，个体拥有越充分的土地权，其人身权也就越充分。[③]

杨国桢以《广西少数民族碑刻契约文书》中收录的契约为基础进行研究，认为随着清王朝政权推进广西以及大量汉族迁入广西，广西少数民族用契约进行土地交易情形与汉族无异，而且立契的格式与全国通行的格式一致，符合法权规则。[④] 但他没有注意到左江流域契约因特殊的地理和历史背景而呈现的地域化特色。

韦顺莉归纳总结了清末民初广西大新土民通过缔结契约进而提升身份的三种方法：一是提高所种田地的档次。种官田的土民陆续摆脱地租和劳役，从而获得较高的社会地位。二是赎买劳役后，土民变成平民，其子孙拥有应试的权利。其三，集资筹办地方事务。如通过捐款修路、建圩、办学等方式得以申请免除夫役。[⑤] 作者的分析对象只限于大新地区的材料，没有延伸到整个左江流域。

张江华主要以左江流域太平土州的刊刻契约文书为研究对象，探讨土民摆脱劳役、提升身份的原因和结果，认为土民在文明理念影响下，争取到更多人身自由，

---

① 鲁西奇：《中国古代买地券研究》，厦门大学出版社，2014。

② 杜树海：《清末民初广西太平州“开圩”现象再探讨》，《中国经济史研究》2013 年第 3 期。

③ 杜树海：《土地权与人身权：清代广西土司地区土地文书研究》，《中国经济史研究》2017 年第 2 期。

④ 杨国桢：《明清土地契约文书研究（第三版）》，北京师范大学出版社，2021，第 423-436 页。

⑤ 韦顺莉：《清末民初壮族土司社会研究——以广西大新县境为例》，民族出版社，2008，第 286-292 页。

特别是为子孙取得参加科举考试资格。① 他将免劳役的原因归纳为土民受国外文明思想影响和当地绅士引导，而没有关注到这也是中原文明思想的影响和土民汉化的过程。

王晓军以《明正德元年龙州土司赵溥给弄旦甲民众帖文碑》为例，考察壮族百姓“汉裔”身份，以及安南侵扰边疆、土司与民众关系，证明了明代中期桂西南地区的民族交往交流交融史事。② 他没有关注到清政府对匠人的免劳役政策及其影响。

黄粲茗通过梳理文献结合参考左江流域的碑刻资料的方法，对清代镇南关启闭流程以及南关封王差役征调、应役方式及蠲免方式进行研究。③ 他没有分析蠲免“南关封王”夫役对土民的影响。

颜研生和罗树杰两位学者都以《广西少数民族碑刻契约文书》中收藏的大新县契约文书为例，分别探讨了左江流域大新县发现的契约文书的格式特点④和土司与土民在土地买卖契约中扮演的角色，以及土地所有权和转让权等问题。⑤

综合上述，学者对身份、身份与契约的关系进行深入研究。身份多指其社会属性，是多元社会分类呈现在个体身上的综合结果。社会化的身份具有边界、实践性、多元性和可再生产性。为了适应新身份，人们会主动改变行为模式，在实践中建构新身份。在现有身份理论研究成果基础上，还有一些有待深入研究的学术问题，如身份再生产的概念内涵及运行机制、左江流域刊刻契约文书中包含的丰富身份信息与当时社会结构的关系等。在借鉴现有研究成果上，笔者将对这些问题进行深入研究，为身份理论研究提供新的借鉴参考。

---

① 张江华：《科举、商品化与社会平等：清代广西土司社会的“文明化”》，《社会》2020 年第 2 期。

② 王晓军：《移民、土司与边疆社会——以龙州县逐卜乡板弄屯明代碑刻为中心的考察》，《贺州学院学报》2023 年第 4 期。

③ 黄粲茗：《“南关封王”：清代广西边境朝廷差役的初步考察》，《清史研究》2024 年第 1 期。

④ 颜研生：《清代广西少数民族地区土地契约文书探析——以大新县为中心》，《河池学院学报》2016 年第 3 期。

⑤ 罗树杰：《论壮族土司田地契约文书的类型——壮族土司田地契约文书研究之一》，《广西民族大学学报（哲学社会科学版）》1999 年第 1 期；《论壮族土民田地所有权的确认——壮族土司田地契约文书研究之二》，《广西民族大学学报（哲学社会科学版）》1999 年第 3 期；《论壮族土司田地权利的转让——壮族土司田地契约文书研究之三》，《广西民族大学学报（哲学社会科学版）》1999 年第 4 期。

三、研究内容与研究意义

本书以明代至民国时期左江流域刊刻契约文书，特别是何村契约文书为基本史料，以交易行为导致身份转变所引起的社会关系变化为主要研究对象，深入分析个人与群体的身份转变及其在与之相关的社会结构互动过程中所发挥的作用，尝试探讨从明代至民国时期左江流域的官与民、民与民、国与边民之间发生的互动行为背后的历史逻辑和一般规律。

（一）研究内容

本书的主要内容如下：

绪论首先梳理国内外学者围绕身份这一主题进行的研究，其次梳理学者对契约与身份相关理论研究。

第一章讨论明代至民国时期左江流域刊刻契约文书整体状况，重点对何村契约文书进行解读，分析何村契约的格式特点和所包含的与同时代契约文书既有共性又有地域特色的文化。此章为后文开展左江流域刊刻契约文书所包含身份流动研究打下基础。

第二章以何村契约文书为基础，探讨受主签订契约后，由此在经济、社会、文化和生活中产生的新身份。此章首先分析何村契约文书中展现的三类身份再生产的形式，分别为开村碑中的身份再生产、受田买地定居何村的身份再生产、土地集中形成的身份再生产；然后从这三类身份再生产案例出发，借鉴英国社会学家安东尼·吉登斯的结构二重性理论，推导证明永佃制情境下，以白契为主的民间土地交易实践中身份再生产的运行机制。

第三章以何村契约文书为例，探讨土地交易导致身份焦虑的原因及解决方法。此章首先分析何村契约文书交易的原因，然后对因土地交易产生焦虑的深层次原因进行探讨，最后寻找因土地交易而产生焦虑的解决办法。

第四章以何村契约文书为例，探讨左江流域刊刻契约文书里的中人身份问题。此章首先对何村契约文书里的中人进行梳理分类研究，然后分析何村契约的中人特点，最后探讨中人在契约活动中的作用。

第五章讨论左江流域刊刻契约文书中的女性身份问题。此章首先分析女性在左江流域契约文书中扮演的角色，然后具体分析立契者的女性身份、以商议者间接参与契约的女性身份和妻舅身份背后所隐含的女性身份文化。

第六章讨论左江流域大量免夫役刊刻契约文书中相关身份问题。此章首先分析左江流域的免夫役碑中契约条款所展现的左江流域土民的生存状况，然后结合文献资料探讨左江流域土民想方设法争取免夫役的动机和影响。

第七章以典型反映左江流域边疆地理和文化的刊刻契约文书为例，探讨左江流域人们的在地化、守边护国的边民身份。

第八章以《清乾隆三十八年太平府批准设立复兴圩碑》为例，探讨左江流域在圩市设立过程中官与民之间身份博弈问题。

第九章以左江流域出土的买地券为例，先分析生人、亡者与神灵的角色功能，再探讨斩草仪式以及生人为了亡者在冥世的幸福生活与神灵展开的角力。

最后章节为结论。先对明代至民国时期左江流域刊刻契约文书所体现的身份流动案例进行分类归纳提升，再探讨本研究对当代的启示。

（二）研究意义

尽管国内外学者对于契约与身份之间关系进行研究并取得丰硕成果，但受研究者的学科视角和研究方法的限制，基于田野调查、融合多学科理论全面深入探讨中国乡土社会刊刻契约文书中的身份流动的论著尚不多见。本书的创新点和研究意义如下：

第一，透过何村契约文书呈现的多个身份再生产案例，明确阐释身份再生产的定义和运行机制。

第二，尝试从身份焦虑视角，探讨土地交易中受主身份下降导致的身份焦虑问题及解决办法。

第三，多层次解读史料，丰富现有研究成果。本书对左江流域刊刻契约文书中反映的身份焦虑、女性角色、中人、圩民、边民、免夫役条款促进身份提升、国家力量深入边疆等内容进行细致的探讨，呈现同时期国内刊刻契约共性的同时，突显其地域特色，进一步丰富这些问题的已有研究成果。

第四，本书整理研究左江流域刊刻契约文书，充分利用文物的史料价值，为研究左江流域农民生活状况和特点提供新材料。这也为研究中华民族文化的共同性提供新证据，实证了在中央王朝大一统政治格局下国家与地方、内地与边疆之间的互动关系，以及历史时期中华民族交往交流交融的历史事实及新时代铸牢中华民族共同体意识的历史逻辑。

第五，发挥博物馆优势，让文物活起来。正值2024年最新修订的《中华人民共和国文物保护法》①实施之际，本书响应政策号召，把笔者所熟悉的刊刻契约文书转化成学术研究成果，发挥文物的最大价值，扩大学术成果受益面，用实际行动践行文物保护法，让文物活起来，做到在确保文物安全的前提下，坚持社会效益优先，有效利用文物资源。

四、研究方法

本书在研究方法上采用历史逻辑分析的方法。秉持历史的过程是通过具体的人和事展开的这一理念②，作者采取个案与宏观研究相结合的方法，以物论史，透物见人。在采用传统历史学文献考证法的基础上，引入田野调查法，结合民俗学、社会学、人类学等多学科理论交叉研究方法，多管齐下，多角度深入分析左江流域刊刻契约文书中的身份流动问题，并层层递进。本书各章节内容不同，针对研究的具体内容，采用对应不同的研究方法。例如，在对何村契约文书中的身份内容进行研究时，本书第二章从身份再生产的角度出发进行阐释，借用社会结构中的二重性探讨永佃制下农民身份重构所产生的新身份；本书第三章从身份焦虑的角度出发，探讨农民因土地依恋情怀在失地后产生的焦虑情绪及其应对措施。可见，笔者围绕身份流动这一主旨，从不同的视角解读史料，最大限度发挥左江流域刊刻契约文书的史料价值和时代价值。

---

① 中国法治出版社：《中华人民共和国文物保护法》，中国法治出版社，2024，第9页。

② 俞伟超：《中国古代文化的离合及其启示》，《民族艺术》2001年第3期。

第一章

左江流域刊刻契约文书

左江处于我国的西南部，其上游发源于越南谅山的平而河，流到南宁邕宁区的宋村与右江汇合后流入邕江，是西江水系的一部分，流经区域大部分在广西崇左市辖区，即龙州县、凭祥市、宁明县、大新县、江州区、扶绥县，还包括防城港市上思县、百色市那坡县等地。为研究所需，本书所写的左江流域历史主要指现在崇左的历史。左江流域刊刻契约书主要指崇左市发现的刊刻契约文书。

第一节　左江流域历史

左江流域的历史最早可追溯到十几万年前。多处发现的左江流域旧石器时代遗址是早期人类活动的见证，有距今约 11 万年江州木榄山古人类遗址[1]和距今 10 多万年江州石景林遗址[2]等。新石器时代，人类活动痕迹遍布整个左江流域。近 5 年崇左边境考古调查项目新发现左江流域新石器时代遗址近 100 处，加上 2019 年前在崇左发现的 90 多处新时期时代遗址，目前左江流域共发现近 200 处新石器时代遗址。

① 金昌柱、潘文石、张颖奇等：《广西崇左江州木榄山智人洞古人类遗址及其地质时代》，《科学通报》2009 年第 19 期。

② 杨清平：《左江花山岩画与相关考古遗存的关联性研究》，广西科学技术出版社，2021，第 10 页。

先秦时期，左江流域属于百越族群骆越人居住之地。公元前214年，秦始皇派兵统一岭南地区，并设立桂林郡、南海郡和象郡。[①] 大部分左江流域属于象郡，小部分属于桂林郡。这象征着左江流域正式融入中华民族大家庭，成为我国不可分割的历史疆域。

秦朝末年，陈胜、吴广领导农民爆发起义。各地豪强拥兵相攻，秦朝政权分崩离析，中原陷入战乱。此时，原秦朝派驻南海郡龙川县县令赵佗代理南海郡尉后，趁机攻占象郡、桂林郡，割据岭南，建立南越国，自称“南越武王”。[②] 左江流域成为南越国属地。[③]

西汉初期，汉高祖刘邦为发展社会经济、稳定天下，依然封赵佗为南越王。元鼎六年，汉武帝派兵平定了南越王，在岭南设立郁林郡、南海郡、交趾郡、合浦郡、苍梧郡、珠崖郡、儋耳郡、九真郡和日南郡，受辖于交趾刺史部。左江流域属于郁林郡，其中今天的大新县、江州区及扶绥县南部属于临尘县，龙州县、宁明县和凭祥市属于雍鸡县。[④]

东汉时，交趾刺史部改为交州，所辖地与西汉时期相同。左江流域仍属于郁林郡，但雍鸡县划入临尘县。建武十六年(公元40年)，交趾地区征侧、征贰姐妹叛乱，侵占九真、合浦、日南等九郡，自立为王。建武十八年(公元42年)，光武帝拜马援为伏波将军，令其南征讨伐征侧、征贰，平定了交趾之乱。[⑤]

三国时期，广西大部分地区属于吴国，包括南海郡、苍梧郡和郁林郡，左江流域仍属于郁林郡地。[⑥]

两晋至南朝时期，左江流域为广州晋兴郡晋城县统辖，至梁、陈时划归南定州统辖。[⑦]

隋朝时，广西境内设立始安郡、永平郡、苍梧郡和郁林郡。郁林郡包括左江流

---

① 黄世杰：《交趾的人文地理和交趾政治史上的五种图式》，《广西民族大学学报(哲学社会科学版)》2008年5期。

② 陈伟汉：《南越国宫署遗址发掘记述》，《岭南文史》2000年第3期。

③ 班固：《汉书·西南夷两粤朝鲜传》(卷九十五)，商务印书馆2015年版，第656-660页。

④ 覃彩銮：《从文化认同走向民族团结的发展历程——广西民族“四个模范”研究之三》，《广西民族研究》2011年第3期。

⑤ 齐豫生、夏于全主编《中华文学名著百部：第28部古典散文篇》，新疆青少年出版社，2000.

⑥ 黄世杰、陆登：《大明山文化脉络探析》，《创新》2007年第4期。

⑦ 黄体荣：《广西历史地理》，广西民族出版社，1985，第55-66页。

域的部分地方。①

唐高祖武德四年(公元621年),李靖在桂州(今桂林市)统一岭南。② 贞观元年,今广西、广东属岭南道,下设岭南、容管、桂管、邕管、安南五府经略使。③ 唐懿宗咸通三年(公元862年),广西属于岭南西道,下设邕、容、桂三管经略使。④ 唐朝推行羁縻制,在少数民族聚居的左江流域设立思同州、思诚州、太平州、西原州、万承州、左州、万形州、思明州、石西州、思陵州、龙州等羁縻州,由安南和邕管两经略使管辖。唐朝中期,吏治腐败,政治黑暗,左江流域各族人民奋起反抗,攻破左江镇。⑤

五代十国时期,左江流域分设思陵州、思明州、石西州、左州、龙州、思同州、万承州和思诚州等羁縻州,由建武节度使管理。⑥

宋朝,中央王朝设立广南路,管辖岭南各州郡。⑦ 太宗至道三年(公元997年),中央王朝将广南路分为广南东路和广南西路。⑧ 左江流域属于广南西路邕州都督府左江道管辖,设有忠州、冻州、江州、思陵州、万丞州、左州、石西州、思诚州、思浪州、思同州、覆利州、安平州、龙州、茗盈州和全茗州等羁縻州;有永康县、罗阳县、陀陵县等羁縻县;有龙英峒、凭祥峒、安峒、结安峒等羁縻峒;还有属于邕州横山寨管辖的向武州、下雷州和太平寨管辖的太平州。⑨ 皇佑元年(公元1049年),广源州人侬智高建立南天国,率军攻占邕州等八州,并改国号为大南国。皇佑五年(公元1053年),狄青奉命率军南下平定侬智高。⑩

元朝,左江流域分属于思明路、太平路、镇安路、田州路和龙州万户府管辖。元顺帝至正二十三年(公元1363年),广西被设为行中书省,左江流域分属于太平路、田州路、思明路、镇安路四路和龙州万户府管辖。⑪ 其中,属于太平路管辖的

---

① 黄世杰、陆登:《大明山文化脉络探析》,《创新》2007年第4期。
② 胡小安:《武婆信仰与桂林区域社会变迁》,《广西民族大学学报(哲学社会科学版)》2011年第1期。
③ 黄世杰、陆登:《大明山文化脉络探析》,《创新》2007年第4期。
④ 尤炜祥、王晓文:《点校本〈新唐书〉地名正误》,《台州学院学报》2011年第1期。
⑤ 司马光:《资治通鉴(第五卷)》,当代中国出版社,2001,第1860页。
⑥ 穆彰阿:《嘉庆重修一统志》卷四六〇《广西统部》,中华书局,1986,第24967-24999页。
⑦ 黄世杰、陆登:《大明山文化脉络探析》,《创新》2007年第4期。
⑧ 黄滨:《两广交往源远流长》,《当代广西》2004年第5期。
⑨ 谢启昆修《广西通志5》,广西人民出版社,1988,第2662-2689页。
⑩ 李钟琴:《历代经典百战述评》,时代文艺出版社,2021,第307页。
⑪ 穆彰阿:《嘉庆重修一统志》卷四六〇《广西统部》,中华书局,1986,第24967-24999页。

有思诚州、太平州、思同州、龙英州、万承州、养利州、安平州、左州、茗盈州、全茗州、佶伦州、结安州、镇远州和都结州等土州和崇善县、陀陵县、永康县、罗阳县四县；属于思明路管辖的有忠州、上石西州、思陵州、思明州、江州、下石西州等土州和凭祥峒；属于田州路管辖的有向武州和都康州等土州；属于镇安路管辖的有下雷峒和上映州；属于龙州万户府管辖的有龙州、上冻州和下冻州等土州。①

明朝，左江流域分属于南宁府、思恩军民府、太平府和镇安府管辖。属于南宁府管辖的有新宁州、忠州和下雷土州；属于思恩军民府管辖的有上映州；属于太平府管辖的有上石西州、太平州、思诚州、永康州、安平州、全茗州、万承州、镇远州、养利州、龙英州、茗盈州、结伦州、结安州、左州、上冻州、下冻州、思明州等土州②，还有陀陵县、崇善县、罗阳县等县；属于镇安府管辖的有向武州、龙州、都康州、思陵州和凭祥州等土州。③

明朝政府承袭唐至元朝的羁縻政策，在左江流域继续推行土司制度并不断发展完善，还设有流官制度，实行土流合治，对一些发生动乱的土司地区进行改土归流。成化十三年(公元1477年)，左州被改土归流；成化十五年(公元1479年)，上石西州被改土归流；万历二十八年(公元1600年)，思同州被改土归流；成化十四年(公元1478年)，养利州和永康县被改土归流。④

清朝，左江流域分属于太平府、镇安府和南宁府管辖。属于南宁府管辖的有土忠州、新宁州；属于太平府管辖的有左州、宁明州、永康州、上龙州、安平州、太平州、万承州、全茗州、茗盈州、下石西州、龙英州、结安州、结伦州、上冻州、下冻州、都结州、思陵州、江州、上思州、凭祥厅、明江厅、罗阳县和罗白县；属于镇安府管辖的有向武州、上映州、都康州和下雷州。⑤

清朝，随着中央王朝权力深入和人们的自由意识增强，左江流域的羁縻统治逐渐走向瓦解。1688年，陀陵县被改土归流；1722年，思明州被改土归流；1729年，

---

① 白耀天：《壮族土官研究导论——〈壮族诸姓土官谱系考信录〉结语》，《广西民族研究》1995年第3期。

② 郭培贵、赵永兰：《洪武时期府州县学设置及其特点考述》，《内蒙古师大学报(哲学社会科学版)》1996年第3期。

③ 张廷玉：《明史》卷三一七，中华书局，1974，第8201-8278页。

④ 谷口房男、白耀天编著：《壮族土官族谱集成》，广西民族出版社，1998，第669-671页。

⑤ 赵尔巽：《清史稿》卷七十三，中华书局，1977，第2293-2320页。

下龙土州被改土归流；1733 年，恩城州被改土归流；1910 年，凭祥州被改土归流；1911 年，崇善县被改土归流；1915 年，江州被改土归流；1916 年，忠州、思明府、思陵州、佶伦州、都结州、茗盈州和全茗州被改土归流；1918 年，迁隆峒和罗白县被改土归流；1921 年，上龙州和上下冻州被改土归流；1927 年，下石西州和罗阳县被改土归流；1928 年，太平州和安平州被改土归流；1929 年，万承州被改土归流。[①] 至此，左江流域结束了逾千年的土司统治。

清末中国内忧外患，左江流域社会动荡，农民起义频繁，边境岌岌可危。1852 年，受太平天国起义的影响，新宁州吴凌云率领农民举旗反清，占领崇左大部分地区。1854 年，苏来僧率领养利州、全茗州和龙英州等地的农民起义。1885 年，下雷州以花三、细犹为首爆发农民起义。1885 年，清军将领冯子材、苏元春领导清军与法军作战，取得了近代史上唯一一次胜战——镇南关大捷。1885 年 6 月 9 日，中法签订《中法会订越南条约》。[②] 清政府放弃对越南的宗主权，承认越南是法国的“保护国”，其中条约规定开放龙州等地为陆路通商口岸，设立法国驻龙州领事馆和海关。1887 年，龙州被开辟为通商口岸。1896 年，大新农民起义成立三点会，并在太平州一带活动，打击当地土司。1901 年，杨春奇带领向武州境内的同盟会组织成员，领导农民反抗清政府和土司统治。1907 年，孙中山在凭祥组织反清政府的镇南关起义。[③]

1913 年，广西设立道属，左江流域属于镇南道，管辖龙州、永康、崇左、凭祥、明江、养利、左县、宁明、下雷、安平、龙英、太平、结伦、上下冻、下石西、思陵、镇远、江州、上思、结安、都结、万承、茗盈、全茗、罗阳、罗白、上龙。

1928 年，广西由道属改为行政督察区。左江流域设有扶南、绥渌、同正、龙州、上金、崇善、左县、凭祥、思乐、明江、宁明、龙茗、万承、养利、雷平共 15 个县。[④]

1930 年，广西设立 12 个民团区。左江流域分属于南宁民团区、龙州民团区和靖西民团区管辖。属于南宁民团区管辖的有绥渌、扶南、同正、左县 4 个县；属于

① 谷口房男、白耀天编著：《壮族土官族谱集成》，广西民族出版社，1998，第 670-671 页。
② 《中国近代史丛书》编写组编《中法战争》，上海人民出版社 1972 年版，第 69 页。
③ 韦强：《赤色龙州》，广西人民出版社，2014，第 4 页。
④ 韦强：《赤色龙州》，广西人民出版社，2014，第 3-10 页。

龙州民团区管辖的有龙州、上金、崇善、思乐、凭祥、明江、宁明 7 个县；属于靖西民团区管辖的有镇结、龙茗、养利、万承、雷平 5 个县。1934 年，民团区改为行政监营区，区划不变。

1940 年，行政监督区改为行政督察区。广西仍为 12 个区。属于第九区管辖的有扶南、绥渌、同正 3 个县；属于第十二区管辖的有崇善、左县、宁明、明江、思乐、凭祥、上金、龙津、养利、万承、雷平 11 个县；属于第十一区管辖的有龙茗、镇结、向都县。

1949 年 12 月 11 日，红军把红旗插上镇南关，标志着广西全境解放。同年 12 月下旬龙州专区设立，管辖龙津、上金、凭祥、宁明、明江、思乐、崇善、左县、雷平、养利、万承、龙茗、靖西、镇边、天保、敬德 16 个县。

1951 年 10 月，龙州专区改为崇左专区。地委、专署机关由龙州县迁到崇左县太平镇。1952 年 8 月，宾阳专区与崇左专区合并为邕宁专区，下辖邕宁、武鸣、横县、宾阳、上林、马山、隆安、扶绥、崇左、镇都、大新、龙津、宁明 13 个县。

1971 年 11 月，南宁地区成立。1949 年 12 月至 1971 年 11 月，南宁地区的地名曾多次更名。在这期间，左江流域先后设立南宁、龙州、武鸣、邕宁专区和桂西壮族自治区（州）以及南宁专区等。

1952 年 12 月，桂西壮族自治区成立，撤销邕宁专区。桂西壮族自治区管辖百色专区和宜山专区及原邕宁专区所辖的龙津、宁明、扶绥、崇左、大新、镇都、凭祥、上思等县。1956 年 3 月，撤销桂西壮族自治区，桂西壮族自治州成立，其辖区不变。1958 年 9 月，南宁市划归邕宁专区实行统一领导。

1958 年 11 月，国务院批准撤销桂西壮族自治州建制，恢复设立邕宁专区。自治州直属的 16 个县（市）划为邕宁专区辖区。

1961 年 5 月，广西壮族自治区党委、政府决定将南宁地、市分开，仍保留南宁专区。南宁专区机关驻地南宁市和辖区范围不变。

1971 年 11 月，南宁专区改为南宁地区。南宁地区管辖隆安、崇左、大新、天等、龙州、宁明、扶绥、凭祥等县（市）。

2002 年 12 月 23 日，国务院批准销南宁地区，设立地级崇左市。崇左县改为江州区。崇左市管辖江州区、大新县、天等县、龙州县、宁明县、扶绥县，代管凭祥市。

第二节　左江流域刊刻契约文书概况

经过第一次全国可移动文物普查、四次全国不可移动文物普查和学者、民间碑刻爱好者的努力，左江流域刊刻契约文书的分布情况基本清晰。

按照刊刻契约文书所依附的不同载体，左江流域刊刻契约文书可分为石质契约和纸质契约两类。石质契约指的是碑刻和包含契券质料的买地券。① 左江流域发现最早的碑刻是立于广西崇左市龙州县逐卜乡逐卜村板弄屯的《明正德元年龙州土司赵溥给弄旦甲民众帖文碑》。已发现的大部分左江流域碑刻经整理公开发表在《广西少数民族地区碑文契约资料集》《广西少数民族地区石刻碑文集》《广西石刻总集辑校》《凭祥碑刻》和作为内部资料的《崇左边境四县第三次不可移动文物普查资料集》。《广西少数民族地区碑文契约资料集》与《广西少数民族地区石刻碑文集》有少部分内容重叠，前者比后者在体量和内容上更全面、更丰富，具体碑刻文字上校对更精准。目前，左江流域有两件明确出土地点的买地券，分别是《明正德六年腾氏买地券》（现藏于崇左市壮族博物馆）和《明嘉靖十三年黄泽买地券》（现藏于崇左市宁明县文物管理所）。

左江流域刊刻契约文书中的纸质契约文书包括碑刻拓片，主要收藏于广西壮族自治区博物馆、广西少数民族古籍保护研究中心、崇左市各文物保护单位和私人收藏家如大新县侬兵老师处。崇左市各文物保护单位中崇左市壮族博物馆收藏了归户性较好的何村契约文书，其他博物馆只是零星收藏一些契约文书，但都收藏了碑刻拓片。部分左江流域的契约文书发表在《广西少数民族地区碑文契约资料集》，此书仅收录了大新县发现的纸质契约。

根据研究主旨的需要，笔者将有选择性地采用左江流域刊刻契约文书进行研究，并有重点地描述相关契约文书。为此，本文在此不详细展开左江流域刊刻契约文书的内容。

---

① 张传玺主编《中国历代契约会编考释》，北京大学出版社，1995，序言第5页。

第三节　何村契约文书

一、何村基本情况

何村契约文书所记载的交易信息涉及崇左市江州区濑湍镇九岸村何村屯，也就是人们熟称的何村。为此，了解何村的基本情况是有必要的。

何村，地处东经107°29′19. 19″、北纬22°29′46. 72″，距崇左市26公里，距濑湍镇9公里，现属广西崇左市江州区濑湍镇九岸村管辖。何村三面环水，一面环山，是左江冲击而成的舌型台地，当地人说何村地形像一个龙头。何村背靠连绵的岜岸当山，东面为关刀山、南近驮皂(仁良)大江①、西近驮殊屯、北接陇嫩屯。与何村隔江相望的是马放屯。左江从何村右边流过。受左江阻隔，没有陆路直达何村，先到达何村对面的渡口，再坐上何村屯的船渡江才能到达何村。

图1-1　何村俯瞰图

① 当地人把村旁的左江叫作驮皂或仁良大江。

2020 年第七次人口普查时，户籍在何村屯的有 19 户，共 102 人，基本为壮族。何村屯现有何姓、黄姓、蒙姓、甘姓、陆姓，其中何姓人口最多。因交通不便，目前何村常住人口 3 户 4 人，其他人都搬迁到外地居住谋生。这 4 人因被崇左市源生金花茶公司聘请负责打理种植的金花茶而留下。何村人才辈出。据不完全统计，1949 年以来，何村共有 50 余人受过高等教育、7 人参军，先后有近 80 人到机关事业单位工作，其中有 23 人从事教师职业。这对周边村屯影响很大。周边村屯的人认为何村祖坟地风水好，护佑何村人才辈出。为了沾上好风水，外村人偷偷将其祖坟迁至何村土地上再葬。为防止此类事件再次发生，何村人制作一块写有“禁止外村人侵占何村土地做墓地”的牌立在何村土地上。

何村现有耕地 216 亩，其中水田 58 亩、山林地（生态公益林）3500 亩、荒地荒坡 150 亩和 3 个鱼塘近 30 亩。从 2011 年开始，何村将 260 亩山地租给崇左市源生金花茶公司种植金花茶和珍贵树木，租期 20 年。目前，何村绿树成荫，道路平坦，将被打造成为乡村旅游地。

二、何村契约文书基本情况

何村契约文书是崇左市壮族博物馆 2021 年收藏的，由原崇左市江州区农业局何军群先生无偿捐赠。何村契约文书有 21 件土地契约、2 件土地交易范本（分别为《中华民国四年当田契约范本》《卖屋地鱼塘畲田竹木等项范本》）、2 件分单（分别是《清同治十年何世隆分单》和《清同治十年何世经分单》）、3 本礼封簿（分别为《清光绪二十四年十月十四日完穀旦立礼封簿》《清癸未年十月十四日穀立礼封薄》《中华民国十五年仲冬朔二日立礼封簿》）。[①] 何村契约文书订立的时间从乾隆三十九年（公元 1774 年）至民国二十七年（公元 1938 年），时间跨度有 160 余年。何村契约是何村契约文书的一部分，专指 21 件何村土地契约。何村契约除《清光绪二十年陈庆达当畲地契约（附中华民国三年验契）》在官府办理手续、得到官方认可、纳税印押、带有红色印税字样的红契外，其余的都是没有得到官方认可的白契，其中有 9 件绝卖契约、11 件典当契约和 1 件永租契约。（见表 1-1）

① 所有何村契约文书的图片及文字内容见附录。

表 1-1　何村契约明细①

序号	契约名称	性质	交易原因	土地来源及土地位置④
1	《清乾隆三十九年赵光钰等招永租契约》	永租	离村遥远，山水阻隔，不能耕到	原额本分祖父遗下田塘畲地共一段，土名更河村
2	《清道光五年何调当畲地契约》	典当	家穷，无钱买牛应耕	本分畲地一块，在于廷雷
3	《清道光十年何调当田契约》	典当	家穷，无钱买米度口，无处生借	本分祖遗下田一块，在于琴虑
4	《清道光十三年何调当田契约》	典当	家穷，无钱买牛应春，无处生借	本分祖田一块，在于琴虑
5	《清道光二十九年蒙仰当畲地契约》	典当	家穷，无钱使用，无处可借	本分畲地一边，在于廷雷
6	《清咸丰二年何床诣母子卖畲连田契约》	绝卖	贼匪乱世，无牛应耕，无处可靠	本分祖父遗下粮田连畲共五块畲地，土名角岜。又田一块，在于卡房。又田一块，在于陌喽
7	《清咸丰四年何常义母子卖畲地连田契约》	绝卖	无粮度口，贼匪乱世无粮度	祖父下遗畲一块，于在霆蕾。又田二块，于在琴滤。又田一块，于在琴滤。共畲连田三块
8	《清光绪十五年蒙富秀卖田契约》	绝卖	家穷，无钱救病，无处可借	祖父遗下粮田一边，在于顿民
9	《清光绪十八年蒙廷皆当畲地契约》	典当	天色高昂，无钱买牛，借无门	祖上留下畲地二块，坐落地名岩口
10	《清光绪二十年陈庆达当畲地契约（附中华民国三年验契）》	典当	家穷，无钱应用，无处生借	其畲蒙廷佳当与陈庆达二块，坐落地名岩口
11	《清光绪二十二年何世文当畲地契约》	典当	天旱，无钱买米度口，生借无门	祖上遗下畲地一块，坐落地名岩口
12	《清光绪二十二年蒙天求兄弟当田契约》	典当	家岁饥荒，因为家穷无钱殡葬亲父，无处可借	祖上遗下粮田一块，在于塝炟

① 因土地交易范本没有产生实际交易，故不纳入此表。

续表

序号	契约名称	性质	交易原因	土地来源及土地位置[④]
13	《清光绪二十三年蒙天求卖田契约》	绝卖	家穷，无钱应用，无处生借	祖上遗下粮田一块，在于楠著
14	《清光绪二十九年何世文父子当田契约》	典当	年岁饥荒，家穷无钱买米度口，无处生借	祖上遗下粮田一块，在于三角
15	《清光绪二十九年蒙天禄卖田契约》	绝卖	众人建醮，生众人钱，家穷无钱还债，无处生借	祖上遗下粮田一块，在于琴△△地。前初受得何姓之田，在于琴侣地田二块
16	《清光绪三十二年林枝权当田契约》	典当	家穷，无钱使用，无端可借	受得何姓之田，在于琴侣地田二块
17	《中华民国元年吴全先卖畲地契约》	绝卖	家穷无钱用，应用无处生借	祖父受得何元义割卖与畲地一块，在于那驮
18	《中华民国五年陈敬全卖畲地契约》	绝卖	家穷，无钱应用，无处生借	自将祖父受得何元义割卖契畲地二块，在于地名岩口
19	《中华民国八年何庆猷卖田塘畲地契约》	绝卖	家穷，无银应用，无处生借	(没有标明)
20	《中华民国二十七年何恩雄当畲地契约》	典当	穷无仙使用	祖上遗下分入本份畲一块，在于米解土名
21	《中华民国二十七年何品廷卖畲地契约》	绝卖	家穷，无铜使用，无地生借	祖上遗下分入本份畲一块，在于土地

清代，各国各地的契约文书格式相对统一。在左江流域人们与周边地区长期交往交流交融的影响下，何村契约体现高度格式化的特点，如《中华民国五年陈敬全卖畲地契约》。何村契约的主要要件包括交易人、土地交易性质和类型、交易原由、土地来源、数量、土地界址、交易优先原则、交易价格和付款方式、违约解决方式、地税交纳方式、中人签字画押和签约时间。根据土地名称具有较强承袭性的特点，经过走访调查确认，何村契约中交易的土地都在《清乾隆三十九年赵光钰等招永租契约》中所涉及的土地范围内(见图1-2)。

《中华民国五年陈敬全卖畲地契约》

立约永卖吐退畲地人陈敬全，系左州同安驮朴圩住民。情因家穷，无钱应用，无处生借。不已，父子酌议，自将祖父受得何元义割卖契畲地二块，在于地名岩口，左近屋边何世京畲地为界，右近畲地为界，四界明扯(址)开明。先问族内，后问邻

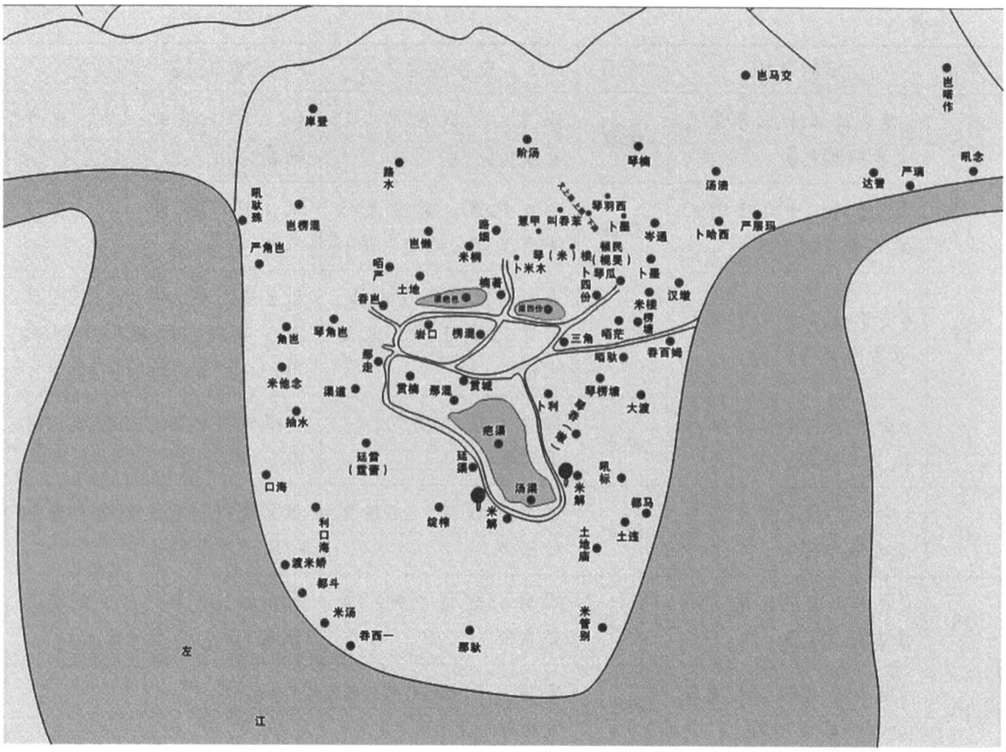

图 1-2　何村契约文书中交易土地分布示意图

人，无钱承受。不已，自身探到河村何是经看畬合意，承受永割，愿出本血铜钱五十千文足正。即日陈敬全亲手领钱回家使用，文毫不欠。三面言定：其畬不论丰年荒岁，不得替赎；前不加，后不敢，既永割卖之日，任后从受主管耕种，照畬管山尚有木石一切等项均与何世京管业为历代子孙。日后年深月久，族内不论谁人不敢抗霸占抢夺。如有畬内不清，不干受主之事，系在卖主承当，并无私情等弊。此乃两家肯从，明卖明受，誓后不悔。如悔，执出文契呈赴官府理论，甘罚重罪。恐口无凭，人心信难。为此，立永契一张，交与钱主收执为凭。是实。

代笔黄有良亲笔押

中保何盛福亲押

中华民国五年八月初十日立约陈敬全亲写永押①

第一，契约开头写明交易土地性质和类型。何村契约开头的基本表述为“立约永卖”“立约当畬地”“立写招永租”“立约永割卖畬田”“立约当田”“立约永割卖田”

① 崇左市壮族博物馆藏。

“立约永割卖田塘畬地”等表明交易土地性质的字句，是租、典当或绝卖。何村契约中交易的具体土地类型主要有四种：一是畬地，即旱地；二是水田；三是水塘；四是前三类土地类型两两组合或三者组合搭配交易。21 件何村契约中，交易畬地的有 10 件，交易水田的也有 10 件，各占契约总数的 48% 左右；同时交易畬地、水田和塘的共有 2 件。如《清咸丰二年何床诣母子卖畬连田契约》开头写着“立约永远割卖畬连田人寡母何床诣，子恒水”，表明交易的土地性质是绝卖，交易的土地类型是畬地和水田。

第二，契约正文写明交易产生的具体原因。何村契约中交易双方都是普通农民，产生土地交易的普遍原因是没有钱、无处借钱、走投无路。21 件何村契约都清楚表达产生土地交易的具体原因，其中受“贼匪”影响而产生交易的契约有 2 件，为《清咸丰二年何床诣母子卖畬连田契约》和《清咸丰四年何常义母子卖畬地连田契约》；用“天色高昂”表示没有钱而产生交易的契约有 1 件，为《清光绪十八年蒙廷皆当畬地契约》；因为“家穷”表示没钱而产生交易的契约有 13 件，约占何村契约总数的 62%，如《清道光五年何调当畬地契约》中典当畬地的原因是“家穷无钱买牛应耕”；因受“天旱”影响导致没钱而交易的契约有 1 件，为《清光绪二十二年何世文当畬地契约》；因土地“离村遥远”不便耕种而进行土地交易的契约有 1 件，为《清乾隆三十九年赵光钰等招永租契约》；同时因“饥荒”且“家穷”产生交易的契约有 2 件，为《清光绪二十二年蒙天求两兄弟当田契约》和《清光绪二十九年何世文等当田契约》；因“众人建醮”筹款欠债而交易的契约有 1 件，为《清光绪二十九年蒙天禄卖田契约》。这些契约中有 17 件写着“无端可借”或“无处可借”或“无处可靠”或“生借无门”。可见，当时这些农民普遍陷入生活困境，求助无门，为了生存，万般无奈只能出卖或典当土地。这是他们生存的唯一选择。

第三，契约正文写明交易土地来源。明确土地来源是土地交易的前提。何村契约中写明交易的土地绝大多数来自祖上遗留下来的产业。21 件契约中，除了 1 件没有说明产业来源，17 件契约都明确说明土地是祖上遗留下的，占总契约的 81% 左右；有 2 件标明土地来源是“本份地”，即开荒得来的土地，约占总契约的 10%。土地的明确来源决定了土地交易时要涉及的主体范围，在交易祖上遗下的土地时，要经过家族商议、见证、房亲画押等流程。有的契约写着“无重复交易”，表明族内的子孙没有擅自盗卖族产，不会给交易者带来不必要的麻烦。

第四，契约正文写明交易土地的数量和界址。何村契约中交易的土地以“块、段、边”为计量单位，没有具体土地的“分、亩”或产量多少的标记，但从同时期土地交易总金额的大小上可以分辨土地面积大小和土地的好坏。何村契约作为土地交易订立的契约，每份契约都标明地界范围，确保土地不被侵犯，即明确写上交易土地的东、西、南、北四面界址边缘，写着“界址开明”“四至开明”等表明土地清晰范围的字句。如《清光绪二十三年蒙天求卖田契约》写着“自将祖上遗下粮田一块，在于楠著。土名东近钱主，南近天禄，西近钱主，北近山边，界至开明”。

第五，契约正文写明优先交易原则。21件何村契约中有15件表明优先原则，上面写着“先招族内，后招四邻”“先招本户，后招四邻”“先通族内，后问四邻”等字句，表明在土地交易时，最先保证在族内交易，再到邻居，最后是本村或外村的人。如《清道光十年何调当田契约》写着“先招本户，后招四邻，无人承受。自身问到本村蒙恒议看田如意”。

第六，契约的价格条款及付款方式大致相同。何村契约写着买方“看畲如意，揭出本钱捌千文足”“看畲田如意，愿出本血铜钱捌拾仟文足”“即日亲手取钱回家起屋应用”“即日亲手领钱回家”“庆猷即日亲手领银回家应用”等字样，并在这些文字后面继续写着“实钱实约，两家相交讫明白”“实钱实约，并无短少分文”“当日相交讫明白，并无减少分厘，实仙实约”等。这表明买方现场看过交易的土地满意后，经过中间人的见证，交易双方当场签订契约进行交易，即“实钱实约”。除了招租的契约，转当、典当和绝卖的付款方式都是签约当日现金交易。这些字句不仅表明了付款的时间，还强调了付款的方式，同时也体现了交易的救急性。何村契约因交易由卖方或典方主动发起，多处于被动弱势地位，交易价格多由受主主导。何村契约上标注的交易钱币单位多是“文”，表明乾隆至民国时期何村土地交易用的货币多是制钱。何村契约不仅有找贴现象，还有多次找贴情形。如《清道光十三年何调当田契约》中典当的田经过三次找贴后变成了绝卖。找贴的契约通常在原契上添加找贴时间、金额及见证人画押。如《清光绪二十年陈庆达当畲地契约（附中华民国三年验契）》记载着典当的畲地经过一次找贴后变成绝卖的表述为“比（此）在尾三面言定尚钱四千八百文足，陈敬全亲押，中华民国四年五月二十二日托请何盛福代笔”。

第七，契约正文约定违约处理方式和相关地税问题。何村契约对于违约行为的大多数预处理方式是典方或卖方拿出签订的契约报官府进行最后决断，即契约中写的“任从钱主执出割约，赴官理论，割主甘罪毋辞”。何村契约中典当类的活卖契约还约定由受主代交地税，如《清光绪二十九年蒙天禄卖田契约》中规定受主“每年代粮银五厘正”。

第八，契约结尾处为相关人员签字画押以及签约时间。为加强契约的可靠性和安全性，何村契约结尾处写着“亲押”“代笔”“正见”“引见”“保人”等代表契约形成过程中参与人的各自角色，是领钱人、在场人、见证人、担保人或代笔人等。契约结尾处画押签名的中人有多有少，有的甚至没有中人，只有交易发起者卖方或典当人一人在契约中画押，如《中华民国二十七年何品廷卖畬地契约》只有卖地者何品廷一人在契尾既充当画押者又扮演代笔人。何村契约中最多画押签名的契约是《清光绪十五年蒙富秀卖田契约》，共有 6 个人，分别为卖田亲押人蒙富秀、代笔人陈英芳、证见人蒙富红、知见人蒙仕通、蒙启哲和蒙富登。契尾画押人数多寡依据交易土地数量多少和双方协商而定。交易的财产数量多，画押人多；反之，交易的财产数量少，则画押人少。每一件何村契约都有代笔人签名，特别是找贴时只有代笔人画押。可见，代笔人是何村契约中不可缺少的要件。有 2 件何村契约的卖地者没有画押，而由中人画押，分别为《清光绪十八年蒙廷皆当畬地契约》《清光绪二十二年何世文当畬地契约》。何村契约契尾的交易时间写到具体的年月日，历代皇帝王朝时期契约签订的时间书写为皇帝的国号加农历月日，民国时期契约签订的时间书写为民国纪年。譬如，《清光绪二十九年蒙天禄卖田契约》中交易时间为“光绪二十九年十月二十七日”；《中华民国元年吴全先卖畬地契约》中交易时间为“民国元年壬子二月十九日”。

随着清朝政府对少数民族地区进一步开发以及大量移民人口的迁入，从清代中期开始，左江流域人们养成用契约进行土地交易的习惯，而且订立契约的格式与全国通行的格式大概一致、符合法权规则。①

① 杨国桢：《明清土地契约文书研究（第三版）》，北京师范大学出版社，2021，第 22 页。

三、何村契约的多重保障机制

为保证契约的合法效力，规避契约隐性风险，真正实现契约条款，何村契约中交易双方努力寻求外力和内力保护，以确保契约条款正常实施。

（一）契约中四次明确契约性质保证契约属性无误

一是契约开头直接写明契约性质。何村契约开头基本表述为“立写招永租”“立约永远割卖”“立约当田”“立契当畲”等，其中的“卖”“租”“当”表明契约的性质，有“卖”字的为绝卖契约；有“当”字的为典当，即活卖契约。

二是契约中再次重申交易类型。何村契约在写明土地界址后，接着标明“承愿出当”“情愿出当”“从愿发租”“情愿永割”“承愿割卖”等表达交易意愿的字眼，再次申明交易土地性质或卖或当，即绝卖或活卖。

三是契约中写明违约时的双方权责，即表明双方角色为买方或卖方。大多数何村契约写着“三面言定其畲田自出卖之日，永交与钱主为万代子孙祖业，任从耕收一切等物，毫不干卖主之事”“当面言定自当之后，任从受主管耕种，不论年深月久，钱到田出，钱不到田不出。钱主不敢阻留。此乃两家情愿，并非虚写分文”以及“亦非折债”“并非强押”“私相授受”“并无私情”等字句，表明一方面交易双方是在自愿公平前提下进行的交易，另一方面呈现所交易土地不存在一地多卖以及质当、抵押等权利瑕疵，交易双方在交易完成后要按契约行事，互不牵连，以杜后患。

四是契尾第四次表明契约性质。何村契约的结尾处往往写着“故立当约一张”“故写立割约一张”等字句，最后表达交易性质：当约就是典当契约，割约就是绝卖契约。

（二）熟人社会的人情网络促使契约成功实施

何村契约，除了一件红契外，其余的都是白契。白契是中国几千年传统文化沉淀的结果，是礼孝文化浓缩在民间交易中的反映，也是人们运用民间智慧有效降低成本的交易方式。何村契约中绝大部分为白契的现象表明，保障契约如实履行的力量不是来源官方，而是依靠中国传统社会沉积已久形成的民间习惯法，即民间自治的传统，也就是乡间社会人情网络的力量。何村契约没有具体让人一目了然的土地面积，但在熟人社会进行的土地交易，交易双方很清楚交易土地的大小面积和贫瘠程度，且搭建交易沟通桥梁的中人是交易双方彼此了解的熟人。何村契约结尾处尽可能把有利于保障契约成功实施的相关人员捆绑签名画押，进而促成交易双方遵守约定。何村契约有多件三个以上签字画押的中人，有的是父子或母子一起签名，或者乡邻、舅叔等作为通引人、正见人、知见人等。尽管交易没有经过官方流程认可保障，但在中国传统文化沉积形成的礼制和中人协从见证监督保障下，契约双方基本上会遵守契约条款进行交易。

（三）寻求国家力量保护是何村契约实施中最后的保障

尽管何村契约中只有 1 件是经过官方认可、交过契税的红契，但这不代表何村人不会利用官方力量维护自身的权益。何村契约中有 14 件明确表述如果后期因土地交易引起争端，最后会找官府理论解决。如《清咸丰二年何床诣母子卖畬连田契约》中写道："此畬田乃两家情愿，誓不反悔。若有生端，现有笔迹可据，任从钱主执约永远呈官论理，甘罪无辞。"《清光绪二十二年何世文当畬契约》写着："日久不敢异言，生端反悔，如有反悔者，任从受主执出文约赴官理论，甘受其罪，当官追回畬交还钱主管业。"《清光绪二十年陈庆达当畬地契约（附中华民国三年验契）》写着："若有反口者，任从钱主执出文约，呈官理论，甘罪毋辞，仍追本血赔还。"在多重保障下，特别是有官方力量作为最后加持，契约双方基本会信守承诺，自觉遵守契约条款。可见，"见官理论"是何村人只有在民间习惯法不能解决争端时，最后不得已才会寻求解决问题的方式。

四、何村契约中土地交易特点

高度格式化的何村契约显示何村的土地交易情形既有全国土地交易的共性，又有地域化特色。

（一）何村契约呈现土地分化特点

何村契约有7件受主为何世经的契约，其中3件活卖典当契约和4件绝卖契约。这些契约的时间跨度从清光绪十八年至中华民国五年。在近30年内，何世经购买了2块田和3块畲地，承典了2块田和3块畲地，通过交易拥有10块田地。何世经凭借自身的努力勤奋，积攒大量财富，通过零碎的土地交易拥有比较多的土地。契约文书中的买主、典当契约中的受典人等很大比例为同一人，反映出当时农村社会的贫富分化。① 何世经拥有的土地数量反映在这30年内何村农民之间产生贫富分化，何世经成为何村的富农。同时，从何村契约中交易土地的规模来看，每份契约的成交金额一般都不大，交易额在五千文以上一万文以下的有5件，交易额超过“拾仟文”即一万文的有6件，其余都在五千文以下。这显示交易发起者都是小土地所有者，同时也表明农民具有强烈的恋土情结，在万不得已的情况下才会选择处置土地，而且尽可能选择零碎土地进行交易。经常的土地交易导致有钱的农民大量囤积土地成为富农，而贫困的农民越交易土地，自有土地越少，于是出现了农民贫富分化的现象。

（二）何村契约中土地交易活跃、形式多样

何村契约中土地交易类型共有四种：一是绝卖，二是典当，三是转典，四是转租。典当作为活卖，出让的是土地使用权和收益权，保留土地所有权，并可在约定年限内把典当的土地赎回。绝卖是卖主把土地的所有权一次性转让给买主。② 招租只是受主有土地使用权。何村契约中大部分是典当，即活卖，少数是绝卖。

一是绝卖。何村契约中有9件绝卖契约，约占何村契约总数的43%。这些绝卖契约的显著特征是契身开头写有“卖”字。如《清光绪二十三年蒙天求卖田契约》写道“立约永远割卖田人蒙天求，……恐口无凭，人心难信，故写立永割约一张，交与钱主收执存。是实。”割卖就是绝卖。何村契约中有部分典当的土地，因当者无钱赎回，经过找贴最后变成绝卖，如《清道光十三年何调当田契约》记载在壬寅年（公元

① 张丽虹：《清至民国昆明契约心理及贫困化趋势：以279件土地契约为基础》，《曲靖师范学院学报》2018年第1期。

② 罗志欢、李龙潜主编《清代广东土地契约文书汇编》，齐鲁书社，2014，第2-3页。

1842年)，何调家人向受主第1次找贴一千文，于道光二十六年(公元1846年)第2次找贴二千文，经过2次找贴，土地发挥其最大价值后变成绝卖。

二是活卖。何村契约中属于典当活卖契约的有12件，约占何村契约总数的57%，是何村契约中占比最高的一类契约。典当作为灵活的土地交易形式，是传统中国农民人情互助模式之一。在中国古代社会保障体系不完善的状况下，人们通过活卖出让土地使用权以渡过生存难关，又为日后有能力赎回土地留下时机，也反映当时较为灵活的商品交易形式。在典当契约中，有的还写着“当主不论何日到续，退约出，仙不到，约不出”“限至三年曾许赎回，如过限期之后，随其何年钱到约出，钱不到约不出”等相关赎回事宜。在12件何村典当契约中，只有《清道光十年何调当田契约》中的土地被成功赎回，因为只有此契约明确写着“道光二十九年正月十七日何元诣来添取赎回畲地”。

三是转典。转典是指典当人将典业出典给承典人，当承典人因各种原因不能承典而出典人又无力回赎时，承典人便将典业转典给新的承典人的行为。转典是承典人行使土地权的表现。何村契约中只有1件转典契约，为《清光绪二十年陈庆达当畲地契约(附中华民国三年验契)》。此契约记载着蒙廷佳因欠陈庆达钱且没能力还钱，于是将这2块地典当给陈庆达。承典的陈庆达认为这2块地离家太远，不方便耕种，而蒙廷佳无力赎回，于是把2块地转典给近地居住的何世经，于是出现“一地二典”现象。

四是转租。何村契约中有1件转租契约，为《清乾隆三十九年赵光钰等招永租契约》。此契约记载着新村人先将四图更河村的地租给一位来自南宁府宣化县的外地人，因天旱，这位租客抛弃土地跑回家了。于是，新村人又把这块地转租给九岸村的人耕种。

(三)何村土地交易处于村级土地交易市场

每件何村契约记载着交易双方的住址及社会关系。交易发起者往往在契约开头写明是哪里人，大多是“左州四图更河村”，即何村人。何村契约中买卖双方为何村人的共有16件，约占何村契约总数的近76%，其他的为沾亲带故的邻村人或外地人。乡村如同一个内部金融市场，礼制使乡村边界内的交易成本远低于外部市场，使交易承诺的安全度更高。低成本、低风险的熟人交易使何村契约中交易双方多为本村人和本族人，如《中华民国二十七年何恩雄当畲契约》中何村何恩雄把畲地当给本村本族侄儿何启麟；《清道光十年何调当田契约》中何村何调把田典当给本村的蒙恒议。可见，何村土地交易处于典型的“村级交易市场”①。

（四）何村契约具有浓厚的宗族色彩

何村契约中所写的土地来源表明，参与交易的大部分土地是祖上遗留下来的，也说明土地是家族所有。为此，何村契约中多出现父子、母子、兄弟等人共同参与土地交易。何村契约中有 15 件写着体现优先原则的“先招族内，后招四邻”“先招族内，后问四邻”“先问族内，后问邻人”等语句，表明何村人把宗族利益放在首位，首选族内人。在交易祖上留下的土地时，交易发起者要经过家族商议、见证、房亲画押等流程。何村土地交易中，受主是本族人的共有 3 件，分别是堂兄弟间交易的《清咸丰二年何床卖连田契约》、族内亲戚间交易的《清光绪二十二年何世文当畲契约》、叔侄间交易的《中华民国二十七年何恩雄当畲契约》。另外，契约的见证人或中保人大多数是同姓本族人，即同姓中人，如《清道光十年何调当田契约》中通引人为何元谋，正见人为何元汉，两人是同族亲戚。为了成功交易土地，卖主要先征得房亲的同意，否则交易会受到阻碍。这些表明何村土地交易有着浓厚的宗族色彩。

（五）何村契约具有壮族特色

民间经济活动中的契约行为，都遵从地域性的“俗例”“乡规”“私例”，使用独特的习惯用语，具有一定的规范性。② 何村是一个壮族人口聚居的传统村落，如今还保留着壮族语言和风俗习惯。何村契约有不少古壮字的地名、人名，如㘭、畓、妚分别代表旱地、水田、母亲的意思。古壮字又叫土俗字或方块壮字，是壮族先民在长期社会生产生活实践中，根据周边生态环境和民族心理，采用汉字或汉字偏旁部首，依照汉字“六书”构字法创造出来的一种少数民族文字。这些古壮字注入了壮族人民的思维习惯和文化特色，是壮族人民认知世界的一种反映，也是壮族与多民

① 赵晓力：《中国近代农村土地交易中的契约、习惯与国家法》，《北大法律评论》1998 年第 2 期。
② 杨国桢：《明清土地契约文书研究（第三版）》，北京大学出版社，2021，修订版序第 2 页。

族交往交流交融的见证。此外，在何村契约中交易的土地名多借用近壮语语音的汉字表达、但保持壮语语义。例如“吼标”，“吼”壮语意为旮旯的地方，“标”壮语意为竹子，指村边长有竹子的地方。在何村契约中，与此类似的壮族特色地名还有很多，如琴虑、咟喽、米解、廷雷、罶驮、琴佀、琴岜、角岜、米楼等等(具体见表1-2)。可见，何村契约具有地域化的壮族特色。

表1-2 何村契约文书中地名释义①

地名	汉语释义	地名	汉语释意
廷雷	雷，同“蕾”，意为山岭。指稍有缓坡的土地，专指何村何姓祖坟地	琴滤	琴，意为土坑。滤，同“虑”，意为小石子。指天坑里有小石子的地方
角岜	岜，意为山。指岜楞山下的一块沙地	琴岜	岜，意为山。指近山脚的土坑
岩口	指岜楞山下有一个凹进去的地方	琴墩	墩，意为大石头。指坑旁边有块大石头的地方
吞岜	指在大石头右边的地	吼标	吼，意为旮旯的地方。标，意为竹子。指长有竹子的地方
三角	指何村的三角路，即三条路交汇的地方	棍旻	旻，意为木棉树。棍，意为树桩。指有木棉树桩的地方
楠著	著，意为长的荆棘刺。指长满荆棘的地方	咟严	指山中有凹进去能避雨的地方
罶驮	驮，意为河。指屋前面近河的水田	路唅	路，意为漏。唅，意为水。指漏水的田
米解	米，意为木。米解指天桃树。指有天桃树的地方	琴瓜	瓜，意为水瓜和南瓜。指种有瓜的土坑
驮皂	驮，意为河。指驮皂江，即左江	咟喽	喽，意为通河的凹坑。指水流进凹坑的两边土地
驮殊	指在何村屯上游的屯	廷渠	廷，意为上面。渠，意为水塘。指水塘边上的土地

① 此表的释义由何村契约文书捐赠者何军群先生整理而成。因契约中的地名是由近壮音的汉字表达。为此，契约中同一地点会出现不一样的汉字，如“廷雷”与“霆蕾”、“琴滤”与“琴虑”、“棍旻”与“顿民”、“咟喽”与“咟楼”。

续表

地名	汉语释义	地名	汉语释意
琴通	指通河的土坑	米楼	指中间有竹子的土坑
罶瑞	罶，意为水田。指有沙子的那块田。前一块叫上头田，后一块叫下头田，或者下路田		

本章小结

何村契约作为左江流域传统社会经济文化的一个缩影，立体呈现当时土地交易的历史状况，包括土地交易的类型、原因、交易金额、保障方式、违约处理等。何村契约具有高度格式化的特点，反映左江流域土地交易活跃，交易形式多样，出现土地分化现象。何村契约的多重保障机制确保契约条款在国家不在场的情况下正常实施。通过何村契约可以看到，历史上左江流域的土地交易具有浓厚的宗法色彩，处于村级土地交易市场，具有壮族特色。同时，何村契约包含着丰富的身份流动信息，如中人角色、买卖人身份关系以及土地交易引起的身份变化。深度解读何村契约的格式特点和丰富内容，能够为了解左江流域土地制度变迁和当地人文历史提供重要参考。

第二章

传统土地交易中的身份再生产

古代中国是一个以农业为主的国家。土地是人们生养之所和文化之基。一个人拥有土地的数量多寡跟其身份地位高低密切相关。人们因经济情况的变化而对拥有的土地进行流转，并签订相关契约，进而引发身份转变。身份现象能够"再生产"出社会关系、社会互动模式等社会现象。[①] 随着传统乡土社会中人们频繁的土地交易，应运而生的一张张土地交易契约见证了人们的身份更迭。这些包含丰富身份信息的传统契约文书，反映当时人们践行契约条款中生产出相应的社会关系和社会互动模式，进而促进身份再生产。

第一节　依身定份

“身份”一词由“身”与“份”两个字组成，“身”指个体在群体中的地位，“份”相当于古代中国表示财产所有权的“分”字，按《辞源》《辞海》解释为“职分”“名分”，包括等级、身份、职责、财产等。概括起来，身份包含权利、义务、权力、职责和责任。在现实生活中，每个人拥有由先天身份和后天获得身份组成的多重身份，身

① 王力平：《身份的社会资本属性及其功能》，硕士学位论文，西北师范大学社会学专业，2007，第8页。

份为个人在社会中生存和发展提供链接。每个人依据各自所处的社会地位即身份行事，享有对应的权利、承担相应的义务，也就是依身定份。[1] 左江流域何村人依照契约刻碑记事，建村发展生产，在何村繁衍生息，塑造一个典型的依身定份的案例。

一、何村开村碑

崇左市江州区濑湍镇九岸村何村屯的土地庙前有一块石碑，被当地人称为“开村碑”（见图 2-1）。此碑记载的内容与何村契约中《清乾隆三十九年赵光钰等招永租契约》除了个别字误刻外，均相同。每年农历二月二，何村人聚集到土地庙前举行

图 2-1　何村开村碑拓片

① 童列春：《身份权研究》，法律出版社，2018，第 11 页。

祭祀活动，围在开村碑边前诵读碑文的内容，进行集体记忆。凡可记之事，有可记的条件，古人都会刻石为记。[①] 因为纸质契约不易保存，何村人怕丢失契约，为此专门把这份重要的契约刻在石头上永久保存。

何村开村碑的内容如下：

立写招永租人乡老新村赵光钰、保长赵弘达、林邦祀、赵弘仁、马纯章、杨世红、赵光著、马亦奇、林天乔、林朝贵、许为贵、许为文、黄金宝、黄国相、赵国贤、赵奇明、众林等，因有原额本分祖父遗下田塘畲地共一段，土名更河村，东近关刀山为界，南近驮皂大江为界，西近驮殊为界，北近陇妹为界，一应开明。因为离村遥远，山水阻隔，不能耕到。自父至蚁，屡次招耕元额顶粮钱六千文足。不已，众村自于雍正五年招到南宁府宣化县客人，看其畲地田塘合意，情愿承耕顶租，粮钱每年钱六千文足。至后，年岁荒旱，复逃回地，原存苏士勇租钱难办。另招邻村九岸何贤、何能、蒙仪、蒙连，驮（皂）蒙高、陆维顶耕。承愿依旧租钱六千文正。沙塘廿觔如有木根起，任其斩伐，死亡任其埋葬。地主不得阻隔等弊。至其租钱，每年交与保长收领。凡有粮钱及消差饭食杂派夫役门单地丁，不关租人之事。如有官府盘查甘结，即交长钱二百文。此乃两家允愿，日后不敢生端滋事。恐口无凭，人心难信，故以立顶耕书一样二张，交与租人收执为凭。

乾隆三十九年二月初二日　立招耕人乡保赵光钰

代笔赵弘达

此碑上记载着何村原名为更河村，是新村人的地。因这片地距离新村较远，且交通不便利，没有陆路直达，于是新村人先将地租给一位南宁宣化县人耕种，但碰上天旱，租客抛弃租地回老家了。新村人又另外招得何村的始祖——九岸村的何贤、何能、蒙仪、蒙连和驮皂村的蒙高、陆维共六人来耕种。按约定，租客每年一次性交定额租金六千文，可以永久租用这片地，且能够任意在这块地上种植作物和埋葬死者。从此，为了方便耕作，何贤、何能、蒙仪、蒙连、蒙高、陆维于乾隆三十九年（公元1774年）二月初二日后带家眷来何村定居。如今，何村还有何、蒙、陆3个姓氏的后裔。

为什么何村人奉这块碑为开村碑呢？

---

① 王旭：《契纸千年：中国传统契约的形式与演变》，北京大学出版社，2013，第10页。

首先，这块碑呈现清代乾隆年间何村地权得到界定和确认的过程，也就是何村人身份的来历。何村始祖通过永租这片土地，即永佃这块地而得以在此定居、繁衍生息。其次，碑文记载何村人阴阳两界的归属，即“生有所立，死有所归”。新村人允许何村始祖在租地上随意耕种且死后能够在此埋葬。这使何村人能在这片土地上体验生命的全过程，进行孝祭仪式。第三，该碑承载了何村人的集体记忆。开村碑已立在何村土地庙前近三百年，是何村人精神财富的重要组成部分，也是何村人追思忆祖、凝聚人心的见证物。

二、永佃赋予何村人自主身份

何村开村碑开头写着“立写招永租人”，其中“永租”两字表明何村始祖租种这片土地属于永佃制范畴。① 永佃制作为我国传统的土地交易制度之一，萌芽于宋代，发展于明代，兴盛于清代。② 永佃制是建立在租佃制度基础上，以佃农长久性或永久性地对他人支付佃租以换取他人土地的占有、使用、收益甚至处分的权利。永佃在契约中往往表述“永耕”“永租”“世耕”“永为耕户”“永远为业”“不限年月”等不同的字眼。永佃制使田面权与田底权相分离，展现较大的包容性，使佃权可以继承、转让以实现自由交易，并且这些交易规则得到政府的认可而具有法律与制度效力。③ 永佃权人取得永久性的土地使用权后，既有佃者之名，又有业主身份。④

开村碑中完备的契约条款保证何村人成功实现永佃何村土地。第一，永佃权人具有完全民事行为能力。九岸村何能、何贤、蒙连、蒙仪，驮皂村陆维、蒙高是正常的成年人。永佃的客体是来源明确的新村人祖上遗留下的位于更河村的一片地。第二，永佃土地通过签订书面契约合法化获得。何村土地在交易双方签订《清乾隆三十九年赵光钰等招永租契约》并被刻成石碑永久保存，使何村人的后代可以合法化继承。第三，永佃土地的用途不受土地所有人干涉。开村碑中规定：“沙塘卄觔如有木根起，任其斩伐，死亡任其埋葬。地主不得阻隔等弊。”不管何村人在这片土

① 刘克祥：《中国永佃制度研究（上）》，社会科学文献出版社，2017，导言第 1 页。

② 赵晓耕主编《身份与契约：中国传统民事法律形态》，中国人民大学出版社，2012，第 514 页。

③ 龙登高：《地权市场与资源配置》，福建人民出版社，2012，第 139 页。

④ 龙登高：《地权市场与资源配置》，福建人民出版社，2012，第 48-50 页。

地上如何劳作，新村人不得插手干涉。第四，佃户与土地所有人双方明晰各自的权益。新村人作为土地所有者，不管年成丰歉，不能涨租，只需定期向佃户收取田租。作为佃户的何村人需向土地所有者新村人定期缴纳田租，年长歉收也不能要求减租。土地上其他相关事宜由出租方新村人负责，如契约中所写“至其租钱，每年交与保长收领。凡有粮钱及消差饭食杂派夫役门单地丁，不关租人之事”。

何村人在“不欠租，不撤佃”的民间习惯法驱使下，长久地耕种何村土地。这不仅保障新村人的土地不被荒置，还让新村人每年收到定额租金，同时为何村人全面发展生产、建设村落打下基础。

第一，永佃何村土地保证土地所有权与经营权分离，使交易双方利益最大化。在永佃制下，出佃者新村人作为独立的理性经济人，拥有土地所有权，不管收成好坏，都能收取固定租金，实现可预见的长期内收益最大化。何村人按期交租，长久性享有土地使用权，具有独立的土地决策权、处分权和较高的生产积极性，能够获得长期稳定且较高的土地报酬。

第二，永佃制促使生产资料与劳动者紧密结合，有效保障佃农的权益，提高佃农的生产自主性。在永佃制下，佃农租种土地，长远、稳定地享有土地使用权，在佃农没有欠租的情况下，土地所有者不能随意剥夺佃农的土地使用权。永久地拥有土地使用权使佃农安心耕种，激发了佃农对土地投资的积极性，使永佃权人放心对土地进行投资，提高土地生产率。永佃制从制度上铲除了农民短期经营化生产的可能性，还有利于佃农独立自主经营、合理安排农事活动，对土地进行长远的规划和长期的经营，有助于社会经济和农业的稳定发展。同时，在永佃制下，土地对于佃农而言，只是一种重要的生产资料，而不是附属品。佃户摆脱了对地主的人身依附关系，获得了更多的人身自由，具有能够自由处置土地的权利，可以自主根据土地状况发展生产，促进社会生产力的发展。

第三，永佃制促进土地使用权市场化，产生多形式土地交易。永佃权本身是一种交易标的物。① 永佃制使田骨权（土地所有权）与田皮权（土地用益物权）相互分离，且田皮权可以进行自由流转。地权的分离降低了地权进入市场的门槛，让农民有机会经营土地，拥有地产，能够进行地权交易。永佃制下农民拥有自由处置土地

---

① 刘云生：《永佃权之历史解读与现实表达》，《法商研究》2006 年第 1 期。

的权利，不仅为土地的买卖、典押、继承等流通方式提供条件，也为土地的市场化、规模化、集约化生产提供可能，且实现因永佃成业。① 何村人获得永租的田皮权，也就获得了对土地长期经营的权利，也成为实际的土地所有者。何村始祖永佃何村土地51年后，何村人签订了第一份土地买卖契约——《清道光五年何调当畲地契约》。这是何村土地第一次流转，也是何村人自由处置土地的开始。在何村始祖永佃何村土地后100多年内，何村土地至少经历了20次流转。根据土地名称具有较强承袭性的特点，经过走访调查确认，何村契约中交易的土地都在何村始祖永佃所属土地范围里。这证实在永佃制下何村土地成功实现流转。因此，何村人拥有土地的永租权，为何村土地在市场中频繁的流转提供契机和操作空间，使何村土地出现了“一地数约，一约数主”现象。

第四，永佃制协调国家、地主和农民三者的利益，实现土地优化利用。永佃制产生的原因是“历史事变”创造的新习惯。清初的战争、流徙、灾变、饥馑等历史事件使得土地大片荒芜，清政府鼓励民众大规模开垦土地，并在清中叶以后，出现大量移民去边疆、海岛及边远山区开荒的现象。永佃关系在这个过程中广泛形成并得到国家承认。② 佃户通过辛勤劳动开垦荒地使地主有收益而取得对所开垦的土地的永久使用权。③ 何村土地在永佃制下不再荒芜。农民种地，向官府交租交税，增加了政府财政收入。因此，永佃制实现国家、地主与农民的三方共赢。

三、允葬解决何村人礼教问题

开村碑中“沙塘卄觔如有木根起，任其斩伐，死亡任其埋葬。地主不得阻隔等弊”条款，确定了何村人阴阳两界的事，生者可以在这片土地上自由耕种，死者可以在此埋葬安息。人的死亡是人类个体物质生命的终结。为了解决在世亲人对亡者的追思，人们把亡者嫁给永不消逝的基本的或天然的个体性，安排到大地的怀抱里，使死了的亲属成为一个共体的一名成员。④ 允葬条款搭建起何村人生者与亡者之间

---

① 张国臣：《略论永佃权与农业资本主义萌芽的关系》，《许昌师专学报（社会科学版）》1988年第3期。
② 梁治平：《清代习惯法》，广西师范大学出版社，2015，第58页。
③ 赵晓耕主编《身份与契约：中国传统民事法律形态》，中国人民大学出版社，2012，第529页。
④ 黑格尔：《精神现象学（下）》，贺麟、王玖兴译，商务印书馆，1979，第4页。

的桥梁。中国古代契约中明文约定租户可以在租地进行埋葬的案例是比较少的。[①]譬如，《明崇祯八年九月立蒋益久卖山骨并房屋契约》中写道“其山骨自卖之后，任凭买人嗣孙迁坟收租”。[②]一般只有在绝卖的土地案例才有准许埋葬的条款，在买断的土地上，有的卖方会在契约中明确约定不许埋葬买方的亡亲。[③]

契约中约定的可以在永租地上埋葬亡者一项，对于何村人具有深远重大的意义。在中国古代社会，家族成员的凝聚力靠“祖先崇拜”即“家神”获得。坟茔地对个体家庭和整个家族而言，不仅是人们祭祀和怀念祖先的一个重要场所，也是家庭和家族延续的精神象征之一。永佃何村土地不仅为何村人提供赖以生存的生产资料，还为何村人打造连接生与死、进行孝礼和祭祀的重要精神实践场所。[④]如今在何村西面近左江边有一片面积约500平方米的何姓祖坟地。这里埋葬着清末以来逾百位经过二次捡骨葬的何家祖先。在别人的土地上祭拜坟墓，暗示这些坟墓属于他们的祖先，因此这土地也属于他们的祖先。[⑤]这些数目不少的何姓祖坟见证了何姓人在何村居住的长久历史。

允葬条款解决何村人如何处置祖先遗骨进行祭祀的问题。在中国传统社会，祖先遗骨是世系继嗣强有力的具象代表物，即世系继嗣的象征，是人们与祖先在现实中的连接物，且联结现实环境中家族的风水。[⑥]祖先遗骨是祖先灵魂的有力依附物，是祖先的灵气得以凝聚和延续的载体，是墓地风水的重要组成部分，也是影响着现世子孙的祸福重要因素。[⑦]在何村人观念中，祖先的骨骸与子孙一气相承。祭祀墓葬中祖先遗骨的何村人能受到祖先墓地好风水的影响、得到荫佑。壮族聚居区的何

---

① 目前，笔者发现允许在租佃埋葬佃农的案例除了何村外，还有江阴县。《江阴县志》记载着：“下农无寸土一椽之业，全仰给于上农，耕稼其田而输之租，谓之佃户。其佃人之田，视同已业，或筑场圃，或构以屋庐，或作之坟墓其上，皆自专之，业主不得与问焉。”（见正德《江阴县志》，卷7，风俗，明正德十五年刻本。）明确不许在租佃地埋葬佃农的文献有两处：一处是《清代习惯法》记载着“湘西沅陵各县习惯，买卖山地契若未载明‘阴阳一并在内’等字样，则买主只能耕种，不能进葬”。（见梁治平《清代习惯法》，广西师范大学出版社2015年版，第39页。）另一处是《清水江文书第3辑》记载着“不许停留面生歹人，不许以居乱葬，任凭地主逐出”。（见张应强、王宗勋《清水江文书第3辑》，广西师范大学出版社2011年版，第80页）。

② 卞利：《江西地区永佃权产生的时间问题考辨》，《江西师范大学学报（哲学社会科学版）》1989年第3期。

③ 梁治平：《清代习惯法》，广西师范大学出版社，2015，第39页。

④ 杨丽云：《清代至民国时期左江流域民间契约文书中身份再生产研究——以何村契约文书为例》，《广西民族师范学院学报》2024第3期。

⑤ 曾小萍、欧中坦、加德拉编：《早期近代中国的契约与产权》，李超等译，浙江大学出版社，2011，第133页。

⑥ 濑川昌久：《族谱：华南汉族的宗族风水移居》，钱杭译，上海书店出版社，1999，第179-181页。

⑦ 陈进国：《骨骸的替代物与祖先崇拜》，《民俗研究》2005年第2期。

村人要给亡者举行二次捡骨葬，把亡者遗骨葬入祖坟地，并在每年的三月三祭祀祖先。何姓祖坟地没有墓碑，坟前只立一块刻着死者名字的砖块以示区别埋葬的祖先，甚至有的坟前连这样的砖块也没有，全凭何村人口口相传这是哪位祖先。何村人认为坟前立碑，或用水泥硬化祖坟会破坏坟墓风水、影响后人。

开村碑中允葬条款解决了何村人的孝道和祭祀等社会伦理问题。孝是中华传统文化的重要组成部分，是做人的根本和道德的核心。《孝经》上写道："夫孝，德之本也。"孔子认为："天地之性，人为贵；人之行，莫大于孝。"[①]孝道是人类必须共同遵守的法则，是天经地义之事。祭者，所以追养继孝；祀，所以昭孝息民；祭者，教之本也已。[②] 孝礼跨越时空连接一个人的生前和死后，祭祀是一根将人的过去、现在和未来三个人文时态串连起来的绳索。祭祀活动是将祭祀作为伦理教化的主要工具和途径，是不断推行以实现"孝"的教化功能的过程。祭祀者通过虔诚地操持祭祀活动会得到福报并百事顺利，对外也展现了其恪守孝道的美好形象。祭祀作为程序化的仪式活动，融入了历史传统和个体生活经验，体现了神圣性，也增加了祭祀参与者的身心体验。何村土地流转中写明土地绝大多数来自祖先遗产，表明这些土地是何村人以祖先名义持有的财产。财产的核心用途是祭祀祖先。[③] 允葬条款让何村人死后有安葬之地，能在永佃地享受后代的祭祀。作为中国传统农业社会的何村，其血缘关系是维系何村社会最基本的纽带，而基于血缘关系所形成的"孝"也是何村伦理规范的核心。孝是何村人做人的根本和道德的核心。《论语·学而》中说："慎终追远，民德归厚矣。"祭祀就是慎终追远，即慎重地为父母办理丧事，虔诚地缅怀追思先祖。何村人认为严守礼节、履行孝道是天经地义的事。父母在世时，何村人要孝敬父母；父母过世后，何村人要举行祭祀仪式。在中国传统观念中，一个人的孝顺不仅体现在尊敬父母和在世的至亲长辈，还要对其履行赡养义务，同时还包括他们过世后举行葬礼和祭祀仪式。能够把过世的亲人埋葬在风水宝地或自己永佃的土地，便是最大的孝顺。坟地为已失去生物学上生命特征的死者提供永久埋葬之地。开村碑中记载的"死亡任其埋葬"条款，让何村老祖能够在永佃地入土为安，实现生

① 古胜生、陈美兰译注：《礼记·孝经》，中华书局，2011。

② 钱玄、徐克谦、张采民等译注：《礼记：上》，岳麓书社，2001.

③ 韦森、苏映雪：《从明清赋役制度变迁看宗族治理的内在逻辑》，《广西师范大学学报(哲学社会科学版)》2023 年第 3 期。

与死之间的顺利过渡，让死者永远地享受后代的祭祀。同时，何村后人置身于群体性祭祀何村先祖的活动中，共同体验向祖先表达礼敬的仪式，产生群体化的信仰情感，唤醒何村人的集体记忆。这不仅加强了祭祀者与祖先之间的联系，也增强了祭祀群体成员之间彼此的情感认同，促进社会和谐。

《礼记·郊特牲》写道："万物本乎天，人本乎祖。"人要敬天尊祖，对逝去的祖辈心存感激、永久缅怀。在这追思过程中，生者对逝者缅怀感恩，从中得到教化，进而增强族群的认同意识。在祭祀活动中，人认识到生命终结后的存在方式，并通过对死后世界的认识与想象，建构对自己生命过程的整体认识。《礼记·祭统》写道："祭者，所以追养继孝也。"何村人不断重复参与祭祖仪式以此追忆祖先和家族历史，理解家族来源和自己的生命，不断确认死去祖先与自身的关系，不断重复家庭历史的共同记忆，增强自己在家族中的归属感。通过参与祭祀活动，何村人了解到生命终结后的存在方式，并建构起对生命过程的整体认识。

契约中允葬条款解决何村人用祭祀表达祖先崇拜的信仰，使何村人在何村土地上体验人死亡后面向彼岸世界的求索活动，也搭建起何村人现世与彼世的桥梁。祭祀让何村人充分体验到合鬼与神的过程，也让何村人扬弃自我，通过仪式与祖先交流沟通，达成自己的愿望。[1] 因此，祭祀成为何村人重要的人伦仪式实践，成为何村人内在精神生活的一部分。

四、定居何村形成新的社会关系

土地开垦与乡村聚落的形成有着密切的联系。[2] 何村始祖开垦何村土地是何村发展的契机。何村始祖呼朋唤友举家迁移到何村，劳作居住繁衍生息，形成新的村落。部分有钱的何村人通过承典和购买土地，使其家族成为村落中最有威望的家族。有的何村人通过中人将自己的土地流转给外村或同村人，获取金钱维持开支。这为外村人提供了融入何村并在此定居的机会，使何村发展成为更大的村落。何村契约文书中交易双方、中人、见证人、知见人、代笔人，以及 2 件分单、3 本礼封簿上

① 张赟：《鬼神、文化生命与存在方式上的远方——儒教祭祀精神》，《原道》2007 年。

② 宋瑞晨：《清代归化城土默特的土地关系与乡村聚落——以契约文书为中心的考察》，硕士学位论文，内蒙古大学中国史专业，2020，第 86 页。

的人事关系，都反映了何村人在此欣欣向荣地生活，利用血缘和地缘关系交织形成新的人际关系网。何村的何姓作为本村经济实力最强的家族，在1949年前专门请私塾到何村开展教学活动。这打破了传统观念：佃农不如自耕农。租佃制度实际上降低了人民的生活水平，减少了儿童受教育的机会。① 永佃何村土地不仅解决何村人的生活来源问题，还较好地解决其住房、婚姻以及儿童教育等问题。

第二节　土地集中

在何村契约文书中，出现频率最高的人是何世经。② 他不仅作为财产继承人出现在分单中，还作为买主和利润分红者分别出现在契约和账簿上。何世经的人生经历生动诠释了个人不断积累大量财富成为新地主的过程。

一、继承财产

分单是一个家庭秉承诸子平分的分配原则，对父辈现有的财产合理搭配分割时签订的产权契约清单，是分家行为的重要凭证。合理的分家既有利于解决家庭内部矛盾，促进后辈在经济上独立发展，也有利于家族开枝散叶，维护家族的正常发展。分单上的财产数量反映了一个家庭的整体经济状况。

何村契约文书有两张分单，分别是《清同治十年何世经分单》和《清同治十年何世发分单》。

《清同治十年何世经分单》具体内容如下：

立写分单长子何世隆、次子世英、三子世经，今兄弟三人各俱宜室宜家，生男长女。业已无故，此一乐也。兹各人欢喜同心，允议选得吉日良辰，承愿分居各爨，并无异言。所有祖父遗下屋、地、田、塘、畲、产、木、根、家资什物等件，今当

① 李文海编：《民国时期社会调查丛编(二编)乡村经济卷(下)》，福建教育出版社，2014，第622页。

② 何村契约文书中，何世经的“经”在有的契约中写为“京”。

族内叔伯、同堂兄弟、乡长舅爷，公议兼派均分三份。自分之后，当祖宗上代挟飞，不论何人入何块，各宜谨守遵照，料理管耕，后日不得生端反言，是也。所有合同一样三张，传留后世子孙。绵绵瓜瓞，以志不朽云。今将田片开列于后：

屋后畬一锡，屋面前畬一块，近土地畬一块，廷渠畬一块，地板畬一边，近何兴畬一边，山边畬一块，棍旻畬一块，廷蕾畬一锡，哂严畬一锡，路唸田一块，哂驮田一块，下路田一块，哂茫田一块，四份田一块，大渡田一片，旧屋面前田一截，痕浦田一块，叽标田一截，葱甲田一截，琴瓜田一块。

族内叔伯文光、何兴

堂兄世高、世宁

九岸舅爷蒙世俊、蒙世发

同治十年七月二十九日立写分单

亲手的笔世发

（骑缝字“立合同一样三张”）

世经第二[①]

从上面分单可见，何世经在众亲友见证下，按诸子平分原则得到 11 块粮田和 10 块畬地，总共 21 块土地。按照分单上写的长子何世隆、次子世英、三子世经“公议兼派均分三份”推断，何世经分单上的财产是其家庭总财产的三分之一。在没有分家前，何世经所在家庭总财产至少有 33 块粮田和 30 块畬地。这不少的土地数量在何村是一个富裕家庭的象征。据何村契约文书捐赠者何军群介绍，何世经的家族在 1949 年前是何村最富裕的家族。1949 年初，为避免在政治成分上被划为地主，何世经的后人向何村生产队捐赠 7 头牛。可见，经过几辈人的努力，特别是何世经的个人努力，何氏家族积攒了大量财富，这为何世经后期购买土地提供了资金保障。

二、出资合股

何村契约文书中的礼封簿记载着何世经与好友一起合伙集资做生意、分红积攒财富的过程。

① 崇左市壮族博物馆藏。

《清癸未年十月十四日穀日礼封簿》记载着：

“二月十六日同出本银，渠笃鸿基出本银五十元，鸿业出本银三十元，世经出本银二十元。三(月)二十日多得利银二十元，四(月)初十日多得利银二十元，六(月)二十日多得利银一拾五元，八(月)初十日多得利银二十元，十(月)二十日多得利银一拾五元，十一(月)初五日折分数各人即收本利。……丁巳年驮殊村取银列开：三月初二士通出本银二十一文，世经出本银三十文，共该本银七十元交托许世经卖买请工人帮伴使用……九月初五日折数即收本银完。夥多二十元，除许理部银一元，又仍剩银一十九元三份分……”。

从上面的的材料可见，1883 年，何世经出资 20 元，与鸿基、鸿业等人合伙做生意，从当年 3 月至 11 月共赚取纯利 90 元，三人平分每人净赚 30 元。1917 年，何世经出资 30 文与士通等人雇佣人代收稻谷和玉米，最后回收本金后每人净赚约 6 元。何世经通过经商，积少成多，赚取不少利润，为以后购买田地打下基础。

三、买地

在中国传统社会，土地的数量、类别与身份地位相关，拥有土地标志着拥有财富。在中国封建社会，农民发财致富的途径主要是购买田产。[①] 小生产者农民的人生目标，首先是维持温饱生活，再一步步升级，扩大积累，积累更多财富，购入更多土地，成为地主，过上富裕的生活。明清时期，清晰稳定的土地产权，吸引人们不遗余力地投资地产。同时，多元化的地权使人们的资本可以通过多样化的交易形式投向土地。何世经便是积极投资地产的农民之一。他通过继承家业和经商积攒到大量金钱，成功购买何村的大量土地。在 21 件何村契约中，受主为何世经的共有 7 件，占何村契约总数的 33%，分别为《清光绪十五年蒙富秀卖田契约》《清光绪二十年陈庆达当畲地契约(附中华民国三年验契)》《清光绪二十二年何世文当畲地契约》《清光绪二十三年蒙天求卖田契约》《清光绪三十二年林枝权当田契约》《中华民国元年吴全先卖畲地契约》《中华民国五年陈敬全卖畲地契约》；另外受主为蒙恒议的有 3 件，受主为何元谋的有 2 件，其他受主各为 1 件。从光绪十八年到民国五年的 25 年

① 方行、经君健、魏金玉主编《中国经济通史：清代经济卷(下)》，经济日报出版社，1999，第 1989 页。

间，何世经购买了2块田和3块畬地，承典了2块田和3块畬地，共得到10块田地，加上分单得的21块田地，已成为新的地主。购买土地是一个家庭的各方面地位上升的明显标志。[①] 何世经大量兼并何村土地的结果，显示着他的家业兴旺发达。

第三节 受田定居

在何村始祖签订永租契约后近200年内，最初拥有何村土地使用权的何村人迫于生计对何村土地通过绝卖、典当等形式实现土地流转且赚取钱财度日。这给想定居何村的外地人提供机会。

一、受田买地定居何村

何村契约记录了一位叫“船上林枝权”的人定居何村的过程。他以一位外地人的身份，与何村人进行土地交易，通过购买和承典方式拥有何村土地，最后成为何村人。

《清光绪二十二年蒙天求兄弟当田契约》内容如下：

立约当田人蒙天求、弟天禄，系在左州四图更河村居住。情因家年岁饥荒，因为家穷无钱殡葬亲父，无处可借。兄弟酌议，自将祖上遗下粮田一块，在于塝炟，土名东近世昌，南近世昌，西近塘边，北近世英，界至开明。承愿出当，先招族内，后招四邻，无人承受。不已，自身问到船上林枝权处，看田如意，揭出本钱四千文足。兄弟即日领钱回家殡葬。钱约两相交讫明白，并无短少百文。其田就日交与钱主管耕种作物件。明卖明买，并无私相授受；实钱实约，亦非折债等情。其田限耕十年，钱到田出，钱主不敢阻留；钱不到，受主仍然管耕如旧。此乃两家允肯，日后不能生端反口。如有反口者，任从钱主执出当约，赴官理论，当主甘罪毋辞。钱主仍

① 曾小萍、欧中坦、加德拉编：《早期近代中国的契约与产权》，李超等译，浙江大学出版社，2011，第46页。

追血本赔还。今恐口无凭，人心难信，故写立当约一张，交与钱主收执存据。是实。

亲押人蒙天求、蒙天禄

光绪二十二年八月十七日写立当约一张交与钱主为凭

托请代笔人陈英芳①

此契记载着何村人蒙天求、蒙天禄两兄弟因父亲过世，家里太穷没有钱举办葬礼，于是将祖先留下的位于塝炟的一块田以四千文的价格出典给林枝权。蒙氏兄弟把承当人称为“船上林枝权”。何村人把解放前在船上吃住、以船为生的人称为船上人。林枝权经常用船运货物往返经过何村，与何村居民何恩深交情深厚。在山秀水电站蓄水之前，何村西面有一片沙滩，往来的船只经常停泊在此，船主下船到何村歇息补给。林枝权便是船主之一。林枝权在何村买地，为结束船上漂泊的生活、上岸到何村定居提供条件。林枝权定居何村的过程正如费孝通先生发现的外地人成为江村人的方式一样：在村里，争取到拥有属于自己的土地，并耕种这些土地，于是便在这片土地上生根，成为该村人。②

《清光绪三十二年林枝权当田契约》内容如下：

立约当田人林枝权，系在左州四图更河村在船上。情因家穷，无钱使用，无端可借，夫妻酌议，前初受得何姓之田，在于琴侣地田二块，地名东近买主，南近庆达塘边，西近恒求，北近塘边，界至开明。无人承受，自身问到本村何世京处，看田如意，揭出本钱三千文足。枝权即日领钱回家使用。钱约两相交讫明白，并无短少百文。其田就日交与钱主管耕种作物件。明卖明买，并无私相授受；实钱实约，亦非执债主等情。其田限耕二十年，钱到(田)出，钱不到田不出。受主仍然管耕如旧。此乃两家允肯，日后不能生端反口。如有生端反口者，任从钱主执出当约，赴官理论，当主甘罪毋辞。钱主仍追血本赔还。今恐口无凭，人心难信，故写立当约一张，交与钱主收执存据。是实。

亲押林枝权

光绪三十二年四月初一日立写当约一张

代笔人黄圣照

---

① 崇左市壮族博物馆藏。

② 费孝通：《乡土中国 生育制度》，北京大学出版社，1998，第72页。

此契记载着交易发起者林枝权的身份是住在四图更河村的人，因为太穷没有钱可用，也没有地方借钱，于是把从何村何姓人家买的位于琴侣的两块田卖给何世经。

林枝权在《清光绪二十二年蒙天求兄弟当田契约》中被何村蒙天求兄弟称之为“船上林枝权”。但在《清光绪三十二年林枝权当田契约》中，林枝权自称“左州四图更河村在船上”，林枝权称谓的转变，意味着从光绪二十二年到光绪三十二年的10年间，林枝权已从早期船上人家身份转变成定居何村的何村人，成功实现在地化。坟墓是证明土地权属的重要证据，在一个地区存在祖坟证明某个家庭已经扎根该地区很多年，是真正当地的家庭。① 林枝权在何村的坟墓以及林氏后人在20世纪70年代专程到何村追思忆祖的行为，进一步证实林枝权定居何村。

二、在地化成为何村人

在中国古代严格的户籍管理制度下，外来人想在广西尤其是少数民族地区更好地经商、读书、谋职等，一条较好的出路是选择定居落户。清代的客民入籍较为容易，因为清朝政府实行“粮户归宗”制度，外来移民的入籍条件比较宽松。② 清代政策规定，凡客民在内地贸易，或置有产业者，与土著一律顺编。③ 一个外地人想成为当地有户籍的居民，要么来此地经商，要么购买拥有当地产业。总之，有业是外来者入籍的基本条件。购买土地成为拥有资产的人，是一个人从根本上进入一个村庄并实现彻底土著化的重要渠道。外来人的定居其实涉及“入住权”问题，区分外地人与本地人的重要依据是看他是否拥有当地的入住权，即居住权。④

外来人要成为本地人，就要有本地人一样的居住权，也就是定居。林枝权作为一位外来人要成为何村本地人，就要争取得到何村的入住权，还要与本地人建立联系，才能获得容身之地。何村作为农耕社会，以种地为生。林枝权放弃船上人的身份，购买何村土地，变成耕田种地的农民。在何村，林枝权既有从何姓人家买的两块田，又有积极承典蒙天求兄弟的一块田，总共至少拥有三块田。在明清之际，要

---

① 曾小萍、欧中坦、加德拉编：《早期近代中国的契约与产权》，李超等译，浙江大学出版社，2011，第133页。

② 郑振满：《明清时期的林业经济与山区社会——福建永泰契约文书研究》，《学术月刊》2020年第2期。

③ 赵尔巽：《清史稿》，中华书局，2021。

④ 科大卫：《皇帝和祖宗：华南的国家与宗族》，卜永坚译，江苏人民出版社，2009，第5页。

想成为一个拥有一定社会地位的、有户籍的人，其前提是拥有一定的土地财产并向政府承担纳税责任。[①] 何村契约中《清咸丰二年何床诣母子卖畬连田契约》上写的“每年纳租钱一百六十文”和《清咸丰四年何常义母子卖畬地连田契约》上写的“每年纳租钱一百四十文”表明在清代种何村土地的农民需向官方纳租交税。这表明何村土地已纳入国家赋税范围内。按此推理，林枝权购买耕种何村的土地也要向清政府交税。通过“纳粮附籍”成为王朝编户齐民，是对土地支配权的根本条件。[②] 林枝权通过得到何村土地，纳粮附籍而定居何村，以此成功打破外来者身份，成为官方管辖、具有合法身份的人。

三、在地化生活的意义

人们在实践契约条款过程中，由移民社会转向定居融合社会，进而发生家庭人口的繁衍、宗族的重建与区域社会的整合，逐步完成土著化。

（一）构建新关系网络

林枝权为了顺利融入何村，不仅要缓解官府一方带来的压力，还要争取与本地人建立良好的关系。林枝权通过土地交易与何村人建立联系，取得何村人随土地让渡的部分权利，也取得了在何村生存发展的空间。随着契约文书的订立，土地交易关系确立，权利从立契人转移到对方，林枝权与何村人建立主客体关系，通过契约关系使林枝权个体的“我”成为何村集体“我们”中的一员。以此，林枝权拥有在何村生活的权力。他以原有的社会关系为基础，通过购买田地、出典土地等方式构建新的社会网络，最后在异地他乡形成一个互帮互助的熟人关系网。因为与本地人建立联系，构建新的关系网络不仅是外来人口的生计所需，也是一种生存策略。[③]《清癸未年十月十四日礼封簿》记载着“癸未年十月十四日榖日，船上枝权礼一步”，表明林枝权不仅通过土地交易与何村人建立多重契约关系，还通过人情往来与何村人建

① 刘志伟：《在国家与社会之间：明清广东里甲赋役制度研究》，中山大学出版社，1997，第259页。

② 张应强：《木材之流动：清代清水江下游地区的市场、权力与社会》，生活·读书·新知三联书店，2006，第213页。

③ 李鹏飞：《清代清水江文书中的外来人口及其在地化——基于社会网络分析的视角》，《西南民族大学学报》（人文社会科学版）2023年10期。

立互惠式人际交往关系。林枝权在何村构建与拓展人际关系网络，积极努力融入地方社会，生动展现外来者成功实现在地化的过程。

林枝权加入何村，打破以何村始祖为基础所形成的社会结构，使得社会关系更为灵活多变。林枝权身份的在地化过程是一个不断建立和拓展社会网络、获取社会资源与生存空间的过程。① 定居融合是移民迁徙过程中的发展趋势和最终结局。② 定居生活使得林枝枝得到何村人群体的依附、归属和身份认同。

（二）拥有参加科举考试的机会

户籍是确认一个社会成员身份地位的重要标志。③ 户籍成为人们在纳税、土地登记、参加科举考试以及其他须证明自己身份的场合中的重要身份证明。④ 编户齐民在法律层面上确认了编户之内人们的社会主体身份。⑤ 编户齐民让已进行户籍登记的人们成为对国家尽兵役和夫役义务的社会主体，也为一般的贫民依据战功或者通过科举跃居统治者之列而打破社会阶层提供机会。

按照清朝律例，有封建国家正式户籍——民籍的人才有参加科举考试资格。出身娼、优、皂、隶的人不具备报考科举的资格⑥，所有的疍户也没有应试科举的资格。林枝权作为船上人家，应该为疍户，这从林枝权的同族亲戚处可以得到证实。林枝权的同族亲戚现居住在崇左市江州区驮卢镇。他们尽管已上岸定居生活，依然保留着疍户典型的船上生计。林枝权原是以船为生的客家人。船上生活不稳定，风险大，且作为流民没有户籍，影响孩子受教育。林枝权通过努力入住何村，拥有户籍，摆脱贱民身份，不仅为自己和后代提供了良好的家庭环境和社会环境，更为子孙争取到科举应试资格。

---

① 李鹏飞：《清代清水江文书中的外来人口及其在地化——基于社会网络分析的视角》，《西南民族大学学报（人文社会科学版）》2023 年第 10 期。

② 陈世松：《论巴蜀客家的定居融合及其历史意义》，《成都大学学报（社科版）》2012 年第 1 期。

③ 刘志伟：《在国家与社会之间：明清广东里甲赋役制度研究》，中山大学出版社，1997，第 259 页。

④ 姚秀兰：《户籍、身份与社会变迁——中国户籍法律史研究》，法律出版社，2004，第 76 页。

⑤ 赵晓耕主编《身份与契约：中国传统民事法律形态》，中国人民大学出版社，2012，第 81 页。

⑥ 赵尔巽：《清史稿》，中华书局，2021。

第四节　身份再生产的运行机制

身份现象能够“再生产”出社会关系、社会互动模式等社会现象。① 何村契约文书中记录的何村建村的历史、何世经买田成为富农以及林枝权受田定居何村的个案，反映了群体和个体以土地资源为媒介，在何村内部及与周边村民互动中打破原有身份产生新身份，即实现了身份再生产。身份再生产作为人们在社会系统实践的结果，体现了结构二重性的特性。

结构二重性由著名英国社会学家安东尼·吉登斯提出。他认为结构是超越时空的限制，被循环反复组织起来的一系列规则或资源，在互动中被生产和再生产出来的方式。② 社会二重性是系统再生产的媒介，是跨越一定时空范围的行动者或集合体之间的交互关系。结构二重性具有长久的特性，表现为长久存在的社会制度，是跨越时空的连续性的延伸，也是个体生命不可逆时通过世代继替形成制度的可逆时间的可持续性。结构二重性由表意、支配与合法化三个维度组成。在横向的组合向度和纵向的聚合向度上，这三个维度通过横向的组合向度和纵向的聚合向度将与之对应的手段及互动媒介连接，并通过社会实践构成社会系统周而复始的再生产循环。手段包括可转换性的解释框架、工具和规范，互动媒介包括整体的沟通、权力和制约。③

在此，笔者尝试用结构二重性理论，阐明永佃制下以土地交易促进身份再生产的运行机制。

---

① 王力平：《身份的社会资本属性及其功能》，硕士学位论文，西北师范大学社会专业，2007，第 8 页。

② 安东尼·吉登斯：《社会的构成——结构化理论大纲》，李康、李猛译，中国人民大学出版，2016，第 23 页。

③ 安东尼·吉登斯：《社会的构成——结构化理论大纲》，中国人民大学出版社，2016，第 14-27 页。

一、永佃制提供身份再生产的场域

场域主要指在某一个社会空间中，特定的行动者在互动关系网络中所表现的各种社会力量和因素的综合体。[①] 每个社会都处于既定的生产模式架构，且包含这个架构所形塑成的特殊性质空间。[②] 空间不仅被社会关系支持，还生产社会关系和被社会关系所生产。[③]

在清朝政策鼓励下，大量移民涌入边疆地区，开垦荒地。永佃契约在人们开垦土地过程中广泛流传并得到国家认可。[④] 清朝末期，永佃制已成为一种遍及大江南北、受到契约与法律保护的普遍的制度安排。[⑤] 农民在长期实践中创造的永佃制生产模式，必然会产生与之配套的生产关系。

永佃制是人们在长期社会实践中形成的一种生产制度，从宋代萌芽到新中国成立之初走向消亡，存续近千年。在包容性极强的永佃制所形成的时空中，人们通过多形式的地权交易，从纵向和横向两方面有序开展实践活动并构建社会系统。在永佃制下，佃农永久性租用地主的土地，拥有了稳定的经营权与收益权，成为真正意义上的土地支配者。在每年按时交纳固定的租金下，佃农依据市场需求和地力自主耕种，制订长期的耕种计划，积极投资耕种土地，以便从土地的长期投资中获得正向的收益，为实现土地投资的利益最大化甚至改变土地的经营方式，把土地的经营权和收益权转变成为商品进行交易。永佃制下，地权既可以自由继承，也可以转租、典当，甚至绝卖，形成了一种退出机制，使佃农拥有自由选择的权利。为此，永佃制下的土地经过市场化的操作产生多种地权交易形式，为个体的身份建构提供多种选择机会。永佃制下的土地流动使不同个人或群体之间为之产生交换行为和互生权利关系。可见，永佃制提供佃农身份转变的砝码，让他们成为土地真正的支配者，在地权关系上拥有更多自由选择权，以此改善提高自身生活，真正实现身份再生产。

---

① 高宣扬：《布迪厄的社会理论》，同济大学出版社，2004，第 139 页。

② 包亚明主编《现代性与空间的生产》，上海教育出版社，2003，第 48 页。

③ 马威、邱泽媛：《文化生态保护区的“空间生产”——以东乌珠穆沁旗“那达慕”节日为例》，《中南民族大学学报(人文社会科学版)》2013 年第 4 期。

④ 梁治平：《清代习惯法》，广西师范大学出版社，2015，第 39 页。

⑤ 胡启扬：《清代永佃制盛行的制度分析》，《安徽文学(下半月)》2008 年第 10 期。

二、地权交易为身份再生产提供动力

交易者的交换动机主要有两个：一是身份动机，二是利润动机。[①] 中国传统民间契约中交易标的物大多数是土地。传统契约中交易的目标是获取土地产生的利润。土地是一切生产最原始的生产要素，是一切劳动对象和劳动资料的第一源泉。[②] 土地的自然属性以及人类赋予的经济属性和社会属性，使土地具有延伸性和可流转性。土地具有永久利用价值、长期收益能力和不可再生的资源稀缺性，促使人们为了保证其利益的多向来源而想方设法占有更多的土地财产。[③]

中国自古代以来重视农业生产。土地是中国传统农民财富的标志和社会身份的象征，也是生存的根基和故土。[④] 耕种土地是农民获取粮食生存的重要途径。土地成为农民赖以生存的根本，地权是农民最为渴求得到的终极目标。一个农民拥有的土地的数量与其社会身份地位成正比。于是，传统中国农民解决温饱且富足有余时，会想方设法通过购买或租佃形式拥有更多的土地，以便从中赚取利益和提高其经济地位从而提升社会地位。“地权市场为农户提供了多种选择和发展空间。”[⑤]明清时期多样化的地权交易方式，有效降低了地权交易的进出门槛，使农民可以根据自身条件选取何种形式进行或长或短、或大或小的交易。在金融不发达的农业社会，地权成为乡村社会人们融通资金的重要工具，交易地权实现了经济流通，解决人们的生存困境，能够提高人们抵抗风险的能力，使人们获得更多的发展空间。因此，地权作为重要的交易资源，为身份转变提供社会资本，同时，身份在土地交易过程中被结构化建构。

三、民间习惯法生成白契交易中身份再生产的规范

在“王权不下县”的中国古代社会，县以下的乡村社会依靠传统伦理道德和习惯

① 栗本慎一郎：《经济人类学》，王名等译，商务印书馆，1997，第35-36页。
② 许经勇：《论土地商品的特殊属性》，《财经研究》1995年第7期。
③ 朱道林：《土地的本质属性决定土地市场化配置规律》，《中国土地》2022年第4期。
④ 奚卫华：《中国传统农民的“恋土情结”》，《和田师范专科学校学报》2004年第3期。
⑤ 龙登高：《地权市场与资源配置》，福建人民出版社，2012，第196页。

法协调解决纠纷。[①] 中国民间社会在长期实践中，形成一套维护和运行契约精神的机理，那便是民间习惯法，在一定程度上维护中国基层社会的正常运转。[②] 民间习惯法长期以来都是生活在传统中国社会的人们调整社会关系、解决社会纠纷的首选模式。

中国传统社会中民间交易多是没有经过官方确认、没有给官方交税而通过中人牵线搭桥、签订白契完成的贸易行为。白契能够在民间广泛流传，得益于中国传统文化积淀形成的民间习惯法，也就是群体道德价值感和社会舆论的力量。完备的契约条款整体呈现中国民间群体的道德价值观。

“凭中交易”的中人功能得以发挥，主要依靠民间习惯法。在民间交易中，为打破契约中关系不对等，保证契约顺利实施，以熟人充当的中人起到监督、担保、见证、沟通作用。在契约实施过程中，如果出现违约行为，中人将出面协调解决纠纷。可见，民间习惯法为民间土地交易的顺利进行提供重要社会保障。

四、永佃制下多形式地权交易促进身份再生产运行机制

明清政府，特别是清政府鼓励开荒推广永佃制，使得永佃制广泛流传。永佃制下的身份再生产就像植物一样具有生殖和世代交替的继替特征。[③] 在永佃制经济模式下，农民通过婚姻关系和亲属扩展，把土地世代相传、代代延续，在日常生活中进行连续性的实践活动，实现身份在时间和空间上的延续。农民在生计出现问题的紧张状况下，将土地的使用权通过中人实现转移或典当或绝卖。频繁的土地交易代表小农社会的自我维持、内部消化和始终融合。[④] 长期的地权交易形成可逆的制度时间。在中国传统礼制文化沉淀形成的民间习惯法的保驾护航下，具有高度格式化的土地交易契约保证契约条款顺利实施，从而使受主的身份提升。依此路径，在永佃制流行的中国传统社会，人们以土地资源为交易媒介，在中人的助推下，周而复

① 赵晓耕主编《身份与契约：中国传统民事法律形态》，中国人民大学出版社，2012，第99页。

② 仲伟民、王正华：《契约文书：中国传统社会日常经济生活的真实写照》，《北京日报·理论周刊（文史版）》2018年7月23日。

③ 费孝通：《乡土中国 生育制度 乡土重建》，长江文艺出版社，2019，第270页。

④ 吕佩荣：《从土地契约看清代中期至民国末年土默特地区的民间土地交易》，硕士学位论文，内蒙古财经大学经济史专业，2023，第35页。

始地使身份再生产在实践中循环得以实现。

本章小结

包含丰富身份信息的传统契约文书，特别是土地契约，在一定条件下生产出相应的社会关系和社会互动模式，进而促进身份再生产。在“不欠租、不撤佃”的永佃制下，佃农取得永久性田面权后，依据自身的经济状况，在交易土地换取生存机会时产生灵活多变的经营权。何村契约文书呈现了三种身份再生产类型：一是永租何村地定居何村的“依身定份”型；二是何世经经过个人努力购买土地成为富农型；三是林枝权买田受田定居的在地化型。这些案例表明，何村灵活的土地交易奠定了身份再生产的基础。永佃制成为佃农身份转变的一个砝码，让他们成为实际的土地支配者，通过土地转让、出卖等交易活动改善生活，实现身份再生产。人们使用地方性知识，发挥永佃的灵活机制，以中人为媒实现以白契为主的民间交易，满足人们的社会需要，实现资源的合理配置，以此循环促进身份再生产。

第三章

传统土地交易中的身份焦虑

何村始祖在何村定居后，不断繁衍生息，与周边群体交流互动，形成一个传统村落小社会——何村。当小社会作为永久定居的结果而扩展起来时，基本分化就开始出现。[①] 何村在发展过程中出现社会分化，具体表现在地产交易。地产的分化随之产生身份的变化，并导致相应的身份焦虑和身份不平等。面对因土地交易产生的焦虑，何村人通过自己的生存伦理实践，规避风险，在严酷的农业社会继续生存。

第一节　无奈的土地交易

在中国传统经济秩序中，与农业活动最基本的土地生产资料相关的问题一直是上至历代统治者、下至黎民百姓最为关注的问题。[②] 土地在传统中国人的理念中除了其自带的天然物质性和无限生产力价值外，还寄托着人们在生存发展过程中所赋予的情感价值。在金融工具缺失与谋生方式单一的传统农业社会，土地寄托着地权关联方绝大部分的生计手段与希望。[③] 在万不得已的情况下，传统中国农民不会拿命根子似的土地进行交易，因为土地不仅是个人的财产，更是家族的财产。

---

① 彼特·布劳：《不平等和异质性》，王春光、谢圣赞译，中国社会科学出版社，1991，第194页。

② 晓耕、刘杨主编《中国古代土地法制述略》，中国和平出版社，1996，序言。

③ 龙登高：《地权市场与资源配置》，福建人民出版社，2012，第107页。

在中国传统小农经济社会，农民与土地的联系是最脆弱、最容易被伤害的环节。在困境中，人们试图以某种方式保护自己拥有的土地。就算碰上天灾人祸、身陷绝境，他们也会尽可能地不失去土地，尽其所能、倾其所有、想方设法为子孙留下土地。清至民国时期，左江流域社会动荡，加上天灾人祸，左江流域人们的生活普遍艰难。在生产资料和生活水平普遍低下的情况下，以田地为生的左江流域的人们为求生存，只得在走投无路时处置田产以换取生存的机会。

表 3-1　何村土地交易原因

序号	卖主姓名	交易原因	时间
1	赵光钰等	离村遥远，山水阻隔，不能耕到	乾隆三十九年(公元 1774 年)
2	何调	家穷，无钱买牛应耕	道光五年(公元 1825 年)
3	何调	家穷，无钱买米度口，无处生借	道光十年(公元 1830 年)
4	何调	家穷，无钱买牛应春，无处可借	道光十三年(公元 1833 年)
5	蒙仰	家穷，无钱使用，无处可借	道光二十九年(公元 1849 年)
6	何床诣母子	贼匪乱世，无牛应耕，无处可靠	咸丰二年(公元 1852 年)
7	何常义母子	无粮度口，贼匪乱世无粮度	咸丰四年(公元 1854 年)
8	蒙富秀	家穷，无钱救病，无处可借	光绪十五年(公元 1889 年)
9	蒙廷皆	天色高昂，无钱买牛，借无门	光绪十八年(公元 1892 年)
10	陈庆达	家穷，无钱应用，无处生借	光绪二十年(公元 1894 年)
11	何世文	天旱，无钱买米度日，生借无门	光绪二十二年(公元 1896 年)
12	蒙天求兄弟	家岁饥荒，因为家穷无钱殡葬亲父，无处可借	光绪二十二年(公元 1896 年)
13	蒙天求	家穷，无钱应用，无处生借	光绪二十三年(公元 1897 年)
14	何世文父子	年岁饥荒，家穷无钱买米度口，无处生借	光绪二十九年(公元 1903 年)
15	蒙天禄	家穷无钱还债，无处生借	光绪二十九年(公元 1903 年)
16	林枝权	家穷，无钱使用，无端可借	光绪三十二年(公元 1906 处)
17	吴全先	家穷，无钱应用，无处生借	中华民国元年(公元 1912 年)
18	陈敬全	家穷，无钱应用，无处生借	中华民国五年(公元 1916 年)
19	何庆猷	家穷，无钱应用，无处生借	中华民国八年(公元 1919 年)
20	何恩雄	家穷无钱	中华民国二十七年(公元 1938 年)
21	何品廷	家穷，无铜使用，无处生借	中华民国二十七年(公元 1938 年)

从上表可知，每件何村契约标明的交易原因，其中有 13 件标明因“家穷”而交易，约占契约总数的 62%，例如，《清咸丰二年何床诣母子卖畬连田契约》写着交易土地原因是“贼匪乱世，无牛应耕，无处可靠”；《清道光五年何调当畬地契约》中何调典当畬地的原因是“家穷，无钱买牛应耕”；《清光绪二十九年何世文等当田契约》表明产生交易的原因是“饥荒”又“家穷”；《清光绪十八年蒙廷皆当畬地契约》中的“天色高昂”代表物价高，因此进行土地交易。何村契约中有 17 件写着“无处可借”或“无处可靠”等原因。导致何村土地交易的原因主要有三个：一是家庭经济困难，表现为家里穷，无钱买米、无钱买牛、无钱救病、无钱殡葬等；二是土地所在的地理位置离地主居住地较远不便于耕种；三是受天灾人祸影响，生活穷迫。天灾人祸常表现为天旱、匪乱等。这些土地交易产生的普遍原因是家里极穷，没有地方借钱，迫于生计，无奈进行土地交易。可见，清末民初左江流域农民当时的生活陷入窘境，在缺乏社会保障的背景下，四处求助无门，为了维持生存，万般无奈下选择典当甚至出卖土地。这是他们当时为了生存能做出的唯一选择。人们认为，维持家产的完整性是人的重要责任之一，如果发生处置家产的行为而不说明立契原因，可能会遭受他人及后代的谴责，因此交代立契原因成为契约中重要要件，也为处置家产找到合理解释。这样可以减轻人们处置祖产的罪疚感。

何村契约中土地交易的结果多数情况下是主动交易者的土地减少，同时使交易者双方多了一种身份，付钱者被称为“钱主”，收钱者称为领钱人，即当田人、当畬地人。从何村契约参与者的频率和契约性质，即典当或承典土地次数的多寡、活卖或绝卖，可以分辨出契约参与者的家境贫富程度。在 21 件何村契约中，何调发起 3 次典当，共交易 3 块土地；何世文发起 2 次典当，共交易 2 块土地；何床诣发起 2 次绝卖，共交易 8 块土地；其余人各发起 1 次交易。① 在这些土地交易中，作为失去丈夫的何床诣交易的土地最多。从咸丰二年(公元 1852 年)至咸丰四年(公元 1854 年)，她在三年时间共绝卖 8 块土地。因生活贫困被迫出卖土地的家庭的社会地位和经济地位向下滑坡。可见，在何村，何床诣的生活最困难。可见，这些土地交易充分显示在缺乏社会保障机制的晚清社会，土地不仅是农民赖以生存的重要生产资

① 杨丽云：《清代至民国时期左江流域民间契约文书中身份再生产研究——以何村契约文书为例》，《广西民族师范学院学报》2024 年第 3 期。

料，还是人们最重要的生活来源。

第二节　身份焦虑的原因

中国传统社会是一个没有完善社会保障制度的社会。传统中国农民多以种田种地为生，迫于生计和养家糊口，不得不典当或绝卖土地。因土地在人类社会发展过程中自带的经济价值赋予其丰富的文化价值，农民以交易土地的方式换取生存机会时，或多或少受到社会舆论和伦理道德的评价机制影响而自我否定，继而产生一定程度的身份焦虑。

一、土地依恋情结

传统中国农民对土地具有很深的依恋情怀。土地对中国传统农民而言就像其命根子。这归于中国作为传统农业大国，民以食为天的社会现实。农民与土地生死与共的依存关系，是人与土地共情共荣的结果。① 中国人的土地情怀是地理环境、农业文明、人口压力、观念信仰等因素综合影响形成的。②

对农民而言，土地不仅提供其在生活上的物质资料保障，还在精神上寄托着丰富的农耕文化象征体系，是一个多维要素的综合体。土地能种植农作物的自然属性使得土地不仅是农民生存、工作、休憩和社交的场所，还是具有历史、符号意义和寄托情感的地方。③ 何村人把土地叫做公鸡地。公鸡在何村文化中是繁衍后代、传宗接代的象征。最近几年，何村周边屯的农民时兴用水泥围砌坟地以防长草。何村人认为这种做法让土地无法呼吸，影响风水。何村人在每年农历二月二尽量赶回何

---

① 曹永祥：《中国农民的土地情结——从话剧〈龙眼树下〉锣荣谈起》，《福建艺术》2003 年第 4 期。

② 徐国良：《被征地农民的土地依恋问题研究——以无锡市为例》，博士学位论文，，南京大学人文地理学专业，2016，第 14 页。

③ Quinn C E，Halfacre A C. Place Matters：An Investigation of Farmers'Attachment to Their Land. *Human Ecology Review*，2014，20(2)：117.

村，按户捐资，在土地庙前举行祭祀仪式并聚餐。这是何村人崇拜土地的表现，反映土地在何村人心目中的重要地位。

在中国传统农耕社会，农民不会轻易出卖作为重要生产资料的土地，但现实中因各种各样的原因导致生活难以为继时，为了摆脱眼前困境，他们只能处置土地以换取一定的经济收入。在这种操作模式下，交易土地不仅不能实际性解决农民的生活困难，反而会断送农民能够获得稳定收入的渠道，还会使生活的困境更加恶化。在何村契约中以典当形式交易的 11 件土地契约中，赎回的只有 1 件。典当只是绝卖的前兆，更多是只典无赎的社会现实。农民以交易土地讨生活的方式，长此以往只会陷入更深的绝望。因交易土地的性质不同，特别是典当的土地，随着时间推移受交易者双方家庭经济状况变化影响会出现不同的结果。何村契约中的何调分别于道光五年(公元 1825 年)、道光十年(公元 1830 年)、道光十三年(公元 1833 年)对其名下的 3 块土地进行典当交易。随着典期到来，只有典出的位于琴虑、南近言谋的一块田于道光二十九年(公元 1849 年)正月十七日被何调的儿子何元诣以三千五百文赎回，另外典出的 2 块田经过找贴变成绝卖。① 典是一种在保持长期地权秩序不变的前提下，通过管业地位的交换完成信贷的手段。② 典当是具有弹性的交易形式，其最终目的是维护地权秩序的原状。出典时，交易标的是土地使用权，而土地所有权仍在典主手上。在约定典期结束时，典主如约出钱回赎土地，再次拥有土地使用权，让地权完整回归之前的状态。可见，典当在没有绝卖之前，体现的是业主不想与他的“业”切断关联的守业意志。绝卖的出现，也就是出现找贴时，说明典主的守业意志已崩溃，业主将彻底失去土地。以交易土地换取生活来源的生存之道只会使人真正失去生活来源。

二、失地后的内外双重压力

传统中国血缘伦理的政治结构、安土重迁的小农经济均视土地为终极的财富象

① 见崇左市壮族博物馆收藏的《清道光五年何调当畲地契约》《清道光十年何调当田契约》《清道光十三年何调当田契约》。

② 吴向红：《典之风俗与典之法律》，法律出版社，2009，第 257 页。

征。故土难离，祖宗留下的家业难以舍弃。① 大多数中国农民的土地是从祖上继承来的，保全祖产不被流失是子孙的责任和义务。为此，农民形成保持土地延续占有的道德共识，认为尽力保持从父辈那里继承的土地是子女尽孝心的表现，反之，则会遭到社会舆论的批评指责，被认为做了不孝顺、不道德的事。② 何村契约中交易的土地绝大多数是祖上遗留下来的产业。③ 为此，交易者处置出卖祖先留下的土地时，将会背负卖祖宗田的坏名声，容易产生负罪感，导致身份焦虑。加上交易祖上遗下的土地，要经过家族商议认同、房亲画押、见证等契约流程，这无形当中增加交易发起者的焦虑和不安。每个存在的人类个体具有相应的生存权利和相应的身份。因身份卑微所带来的不良影响不仅在外在形式上表现为物质的匮乏，还会带来远比物质生活水平低所不能及的身心痛苦。因为他们意识到了因物质缺乏现状导致的自己身份的下降和自尊受损。④ 传统农耕社会中个体拥有土地状况对农民呈现出不同的身份意义。购买土地是拥有财富、荣耀身份之事。出卖土地，就是失去土地，意味着个人经济状况不佳、人生的失败。总之，以售卖土地的方式换取生存机会，会让出售者感觉到自己是个失败者。⑤

传统中国的土地买卖，需在中人参与见证下进行，是暴露在光天化日之下的事情，容易引起周边村邻议论，成为乡村人们谈论的对象。受中国的家庭制度和祖先崇拜思想影响，人们很厌恶自己或他人出卖祖先传下来的土地。⑥ 传统中国农民非常重视土地的所有权，瞧不起出卖祖先留下土地的人。在很大程度上，贫困对自尊的影响取决于周围的人对贫穷的理解和看法。⑦ 传统文化中土地有多重要，失地导致的心理压力就有多大。土地的依恋情结进一步加深失地农民的身份焦虑。在农民心目中，失地等于失身份。耕田种地作为农民的工作内容，如果无法让他们养家糊口，农民就只能进行土地交易，卖出田地以维系生活，这会让他们失去应有的身份，

---

① 赵晓耕主编《身份与契约：中国传统民事法律形态》，中国人民大学出版社，2012，第 6 页。

② 费孝通：《江村经济：中国农民的生活》，商务印书馆，2001，第 161 页。

③ 杨丽云、秦婕：《清至民国时期广西左江流域民间契约文书研究——以崇左市壮族博物馆新藏何村契约为中心》，《农业考古》2024 年第 3 期。

④ 阿兰·德波顿：《身份的焦虑》，陈广兴，南治国译，上海译文出版社，2007，第 4 页。

⑤ 徐国良：《被征地农民的土地依恋问题研究——以无锡市为例》，博士学位论文，南京大学人文地理学专业，2016，第 5 页。

⑥ 长野郎：《中国土地制度的研究》，强我译，中国政法大学出版社，2004，第 121 页。

⑦ 阿兰·德波顿：《身份的焦虑》，陈广兴、南治国译，上海译文出版社，2007，第 59 页。

损失尊严，承受痛苦。何村契约中那些无助的字眼（“无处”“无端”“无门”等）展现交易发起者的绝望和无助。在失地事件和周围人的议论中，个体内心的罪疚和在公共场合感到的羞耻，使失地人受着双重的心理煎熬。羞耻蚕食着失地人的自尊。因为在势利社会里，一个身份低贱的人所遭受的痛苦不仅来自物质层面的贫困，还要遭受因缺乏重要身份标志被人忽略、受人白眼等更大精神层面的痛苦。①

第三节 身份焦虑的化解方法

土地依恋情结让农民之间产生利他的分享行为。互惠这条道德原则渗透于农民生活乃至整个社会生活之中。② 面对土地流转带来的身份焦虑，人们采用民间智慧折中处理交易的土地，尽量降低地产流转带来的身份焦虑，即土地能典当，就不绝卖，尽量创造回赎机会；无望赎回土地时按土地差价找贴，尽可能发挥土地最大价值后，再绝卖土地。出典人回赎时遵循的是前商业逻辑，不考虑土地溢价，原价回赎。在出典人找贴时，承典人体现的是市场经济逻辑，按市场的时价支付出典人，使出典人获得土地升值带来的那部分盈利。为此，典当习俗保护出典人，成为缓解由土地交易引起的焦虑的重要方法。

一、典当交易减轻失地引起的身份焦虑

典当是一种只出让使用收益权、留下回赎权的民间交易方式。它是中国传统社会特定环境下产生的、促成标的物流转的交易形式，是一种活卖。典当最大限度保护出典人的权益，尽量让农民保住土地，同时避免出典人背负出卖祖产的坏名声。③

---

① 阿兰·德波顿：《身份的焦虑》，陈广兴、南治国译，上海译文出版社，2007，第20页。

② 詹姆斯·C. 斯科特：《农民的道义经济学：东南亚的反叛与生存》，程立显等译，译林出版社，2001，第215页。

③ 王明锁：《我国传统典权制度的演变及其在未来民商立法中的改造》，《河南省政法管理干部学院学报》2002年第1期。

土地出典是一种风险较小，获益较大的土地交易方式。典的回赎机制，有效维护农民生存保障与恢复地权的意愿，压缩绝卖和带有高利贷性质的抵押所容易导致的地权转移空间。[①] 典当更多地考虑了土地交易中走投无路的最弱小者——农民。在土地交易中，出典人处于绝对的主动地位，他是这种制度的完全受益者，如果地价持续上涨，他有多种选择，可以将土地原价回赎按时价卖出，也可以直接向典主找价，获得上涨部分的盈利。[②]

典是一种在农民没有最后失去土地的前提下完成土地流通的替代手段。典当作为灵活的土地交易方式，体现了当地农民之间的人情互助。典是一种以‘业’为抵押的金融工具，发挥着重要的社会保障功能。典有效增加了地权的弹性，提高了农民抵抗社会风险的能力。[③] 在中国古代社会保障体系不完善的情况下，人们通过典当的活卖形式出让土地使用权来渡过难关，又为日后有能力时赎回土地留下时机。典制的出现降低了土地流通的门槛，尽可能给弱势者保留拿回土地的机会，同时直接避免绝卖土地导致失业的最坏后果。可以说，农民基于生存境况所做的典当是谋生最合理的方式。[④]

地权是农民的命根子。只能交易土地换取生存机会时，典制为农民最后保全命根子提供了回旋余地。典的最大作用是最大限度地为农民保有地权特别是所有权。从典尽到绝卖，中间设置的添典、续典及延典都是在力求推迟产权交割的最终结果。典在物权的转让与回赎之间有效地为所有权交割设立了屏障，成为保障地权所有者的交易工具。典的存在，缩小了卖、抵的交易空间——即所有权转让的可能性，又弥补了其功能缺陷，加之风险由债权人承担，有利于保护弱势群体。[⑤] 农民在万般无奈下陷入交易土地的两难境地时，中国传统有人情味的“典当”土地交易形式能够解决其困境。与绝卖不同，典当一般在交易条款中写明土地出典年限，虽然日后仍有绝卖的可能，但回赎是业主期待的结果，是典制的核心。回赎期限在典契中比较灵活，有明确约定的，也有不明确约定的，如果没有明确，业主可以随时找赎或另

---

① 龙登高、林展、彭波：《典与清代地权交易体系》，《中国社会科学》2013 年第 5 期。

② 罗海山：《传统中国的契约：法律与社会》，博士学位论文，吉林大学法学理论专业，2005，第 126 页。

③ 吴向红：《典之风俗与典之法律》，法律出版社，2009，第 233 页。

④ 郭于华：《“道义经济”还是“理性小农”重读农民学经典论题》，《读书》2002 年第 5 期。

⑤ 龙登高：《地权市场与资源配置》，福建人民出版社，2012，第 88 页。

卖，同时，即使约定回赎期限已到，如果业主没有能力按时回赎，之后仍然可回赎。如何村契约中的典当契约《清光绪二十二年何世文当畲地契约》写道：“限至三年曾许赎回，如过限期之后，随其何年钱到约出，钱不到约不出”；《中华民国二十七年何恩雄当畲地契约》写道：“当主不论何日到续，退约出，仙不到，约不出”等相关赎回事宜。典当放宽回赎条件，最大可能保证出典人不丧失出典土地的所有权。这也是典当最具人情化的原因。民间凡是没有订立回赎期限的契约，不论何时都可以回赎，契约中当事人没能力在回赎期赎回土地时，子孙后代都可回赎，这使回赎时间有的长达百年之久。为此，典当有一典千年活之说。[①] 典的交易形式，降低了土地交易进入门槛，增强了家庭经济抵御风险的能力。典是交易土地的土地使用权，并为延续土地的所有权担保，充当土地所有权最后的信用保障与风险屏障。典通过回赎设立了产权转移的制度屏障。典的功能是尽可能防范或推迟土地所有权的最终转移。[②]

何村人面对生活困境，最多采取的是典当土地的应对方式，因为何村契约中属于典当契约的有 12 件，约占何村契约的 57%。[③] 如何村何世文曾两次典当地换取生存机会，第一次是在光绪二十二年(公元 1897 年)。这年天气干旱、土地收成减少，何世文家无钱买米度日，又没有地方可以借钱，于是把自己的土地以五百文的价格典当给本村的何世经。第二次是在光绪二十九年(公元 1903 年)，何世文因饥荒，家穷没钱买米，没有地方借钱，于是又把位于三角的一块地以一千五百文典当给本村的蒙廷佳。[④] 再如林枝权，在他生活光景好时，于光绪二十二年(公元 1896 年)八月十七日，他从何村蒙天求、蒙天禄两兄弟处以四千文承典一块位于塝炟的地。但在光绪三十二年(公元 1906 年)，林枝权家境中落，没钱花，又没地方借钱，于是万般无奈之下，把从何村何姓一户人买的两块位于琴侣的地田以三千文典当给何村人何世经。可见，这些出典方式为出典者保留与失地之前最后的联系，一定程度上维护了出典者的脸面。

---

① 李力：《清代民法语境中“业”的表达及含义》，《历史研究》2005 年第 4 期。

② 林文勋主编《李埏教授百年诞辰纪念文集》，云南大学出版社，2014，第 687 页。

③ 杨丽云、秦婕：《清至民国时期广西左江流域民间契约文书研究——以崇左市壮族博物馆新藏何村契约为中心》，《农业考古》2024 年第 3 期。

④ 见崇左市壮族博物馆收藏《清光绪二十二年何世文当畲地契约》《清光绪二十九年何世文父子当田契约》。

二、找贴弥补失地的损失

找贴，也叫找价，是指出典人无法回赎出典的土地，在中止典当关系前，向典权人多次找平差价的行为。允许多次找贴直至找平差价是民间默认的习俗。以绝卖作为找贴的条件，找贴的次数依据地价、利率甚至地力确定。找贴的具体数额依典当双方商谈而定，基本是使双方的利益趋近于平衡点的数目，找贴后典价的总额不能高于卖价。典权人在不损害自身利益的前提下，接受适度的找贴要求，尽已所能补偿极难中的典当者。可见，找贴是互利互惠的行为，发挥不可忽视的社会救急和社会保障作用。

土地的出典本身是农民在绝境下做出的一种选择，以增加业主生存的机会，否则他们有可能饿死。典当期间的找贴体现了同情弱者的伦理。[①] 找贴不是简单的找平，在许多情形下，它是急难之中采取的办法：再去找典主借贷。何村契约文书所记载的何调有关土地交易的经历，呈现"出典→找贴→再找贴→绝卖"的过程。清道光五年(公元1825年)，何调把位于廷雷的一块畬地以八千文的价格典当给本村的蒙恒议。[②] 清道光二十一年(公元1841年)三月二十一日，何调的家境更加穷困时，何调的两个儿子何元许和何元诣因没钱为父亲办葬礼，以蒙恒议承典廷雷的畬地为由找贴四千文。此次找贴后，廷雷的畬地最后绝卖变成蒙恒议的恒产。清道光十三年(公元1833年)，何调把位于琴虑、南近何详的一块田以五千六百文典当给蒙恒议。针对这块土地，何调的后人何元诣进行了三次找贴：第一次是庚子年(公元1840年)二月初九日，向蒙恒议找贴一千文；第二次是壬寅年(公元1842年)八月初二，向蒙恒议找贴一千文；第三次是清道光二十六年(公元1846年)正月二十六日，向蒙恒议找贴二千文。[③] 这块土地经过三次找贴后变成了绝卖。在一定时期，出典人通过多次找贴行为可以获得一个稳定的收入。何调的案例清晰地揭示了找贴和救急之间的关系：一旦典当交易成立，业主凭着典出的土地，在生活窘迫时，有权利

① 罗海山：《传统中国的契约：法律与社会》，博士学位论文，吉林大学法学理论专业，2005，第125页。

② 见崇左市壮族博物馆收藏《清道光五年何调当畬地契约》。

③ 见崇左市壮族博物馆收藏《清道光十三年何调当田契约》。

向典主提出找贴要求，而典主对业主的急难有必要做出反应，以金钱补贴业主。于是，找贴成为即将失去产权的地主最后一丝救济和保障的希望。①

本章小结

受传统农耕文化的影响，土地对传统中国农民而言不仅是产生价值的生存资料，还包含着丰富的人文价值。中国传统农民“祖业难舍”“故土难离”的理念不仅是一种传统情感，还是一种道德观念。当越来越多的当事人运用这种道德观念进行土地交易时，土地交易不再是一种纯粹的经济活动，而是基于道德的考量。失地不仅是经济行为，还是一种道德缺失的行为，会让失地者产生身份焦虑。

典当和找贴是土地绝卖的过渡形式，是农民守业的最后意志体现。面对由失地引起的身份焦虑，人们往往选择典当的折中处理土地的交易方式，从而尽可能避免彻底失去土地而保留土地回赎权。典当成为农民守护家业意志的最后防线。保留土地所有权的典当交易形式，成为典主减轻心理压力的舒缓器。当农民无力回赎土地时，面对失地，尽量找平土地差价，得到应有的经济补偿，也能缓解一定的经济压力。因此，典当和找贴的交易形式成为农民在土地交易中产生的身份焦虑情绪的缓冲器，减轻失地者的心灵负罪感，从而给失地者带来一时的心理安慰。

① 龙登高:《地权市场与资源配置》，福建人民出版社，2012，第72页。

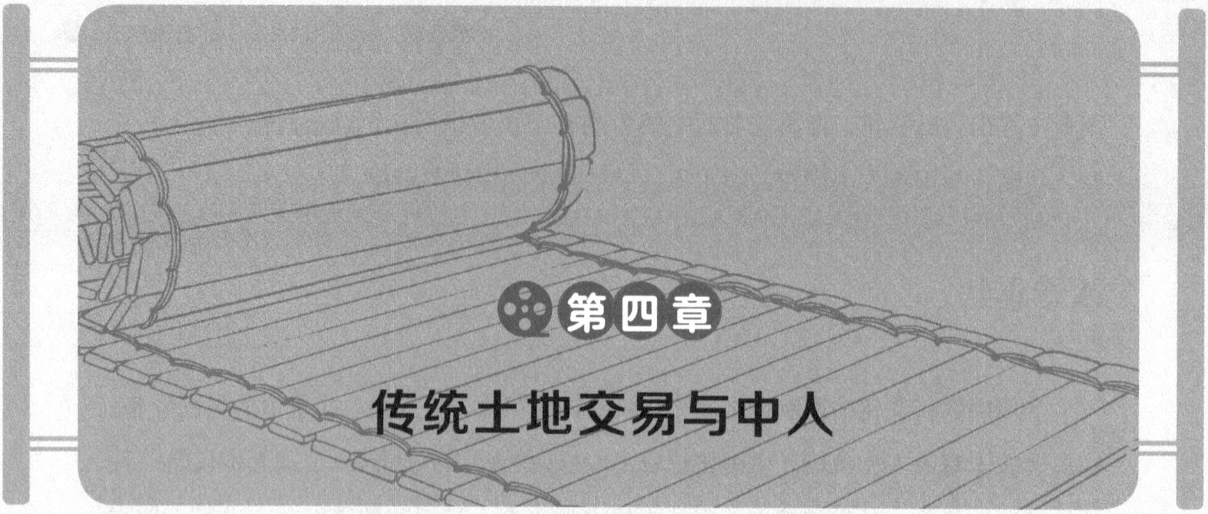

第四章

传统土地交易与中人

传统中国民间交易能够顺利完成，大多数时候离不开牵线搭桥的中间人，即契约文书中的第三方——中人。中人，是除了买卖双方，在契约中签字画押的其他人，也是中国传统民事契约的重要要件。中人的角色和社会功能体现了中国传统文化深厚的民间智慧和文化逻辑。

第一节　多元化的中人

受中原文化影响，清代前期广西形成了牙人(中人)参与田宅典当买卖的民事习惯。① 清代以来，左江流域的契约文书具有高度格式化的特点，表现在何村契约几乎每件都有一个以上中人，且中人的称谓因在契约中担当的角色和发挥的功能不同而有所差别。何村契约文书没有直接出现“中人”二字，而是以通引、证见、中保、谋人、在场、亲见、知见、代笔 8 种称谓出现在 21 件何村契约中，体现了中人的多元化(具体见表 4-1)。

① 刘爱新:《清代前期广西牙人牙行发展考略》,《中国社会经济史研究》2010 年第 2 期。

表 4-1　何村契约文书的中人

序号	契约名称	中人							
		通引	证见	中保	谋人	在场	亲见	知见	代笔①
1	《清乾隆三十九年赵光钰等招永租契约》								赵弘达
2	《清道光五年何调当舂地契约》	何言谋	何言翔						陈宗汉（第一次找贴代笔）；蒙进选（第二次找贴代笔）
3	《清道光十年何调当田契约》	何元谋	何元汉						陈宗汉（典当时代笔）；黄文深（赎回代笔）
4	《清道光十三年何调当田契约》	□□□	蒙清（第一次找贴）		谋人托请小舅（第二次找贴）				陈忠汉（第一次找贴代笔）；何基（第二次找贴代笔）；蒙进选（第三次找贴代笔）
5	《清道光二十九年蒙仰当舂地契约》	蒙刚	蒙恒发						何世兴（典当时代笔）；蒙仰（找贴时亲手笔）
6	《清咸丰二年何床诣母子卖舂连田契约》	何常义	记神					蒙康帅	何世兴
7	《清咸丰四年何常义母子卖舂地连田契约》	蒙红	何常义					许老师	何世兴
8	《清光绪十五年蒙富秀卖田契约》	蒙富秀	蒙富红					蒙仕通、蒙启哲、蒙富登	陈英芳
9	《清光绪十八年蒙廷皆当舂地契约》			何世英				吴善堂	蒙芳达
10	《清光绪二十年陈庆达当舂地契约（附中华民国三年验契）》	蒙士登	度亚捌						陈庆达秉笔亲押；何盛福（找贴代笔）

① 何村契约有找贴现象，且每一次找贴都有代笔人。在统计何村契约代笔人时，作者把找贴时的代笔人计算在内，但不包括既为亲押人又为代笔人的人。

续表

序号	契约名称	中人							代笔①
		通引	证见	中保	谋人	在场	亲见	知见	
11	《清光绪二十二年何世文当畬地契约》							蒙士登	何世英
12	《清光绪二十二年蒙天求兄弟当田契约》								陈英芳
13	《清光绪二十三年蒙天求卖田契约》								陈英芳
14	《清光绪二十九年何世文父子当田契约》						子恒求亲见		陈英芳
15	《清光绪二十九年蒙天禄卖田契约》		何盛福						陈英芳
16	《清光绪三十二年林枝权当田契约》								黄圣照
17	《中华民国元年吴全先卖畬地契约》		蒙天禄			吴本连			蒙继祖
18	《中华民国五年陈敬全卖畬地契约》			何盛福					黄有良
19	《中华民国八年何庆猷卖田塘畬地契约》								何胜福
20	《中华民国二十七年何恩雄当畬地契约》								何圣业
21	《中华民国二十七年何品廷卖畬地契约》								亲押人、代笔人何品廷
总计		8人次	10人次	2人次	1人次	1人次	1人次	7人次	24人次(其中6次找贴、1次赎回),亲笔3人次(1人次把亲笔写成代笔)

从表4-1可见，何村契约中扮演“通引”的有7人次，“证见”的有10人次，“中保”的有2人次、“谋人”的有1人次、“在场”的有1人次、“亲见”的有1人次、“知见”的有7人次，“代笔”的有24人次(其中6次为找贴代笔，1次为赎回代笔)。其中，代笔的人次最多，其次为证见，再次为知见。每件何村契约在契尾都有书写代笔者画押，其中卖主自己书写的有3件，上面写着“亲押人、代笔人”①“用亲手笔”②“秉笔亲押”③，如《中华民国二十七年何品廷卖畬契约》中亲押人与代笔人为同一人，即卖主何品廷。其余18件都是代笔人书写，并在代笔的前面多有“托请”两字，如“托请代笔陈宗汉”④“托请陈英芳代笔”⑤等，表明代笔人具有较高的社会地位。在何村契约中扮演中人频率最高的是代笔人陈英芳，共出现5次。像陈英芳这样能够熟练掌握书写，且熟悉契约文书的表述格式的人，在乡村社会具有一定的威望，能够受到土地交易双方的信任，所以在多次交易中充当中人。证见，也就是见证人。何村契约中有5件与卖主同姓、为亲戚关系的见证人，分别为《清道光五年何调当畬地契约》《清道光十年何调当田契约》《清道光二十九年蒙仰当畬地契约》《清咸丰四年恒水卖畬地契约》《清光绪十五年蒙富秀卖田契约》。知见人，既有与卖主同姓的，也有异姓的，甚至有的契约同时出现多位知见人，如《清光绪十五年蒙富秀卖田契约》中有3人同时作为知见人，分别是与卖主同姓的蒙仕通、蒙启哲、蒙富登。

何村契约没有标明中人收取中介费，表明何村没有固定的职业中人，因为中人一般由熟人担当，所以没有相应的酬劳。何村中人的来源比较多元，有同姓的宗族成员、也有异姓的亲戚和邻里。第三方参与契约的中人，因其称谓不同，而担当的角色是有差别的。知见人、亲见人、证见人等作为契约成立过程中的直接见证者，以证人身份参与契约签订。领钱人、保人、代笔人、亲押人等，不仅是直接见证者，还是签订具体契约过程中具体专项工作的负责人。中人的角色也是多样化的，有的是代笔人，有的是见证人，有的是担保人，有的是公证人，有的是说合人等，有时一名中人在一件契约中承担多个角色，如《清咸丰二年何床诣母子卖畬连田契约》中

① 崇左市壮族博物馆藏《民国二十七年何品廷卖畬契约》。
② 崇左市壮族博物馆藏《清道光二十九年蒙仰当畬地契约》。
③ 崇左市壮族博物馆藏《清光绪二十年陈庆达当畬地契约》。
④ 崇左市壮族博物馆藏《清道光十年何调当田契约》。
⑤ 崇左市壮族博物馆藏《清光绪二十九年蒙天禄卖田契约》。

卖主何床诣，不仅是通引人何常义，还是领钱人姝常义。同样的在《清咸丰四年何常义母子卖畲地连田契约》也出现卖主何常义，不仅是证见人何常义，还是领钱人姝元诣。何村契约文书中的“三面言定”[①]“当面言定”[②]等字句表明交易双方和中人三方从头到尾共同参与交易整个过程，从实地查看交易标的，再到价格商定，最后督促交易双方签订契约。因此，中人在交易中至关重要，是契约中不可缺少的要件。熟人充当中人，消除了交易双方信息的不对等，保证了契约的公平性和真实性。

第二节　人格化的中人

中国传统乡土社会的交易建立在个人之间相互熟悉的基础上，是人格化的交易。[③] 中人的人格化特点主要体现在中人与交易双方大多有沾亲带故的关系，具体表现为四点：一是同姓亲族中人。如《清道光五年何调当畲地契约》中通引人为何言谋、证见人为何言翔，这两人与卖主同姓。何村契约的中人与卖主同姓的有 11 件，占何村契约的 52%。可见，何村契约文书里中人的人格化特点明显。二是中人虽然与交易双方不同姓，但可能是异姓的姻亲。如《清道光十三年何调当田契约》的中人有卖主的小舅陈宗翰。三是中人与立契约人不同姓，可能是宗族的外姓亲戚。四是中人与交易者虽然不同姓，但他们是当地比较有影响力的人，比如保甲长。中国传统民间契约多是没有经过官方认可的白契。两个订立契约的人，可能是生人，但大家都共同结识第三人，由第三人牵线搭桥促成交易。第三方熟人给合同增添了一个人格化的因素。[④] 人格化的中人出场弥补了民间契约中官方的不在场，保证契约的法律效应。

① 见崇左市壮族博物馆收藏的《清道光二十九年蒙仰当畲地契约》《清咸丰二年何床诣母子卖畲连田契约》《民国五年陈敬全卖畲地契约》。

② 见崇左市壮族博物馆收藏的《民国元年吴全先卖畲地契约》《清道光五年何调当畲地契约》《民国二十七年何品廷卖畲契约》《清光绪二十九年何世文父子当田契约》。

③ 汪和建：《迈向中国的新经济社会学：交易秩序的结构研究》，中国编译出版社，1999，第 15 页。

④ 赵晓力：《中国近代农村土地交易中的契约、习惯法与国家法》，《北大法律评论》1998 年第 2 期。

中国民间交易因熟人的介入而体现出人格化的特点。此特点是在交易土地类的不动产时更明显。契约中找贴也体现人格化交易。在“亲邻优先”的交易法则下，交易发起者首先照顾有需求的房亲和邻居，并请熟悉的亲邻或朋友作中人。这些人的参与使得交易具有血缘和地缘特色，使陌生的交易双方在促成契约关系的过程中成为熟人。中人的参与使经济性的契约活动具有人性的人格化特点。中国传统契约离不开人格化的中人，人格化的中人促成传统交易。

第三节 多功能的中人

在中国传统社会，土地交易离不开契约活动，并因签订契约而成为真实有用的交易。土地交易时，卖主写下并交给买主的契据是买主唯一的权限凭证。[①] 契约里的中人在土地交易活动中扮演的重要角色，往往决定着契约是否生效。[②] 传统社会的土地交易是一项人格化的交易，交易双方在交易前就存在某种关系，而这种关系不因一次交易的完成而结束。双方的关系是互惠的，也是长期存在的。[③]

一、沟通功能

自给自足的小农经济是中国古代社会的主要经济。人们之间的交易多在小范围的熟人社会中完成。在交通和信息不发达的古代社会，普通交易者获取交易信息的渠道非常有限，想要获得更多的交易信息必须借助第三方群体——中人。掌握更多交易信息的第三方群体知道更多的交易机会。交易者之间交易信息的不对称需要第三方群体的中人打破信息壁垒、参与交易。族亲好友充当中人是最好的选择。尽管何村契约中有“自情愿”“自愿”“情愿”等体现交易发起者出于自愿而不是非法的胁

① 滋贺秀三：《明清时期的民事审判与民间契约》，法律出版社，1998，第198-200页。

② 吴向红：《典之风俗与典之法律》，法律出版社，2008，第23页。

③ 罗海山：《传统中国的契约：法律与社会》，博士学位论文，吉林大学法学理论专业，2005，第137页。

迫交易其名下产业和变更土地产权，但何村契约无不体现中人参与契约活动的重要性。中人作为契约订立的凭证人，其最大的作用是弥补双方交易诚信度的不足。正如俞江教授的观点，他认为清代田宅买卖主要使用的是单契，因为交易双方在不动产交易过程中可能有反悔的现象发生，使得交易双方的信任受损，可靠的中人和出具契书等方式可以找平这种落差、填补卖方信用。①

中国传统交易多是一方持有单契。契约中的条款往往对弱势一方的交易发起者具有较强的约束力。为交易安全和交易平等起见，交易双方需要知根知底、相互信任才能进行交易。交易双方经过沟通、深思熟虑后，邀请中人参与契约签订活动。一般民间规范的田宅买卖交易要经过"业主请托中人→先问亲房→再问四邻→寻找买主→至少三方当面议价→订立地契→当面交纳田价→或报官投税更写档册→过割银粮"等流程。而对于典当的土地，依据业主的经济状况有可能还有找价、回赎环节。在契约签订中，中人不仅填补卖方的诚信落差，还促进双方平等交易，为交易双方搭建起平等的桥梁。契约的中人通过自己的影响力人为制造的"熟人关系"积极促成契约双方的交易，使不熟悉的对方变得熟悉，使原已熟悉的对方变得更熟悉。②中人作为买卖双方当事人之外的第三方群体，全程参与契约交易，其作用贯穿契约的始终。

二、见证交易功能

在土地交易过程中，宗亲中人作为见证人、在场人和被"知会"的对象行使知情权、监督权来见证交易行为，还享有土地买卖时的优先购买权。往往宗族中的尊长，作为宗族最高领导者，因其保持着家长的地位，而扮演土地交易的中人。③ 在契约中存在堂兄、胞弟、堂侄充当中人的现象，说明在进行土地交易时晚辈、同辈或者小辈也能够作为见证人参与其中。这意味着亲族长者和晚辈都能够作为纠纷发生时的证明人，拥有一定话语权。促成何村契约的原因往往是交易发起者生活窘迫，他

① 俞江：《"契约"与"合同"之辨——以清代契约文书为出发点》，《中国社会科学》2003 第 6 期。

② 陈胜强：《明清时代的"中人"与契约秩序》，《政法论坛》2016 年第 2 期。

③ 彭志才、曾敏、高劲松：《契约文书中的宗族参与——以江西地区为中心》，《衡水学院学报》2015 年第 2 期。

们在“无处生借”的前提下进行土地交易。而绝大多数受主是卖主“自身问到”或“探身问到”的。何村契约里的中人没有寻找买主的功能，多是见证的功能。在契约文书订立前，中人见证交易标的物没有任何瑕疵，卖主拥有合法合理的管业权；在契约订立后，中人担任监督见证契约的正常履行，如果后期发生纠纷，中人要充当证人和调解者，协助解决纠纷。

中人的介入增强土地契约的公信力。当买卖契约双方签押的契约缺乏约束力时，第三者加入契约，增加凭证功能，特别是同姓中人的加入，依靠中人的宗法家族关系更好地保障新业主正常行使权利，从而增强契约公示公信力。

契约中重要的中人——代笔人，不仅负责拟写契约，更是订立契约的见证者。代笔人作为地方知识分子，在充分了解买卖双方的意愿以及交易标的物的整体情况后，清晰书写契约文书并确立双方权责，避免后期产生争议。同时，代笔人作为契约的见证人在契约中签押、画字，见证契约的订立与生效，成为“中人”。① 每件何村契约都有代笔者签押，但契约中没有“依口代笔”的字句，说明何村契约中的代笔者是重要的见证人。② 同一契约中出现情况变化时，如找贴、回赎时都有代笔人签押。如《清道光五年何调当畲地契约》记载着第一次找贴是道光二十一年三月二十一日，代笔人为陈宗汉；第二次找贴的代笔人为蒙进选。再如《清道光十年何调当田契约》记载着道光十年何调签订当田契时，代笔人为陈宗汉；在道光二十九年正月十七日，何调的儿子何元诣花三千五百文赎回畲地时，代笔人为黄文深。《清道光十三年何调当田契约》的找贴次数最多，为 3 次，也是代笔人最多的契约，共有 4 人次代笔。尽管此契约在道光十三年（公元 1833 年）何调典当土地时没有直接写明代笔人，但在契尾写着“托情（请）小舅陈宗翰”字句，按照何村契约的格式化表述推断，陈宗翰就是代笔人。此契三次找贴的代笔人分别是 1840 年第一次找贴的代笔人陈忠汉、1842 年第二次找贴的代笔人何基、1846 年第三次找贴的代笔人蒙进选。可见，契约中代笔人是见证交易的可靠性和真实性的重要要件。

---

①　毛永俊：《古代契约“中人”现象的法文化背景——以清代土地买卖契约为例》，《社会科学家》2012 年第 9 期。

②　如在契约结尾处署“代笔/书”或“依口代笔/书”的区别实际中主要的代笔方式本为“依口”。前述论及的关于代笔人的“免责”，并非因为契约中注明“依口”而得“免责”。因此，可以将标明“依口代笔”视为一种对代笔者责任免除的强调或宣示。见瞿见《“依口代笔”与“依稿代笔”：清代清水江契约的代笔方式》，《思想战线》2024 年第 1 期。

三、担保功能

中人一般是在其所处的社会生活中具有一定社会身份和享有较高信誉且取得交易双方当事人认可的人。如立契人违约出现争执与诉讼时，中人负有连带责任，且这种连带责任的时效依法直至契约过期失效或中保人死亡为止。①

中人的角色具有某种缓冲和调解的功能，交易在场的中人弥补国家不在场的国家法律资源不足的缺陷，也就是说，中人的出现摆脱了土地买卖中交易双边的局限，建构起三边以上的交易网络结构。中人的参与使地产交易摆脱“私相授受”的嫌疑，成为透明公开的事件。中人的出现代表契约的公正性，使契约中“你—我”双方的二元关系变成了“你—我—他”的三元关系。②

中人在民间法秩序中不仅具有法律制约力量和优化社会经济资源配置的目的，还演变成一种具有保障契约实施功能的符号沉淀于人们心中。③ 契约文书中标的物清晰的界址和来源清楚的所有权，加之契约文书中出现的地邻、中邻群体的中人，一方面可以降低交易成本；另一方面增加契约实施的稳定保障性，降低交易后可能出现的纠纷。中人在契约中一个重要作用是补全形成一个较为完整的交易保障机制。它不仅为成功实现交易行为提供人的保证和标的物的保证，还在某种程度上对交易标的物，尤其是不动产标的物的归属权提供保证。于是，中人群体在调节邻里纠纷、维持中国乡土社会稳定方面发挥了积极作用。在农村熟人社会，民间交易发生纠纷时，交易双方为维护彼此的面子，多会求助第三方群体以调解的方式解决村落内部纠纷。交易双方都熟悉的第三方群体——中人更能公平、公正处理交易纠纷。在中国传统乡土社会，中人在契约中的担保作用主要体现在中人全程参与契约活动并在契尾签名画押。中人向卖方承担担保责任，担保所出卖的田宅不会有产权不清晰、

① 李祝环：《中国传统民事契约成立的要件》，《政法论坛(中国政法大学学报)》1997 年第 6 期。

② 赵晓力：《中国近代农村土地交易中的契约、习惯法与国家法》，《北大法律评论》1999 年第 1 卷第 2 辑。

③ 陈胜强：《中人在清代土地绝卖契约中的功能——以中国传统交易规则的影响为视角》，《北方法学》2012 年第 4 期。

重复交易等瑕疵，如何村契约结尾画押时有“中保”[①]“知见保人吴善堂”[②]“保人”[③]，明确中人具有担保责任。在卖主没有在契尾签名画押而只有中人签名画押时，中人的担保功能更加凸显。如《清光绪二十二年何世文当畲契约》中卖主何世文没有签押，只有知见人蒙士登、代笔人何世英签押。当发生纠纷和争议时，具有完备契约要件、签名画押了的契约，是呈堂审判的关键证据。这使得“凭中立契”的交易法则在中国传统社会不动产交易中流行，在中人的多项功能角色推动下，交易双方基本如愿签订契约。交易双方当事人对中人的依赖和信任，有利于确认交易内容和减少事后的麻烦，提高交易可靠性。此外，当出现纠纷时，具有一定社会地位和影响力的中人，能够用自己的影响力施压违约方兑现承诺，如果对簿公堂，全程参与契约活动的中人出场也便于官府查清案件实情、减少讼累。可见，民间的白契交易存在诚信风险和权利瑕疵风险，中人的加入能有效规避这些交易风险，保障交易的可靠性、安全性和土地的可转让性。

“国家政权的力量只能延伸到县一级，县以下的传统乡村只靠习惯法与伦理来协调，国家很少干预。”[④]在地缘与血缘交织的中国传统社会，中人的担保功能得以实现主要依据乡村社会的宗法体系和熟人社会的自治。违约者因其违约行为而受到来自周边群众的指责、惩罚或排挤，且内心受到传统道德约束谴责。因此，中人的担保功能产生的法律效应远比官方的强制措施来得更有效果。

本章小结

左江流域清到民国时期民间社会契约活动的参与人身份复杂，称谓颇多。中人在契约中以不同的角色名称出现，充当着沟通、见证和担保的职责功能，具体有处分财产和参与社会管理权利的当事人，从中说合、调停、引见的“中人”，在场见证却对立契活动不发表意见的“证见人”，以及为立契活动提供书写帮助的“代笔人”，等，并且每一类参与人的身份又呈现出复杂的情形，但都是在中国传统文化熏陶下

① 崇左市壮族博物馆藏《清光绪十八年蒙廷皆当畲地契约》《民国五年陈敬全卖畲地契约》。
② 崇左市壮族博物馆藏《清光绪十八年蒙廷皆当畲地契约》《民国五年陈敬全卖畲地契约》。
③ 崇左市壮族博物馆藏《清光绪十八年蒙廷皆当畲地契约》。
④ 赵晓耕主编《身份与契约：中国传统民事法律形态》，中国人民大学出版社，2012，第 99 页。

人们“凭中”交易的结果。中人不是同姓的宗亲，就是异姓有血缘关系的亲戚，或是带故邻里熟人，显示出人格化的特点。代笔是何村契约中不可缺少的重要要件，充分显示中人在民间契约中的一致性和差异性，也体现不同地区之间的契约文化交流、不同民族人群的交往交流交融的历史。人们以原有的社会关系为基础，依托中人、通过买卖土地构建新的社会网络，最终形成一个集血缘、地缘、业缘为纽带的互帮互助的熟人关系网。

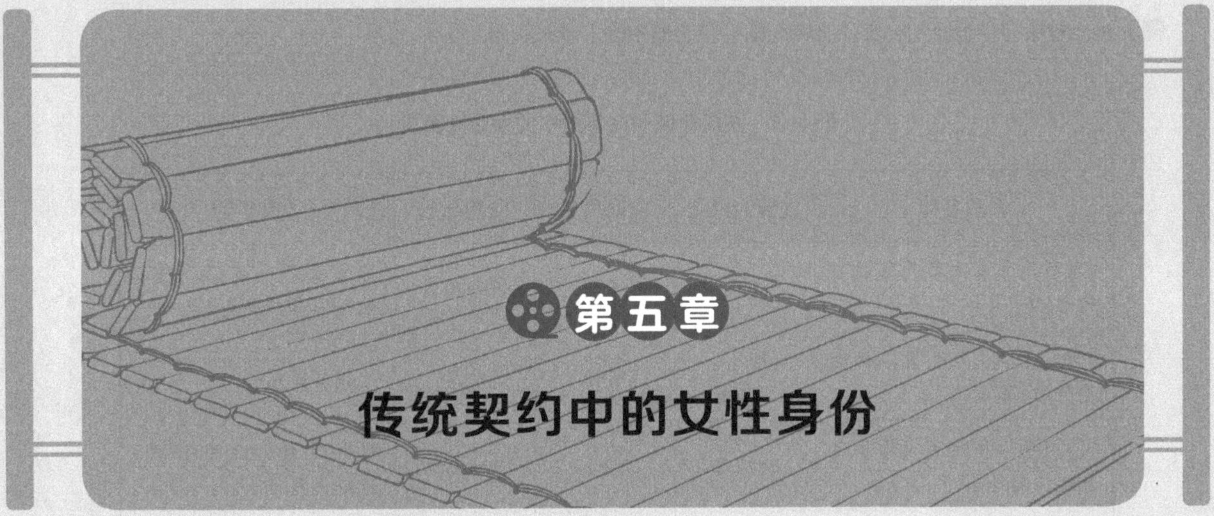

第五章 传统契约中的女性身份

契约文书作为我国传统文化的重要组成部分，从多个角度反映人们在日常经济活动中的物权变化，以及交易双方的身份权利与地位。女性，特别是已婚妇女作为家庭重要成员，在同居共财理念下，共同参与家庭财产的交易活动。[①] 妇女作为左江流域传统农业社会家庭的重要成员，日常参与交易活动，并在其中体现地域化特色。

第一节　女性立契者

左江流域刊刻契约中，女性担当立契人和在场人的案例比较少，目前共发现 5 件（见表 5-1），交易涉及不动产中的房产、土地和谷钱。这 5 件契约的特别之处在于除了 1 件契约中女性立契者用夫姓自称为“赵氏”外，其余 4 件契约的立契者直接签押女性本人的名字。在中国传统社会，公开场合中已婚的女性一般用夫姓，被称为某氏或夫姓后加父姓称为某某氏，直接在契约文书中出现女性名字的情况较为罕见。[②]

---

① 徐志强：《既嫁从夫？中国传统社会庶民女性家庭地位刍议——以明清契约文书为中心》，《民间法》2021 年第 3 期。

② 马艳玲：《清代契约文书中女性问题研究》，硕士学位论文，沈阳师范大学法律史专业，2022，第 8 页。

表 5-1 左江流域刊刻契约中的女性立契者

文书名称	立契人姓名	家庭角色	交易标的	立契原因
《清道光十五年黎美借钱谷约书》①	黎美	寡母	钱和稻谷	男亡丧事，本家穷寒，无钱不谷殡葬夫
《清道光二十九年梁二姑卖屋契约》②	赵氏、梁二姑	寡母	房屋	无钱殡葬儿子
《清咸丰二年何床诣母子卖畬连田契约》③	何床诣	寡母	畬地与田	贼匪乱世，无牛应耕，无处可靠
《清咸丰四年何常卖畬地契约》④	何常义	寡母	畬地	无粮度口，贼匪乱世无粮度
《中华民国五年蒙英玉姐弟收单》⑤	蒙英玉	姐姐	钱	恐日后后裔子孙重征再收

《清道光十五年黎美借钱谷约书》是女性主导的一件契约文书，其中展现了女性作为独立立契人的绝望和无助，具体内容如下：

立借钱谷约人黎美，系西化圩新村，今因男亡丧事，本家穷寒，无钱不谷殡葬夫，妻极心欲自身哀。将与本村胞弟黎葱处，实借取出本钱二千足，又借谷六斗正，就六月廿三日亲手领钱、收谷卜葬使用，两人当面言讫：其钱谷共起利，其钱年中每月千二行利钱六十文，其谷年中每斗二拦利谷五补足。其本钱谷不问近远赔还，年中利息交清，不能拖欠，不待问矣。其本钱谷不敢负骗，两人对面言语是实。但人心难信，为此立约一张交与弟黎葱收执为凭。

立约借钱谷黎美

道光十五年六月三日⑥

这份契约记载着黎美因为丈夫过世，家里穷，没有钱和米给丈夫办葬礼，于是

① 广西壮族自治区编写组、《中国少数民族社会历史调查资料丛刊》修订编辑委员会：《广西少数民族地区碑文契约资料集》，民族出版社，2009，第 60 页。

② 广西壮族自治区编写组、《中国少数民族社会历史调查资料丛刊》修订编辑委员会：《广西少数民族地区碑文契约资料集》，民族出版社，2009，第 66 页。

③ 崇左市壮族博物馆藏。

④ 崇左市壮族博物馆藏。

⑤ 崇左市壮族博物馆藏。

⑥ 广西壮族自治区编写组、《中国少数民族社会历史调查资料丛刊》修订编辑委员会：《广西少数民族地区碑文契约资料集》，民族出版社，2009，第 60 页。

只好向弟弟黎葱借钱和稻谷。契约写明借的钱和稻谷具体数量，并约定借的钱每月收利息六十文，借的稻谷每月要收取相应的利息，还约定按时连本带息归还借的钱和谷。这份契约没有中人，自始至终只有立约人和签字画押者同为一人的女性黎美。在熟人社会，即使姐弟之间，只要有交易行为，立契画押也在情理之中，并且中国社会讲究的情理还是“有借有还，再借不难”。这份契约体现民间交易中即使亲姐弟之间也需要明算账的社会现实。

《清道光二十九年梁二姑卖屋契约》是一件以女性为立契者交易房屋不动产的契约，具体内容如下：

立永远卖屋约人赵氏，女梁二姑，系北化林更甲上利村居住。今因无钱殡葬儿子，不得已，母女商议，凭中问到同化同村梁慎处，实买家木，取出本铜钱一千五百文，即日领钱回家殡葬。当面言定：其家木随约两交与钱主收执。修整照约内界不相争。除内界，不论石、木交钱主，不敢收迁片瓦，交与屋主。此是明卖明买，并非折债等情。倘年后日深月久，先通同堂伯叔兄弟，无人承受，凭中问到不敢异言。今恐无凭，执约今年明年钱主坐屋得屋主收炉香下来，不敢反口异言。若违者，执约契赴官陈理论，甘罪无辞，仍照约追是实。今恐无凭，人心不古，为此立约交与钱主收执存据。

立永远约人妹姨赵氏、女二娘
中保人同化
同村梁金珍请人代笔
道光二十九年二月十九日①

此契是赵氏携同女儿为死去的儿子办葬礼而出卖房屋的契约。契约明确写到“凭中”，也就是通过中保人进行房产交易。作为财产共同所有人，“母女商议”下赵氏和女儿二娘同时作为立契人和画押人共同处理家庭重大财产——房产。契约详细描述房产的具体内容，从房屋地面到屋顶，即无争执的房屋周边地界、地界内的石头、树木、屋瓦都属于买主。契约强调当买主“收炉香下来”，即买主把卖主进行祭祀用的香炉拿下，象征着卖主彻底跟原房产断绝关系，最后从精神层面上进行交割

① 广西壮族自治区编写组、《中国少数民族社会历史调查资料丛刊》修订编辑委员会：《广西少数民族地区碑文契约资料集》，民族出版社，2009，第66页。

房产。房屋特别是祖屋，不仅是活人遮风挡雨的地方，还是以香炉所在神龛为象征的家族血脉延续和精神寄托之地。在中国传统社会“死者为大”理念影响下，活人尽管生活很艰辛，但怀着对死者的深深悼念之情，也会想方设法、尽已所能为死者办一个体面的葬礼，送死者最后一程。

《清咸丰二年何床诣母子卖畬连田契约》是以一个母亲身份主导的绝卖田地契约，具体内容如下：

立约永远割卖畬连田人寡母何床诣、子恒水，系左州四图更何村居住，情因贼匪乱世，无牛应耕，无处可靠。母子商议，自将本分祖父遗下良田连畬共五块畬地，土名角邑，东近钱主南近蒙恒佛，西近河边，北近蒙红，四界开明。文田一块，在于卡房，土名东近卖主，南近江边，西近蒙全，北近元汉，四至开明。又田一块，在于哂喽，土名东近哂喽，南近蒙达，西近卖主，北近蒙达，四至开明。承永卖割，先通族内，后问四邻，无人承受，不已。自身向堂兄本族何元谋看畬田如意，愿出本血铜钱捌拾仟文足。两家允愿，即日当面立约。其钱两家相交允讫。妹元诣亲手领钱回家应用。三面言定其畬田自出卖主之后，永与钱主为万代子孙之祖业，任从耕收割一切等物，毫不干卖主之事。异日，钱积黄金万两，不敢赎回。此畬田乃两家情愿，誓不反悔。若有生端，现有笔迹可据，任从钱主执约永远呈官论理，甘罪无辞。恐口无凭，人心难信。因世乱年，饥可有凭，靠立永写约一张交与何元谋收执，为万代子孙世袭

证见人记神

通引人何常义

知见人蒙康帅

代笔人何世兴

亲手领钱妹常义

每年纳租钱壹百六十文

咸丰二年四月初十日立永写约一张①

此契写明寡妇何床诣与儿子恒水因贼匪猖獗、破坏生产，没钱买牛耕地，于是把2块田和3块畬地卖给堂兄何元谋。尽管契约结尾处没有儿子恒水画押，但在同

① 崇左市壮族博物馆藏。

居共财理念下，何床诣与儿子恒水在文中用“共同商议”表达母子共同处理地产。契约后面写着领钱人为“姝常义”，但契约开头明确写着交易发起人是“何床诣”。按何村契约的高度格式化特点，领钱人是交易发起人，即卖主。可见，何床诣与何常义是同一个人。但为了区分在契约中扮演的角色，同一个人在契约中会以不同名字出现，代表不同的角色。这份契约表明因失去丈夫，生活没有依靠，妇女不得已被推到人前进行土地交易。

《清咸丰四年何常义母子卖畲地连田契约》是一件女性为立契者的契约，具体内容如下：

立约永远割卖畲地连田人家寡母何常义、子恒水，系在左州四图更何村住民。情因无粮度口，贼匪乱世无粮度。不已，母子谪议自将祖父下遗畲一块，于在霆蕾，土名东近路边，南近蒙中，西近蒙养，北近蒙全，四至开明。又田二块，于在琴滤，地名东近蒙恒佛，南近塘边，西近路，北近钱主；四至开明。又田一块，于在琴滤，地名东近蒙玉达，南近卖主，西近钱主，北近塘边，四至开明。共畲连田三块。情愿永割，先通本族，后问四邻，无人情受。不已，自身问到本族堂兄何元谋看畲连田如意，愿出本铜钱七十千文足。两家肯愿。即日当面立约。其钱约两家相交完讫。姝元诣新手领钱回家应用。当三面言定其畲田自出卖之日，永交与钱主为万代子孙之祖业，任从管耕收割一切等物，不干卖主之事。卖主日后出得黄金万两，不能赎回。此畲田乃两家情愿，誓不反悔。若有生端，现有笔迹可据，任从卖主执约出永远呈　官论理，卖主甘罪无辞。恐口无凭，人心难信。此畲田恐世乱年饥，欲为凭立永写约一张交与何元谋收执为万代子孙之世袭。

证见人何常义

通引人蒙红

知见人许老师

代笔人何世兴

领钱人姝元诣

每年纳租钱一百四十文

咸丰四年三月初七日立永写约一张①

① 崇左市壮族博物馆藏。

此契约表明寡母何常义因为家里没有粮食，加上贼匪作乱，没有办法只得被迫把一块田和两块畬地卖给堂兄何元谋。契约中“母子谪议”体现了母亲何常义与儿子恒水共同参与处理这份地产交易。

《清咸丰四年何常义母子卖畬地连田契约》跟《清咸丰二年何床诣母子卖畬连田契约》的立契人应为同一人。这两份契约中的何常义、何床诣、何元诣应为同一个人，即是立契人，也是见证人。两份契约的开头是母亲和儿子共同商议，而契尾的立契人画押人却只有母亲一个人，而与母亲商议的儿子，虽然按惯例作为在场人出现在契约中，但是在契约结尾的画押处没有儿子名字，以此推测儿子可能没有成年，只能作为契约的知情人，充当辅助角色。这说明家中实际做主的人是母亲。在没有父亲的单亲家庭，母亲在儿子未成年前，通常情况下成为社会伦理道德认可的家庭户主，特别是涉及家庭财产买卖交易时，会成为家庭财产处理最重要的合法人。

《中华民国五年蒙英玉姐弟收据》是一份女性主导的收据，具体内容如下：

兹立收单人蒙英玉、英梅，系在左县叫程村住，情因何世经欠先年先父之本利共钱贰拾仟文足，今债主庆发、恩堂父子情愿缴清，并无少欠分文。恐日后后裔子孙重征再收，故特立收单一张交与何庆发收执为据。

领钱人弟英梅人领

的(代)笔人蒙英玉花押

民国五年岁次丙辰年立①

立契人蒙英玉收到何庆发父子为何庆发父亲何世经还完欠款的收据。收据写清楚所还钱的具体金额，同时也表明写收据的原因是担心后代重复收还款。这份收据是单方留给还款人的收据。收据画押人是蒙英玉，蒙英玉的弟弟充当在场领钱人。可见，此时蒙英玉当家。为了立契双方达成协议，消除信息盲点，防止日后出现欺骗等行为，造成损失，女性在此收单中不仅是立契人，还担当监督者和见证者。

契约文书因涉及当事人双方的切身利益，基本上能够反映当事人当时所处的社会生活状况。从左江流域5件以女性主导的契约文书来看，左江流域的女性在家庭中大多数时候处于被动从属地位，只有在特定情况下，女性才有机会主动参

① 崇左市壮族博物馆藏。

与交易，与男性一样拥有财产交易的权利。女性一旦成婚，便与丈夫结为一体，成为夫族生命不可缺的部分。① 在”天人合一“的思想影响下，失去丈夫的寡妇或者丈夫常年外出的妇女扮演“当家的”角色。此时，女性没有可依靠的丈夫、没有经济来源，被迫成为家庭财产的主导者，非常无奈地拥有处置不动产的权利。成为立契人或买卖主的女性基本上是已婚女性，且多是无依无靠的寡妇。只有这样，她们才具有自由买卖不动产的权利，成为交易的第一人。这些女性在走投无路的情况下，为了维持基本的体面或生存机会，通过中保人或自己找到合适的交易对象，把家中的房产、田地等有经济价值的不动产进行交易以换取银钱和粮食。这意味着女人在传统社会具有一定的经济地位，在经济活动中拥有一定的话语权。

第二节　女性商议者

在旧中国传统“三从四德”文化教化下，大多数传统中国女性在男性背后默默支持家业的发展。在契约中，女性多受“同居共财者”理念影响，以商议者的身份，如妻子、母亲等间接参与契约活动。

一、以夫妻身份出现的女性

在21件何村契约中，含有“夫妻酌议”②等代表夫妻商议之类语句的有8件，约占何村契约总数的38%，但在契约的开头和结尾处都没有留下妻子的名字，比如《清光绪三十二年林枝权当田契约》：

立约当田人林枝权，系在左州四图更河村左船上。情因家穷，无钱使用，无端可借，夫妻酌议，前初受得何姓之田，在于琴侣田二块，地名东近买主，南近庆达

① 滋贺秀三：《中国家族法原理》，张建国、李力译，商务印书馆，2013，第14页。

② 分别是《清道光五年何调当畚地契约》《清道光十年何调当田契约》《清道光十三年何调当田契约》《清光绪二十三年蒙天求卖田契约》《清光绪十五年蒙富秀卖田契约》《清光绪三十二年林枝权当田契约》《清光绪二十九年蒙天禄卖田契约》《民国二十七年何品廷卖畚契约》。

塘边，西近恒求，北近塘边，界至开明。无人承受。自身向到本村何世京处看田如意，揭出本钱三千文足。枝权即日领钱回家使用。钱约两相交讫明白，并无短少百文。其田就日交与钱主管耕种作物件。明卖明买，并无私相授受；实钱实约，亦非执债主等情。其田限耕二十年，钱到(田)出，钱不到田不出。受主仍然管耕如旧。此乃两家允肯日后不能生端反口。如有生端反口者，任从钱主执出当约赴官理论，当主甘罪毋辞。钱主仍追血本赔还。今恐口无凭，人心难信，故写立当约一张交与钱主收执存据是实。

亲押林枝权

光绪三十二年四月初一日立写当约一张

代笔人黄圣照①

此契约表明因为家里穷，没有钱花，也没地方借钱，于是林枝权夫妻商量把从何姓处买的两块位于琴侣的田卖给本村人何世经。契约的立契人是林枝权，契尾落款画押人也是林枝权，不见林枝权妻子的名字和画押。可见，契约上“夫妻酌议”四字只是表明妻子作为知情人已知晓此次交易，以保证妻子不防碍交易，确保契约的合法效力。

除何村契约外，左江流域其它地方发现的契约文书也有类似“夫妻酌议”的语句，如大新县发现的《李辉卖田契约》中的“夫妻议妥”②，《农文忠卖筋竹契约》③《农吉典当田契约》④中的“夫妻商议”等。这些契约中妻子都以隐姓埋名的方式出现。

左江流域夫妻双方共同参与处理家庭财产时，丈夫不能自说自话，需要征求妻子的意见，于是在契约中出现“夫妻商议”“夫妻议妥”等字句。尽管契约中多以丈夫为立契人、出卖人、画押人，但可以说明民间社会“夫妻共财”的实景，反映妻子知情并同意交易行为。夫妻一起同意是契约成立的要件，同时也降低买方风险。⑤ 在中国古代社会，人们讲究夫妻一体，男子结婚后，妻子与丈夫一样拥有共同的财产

---

① 崇左市壮族博物馆藏。

② 广西壮族自治区编写组、《中国少数民族社会历史调查资料丛刊》修订编辑委员会：《广西少数民族地区碑文契约资料集》，民族出版社，2009，第26页。

③ 广西壮族自治区编写组、《中国少数民族社会历史调查资料丛刊》修订编辑委员会：《广西少数民族地区碑文契约资料集》，民族出版社，2009，第38页。

④ 广西壮族自治区编写组、《中国少数民族社会历史调查资料丛刊》修订编辑委员会：《广西少数民族地区碑文契约资料集》，民族出版社，2009，第43页。

⑤ 徐志强：《中国古代庶民女性的家庭地位研究——对“三从”的再思考》，《阜阳师范大学学报(社会科学版)》2020年第3期。

权利。因此，在交易不动产时，契约中一般会以‘夫妻商议’显现妻子在场，表明夫妻双方都认同契约签订的有效性。[①] 夫妻同时出现在契约文书中，证明妻子作为家庭的重要成员，在处理家庭共同财产时与丈夫共同决策，体现了同居共财理念，也侧面体现了夫妻的平等地位。

二、以母亲身份出现的女性

《中华民国八年何庆猷卖田塘畲地契约》是母亲间接参与交易的契约，具体内容如下：

立约永割卖田塘畲地一切等项人何庆猷，系在左县四图更河村引来遗居九岸住。情因家穷无银应用，无处生借。母子谪议，自有本祖一分，共割断起，承愿割卖。先招族内，后招四邻，无银(人)承受，自身上来探到河村何庆发看田塘如意，揭出本银肆百毛足。庆猷即日新手领银回家应用。银约两相交讫明白，并无短少分毛。当面言定：明卖明买，并非私相授受，实银实约，亦非拆债等情。其田塘交与银主万代子孙为祖业，任从管耕种插物件。此乃两家允愿，日后不论同堂叔伯子侄兄弟积得黄金万贯，不能赎替。笔如山重，口似铁钉。此割之后，斩断葛藤不得甦生。日后不异言净占反口。有反口者，任从受主执出割约赴官理论，割主甘罪毋辞。银主仍然管耕如旧为祖业。今恐口无凭，人心难信，故写立割约壹张交与银主收执存据是实。

托请代笔人何胜福

中华民国八年二月初十日写一割约一张亲押人何庆猷[②]

此契约的立契人和画押人都是何庆猷。因为家里太穷又借不到钱，于是何庆猷与母亲商量把祖上留下来的田和塘一起卖给本村的何庆发。何村契约中有不少写明“父子酌议”[③]的契约，表明按照传统习俗，一个家庭的父亲尚在人世，儿子已成年，处置家业时，父亲要跟儿子商量；只有在父亲过世后，儿子才会跟母亲商量。契约

---

① 周媛：《清代赣南契约文书中的客家妇女经济角色研究》，硕士学位论文，赣南师范大学中国史专业，2023，第27页。

② 崇左市壮族博物馆藏。

③ 见崇左市壮族博物馆收藏的《清光绪二十九年何世文父子当田契约》《民国元年吴全先卖畲地契约》等。

中出现“母子谪议”，按照民间习惯推测，契约发起者的父亲多半不在人世。此契约表明何庆猷父亲已不在人世，母亲作为财产共有者和长辈参与契约交易，也体现了没有父亲支持的孤儿寡母生活的凄凉与无奈。母亲在此契约中没有出现姓名，只是以母亲称谓出现。契约主导的是作为儿子的男性。可见，左江流域契约出现“母子谪议”的契约有两种情况：一是作为立契人和画押人的母亲主导的契约，二是作为立契人和画押人的儿子主导的契约。契约由母亲主导还是儿子主导，依据儿子是否成年当家而定，如果已成年当家就是儿子主导，否则就是母亲主导。这两种契约都有一个共同点，就是父亲因离世或不在家导致的无法在现场为前提。这与国内同时期大部分女性在契约中的角色情形是一致的。

第三节　妻　舅

在左江流域契约文书中，女性的身份地位通过其娘家人——妻舅折射在契约中。如何村契约文书《清同治十年何世隆分单》和《清同治十年何世经分单》都写着“今当族内叔伯、同堂兄弟、乡长舅爷，公议兼派均分三份”以及画押人为“九岸舅爷蒙世俊、蒙世发”。另外，《清道光十三年何调当田契约》中契尾出现“即日领钱回家服谋人托请小舅”和“道光十三年十一月二十四日立约一张托情小舅陈宗翰”。这些表明身份的“舅爷”“小舅”，是从女性身份出发表明男子角色。

中国传统社会有“娘亲舅大”的习俗。作为已婚妇女的发言代表人——舅舅，在已婚妇女家庭有重大事件发生时，如婚丧嫁娶、建房造屋、财产纠纷、评判是非时，具有一定的话语权。舅舅是融道德力量和家族权威于一身，以孝道的绳尺、规矩衡量侄子、外甥的行为，督导他们尽儿女之职责。[①] 因此，在重要的分家和土地交易时，舅舅就会被请出来主持公正和担当重要的见证人。舅舅参与契约活动的现象从一个侧面反映了已婚女性在家庭处置财产时拥有一定权利。

① 习翼：《家亲叔大，娘亲舅大——指定了孝的监督人》，《家庭服务》2016 年第 2 期。

本章小结

左江流域契约文书中的女性，跟国内同时期的女性一样，不仅有主动参与契约活动的立契者，还有以姐弟、夫妻、母子等捆绑形式出现的不见真名的隐性角色。在中国传统社会，大多数情况是已婚丧偶的寡妇才能以立契者身份参与契约活动，偶尔有丧失双亲的长女以立契者身份参与契约活动。她们直接用自己的姓名以立契者身份直接处理财产。这与汉族地区女性以夫姓称之为某氏不同。[①] 男性配偶在世或儿子成年时，女性以隐形埋名的间接方式参与契约活动。契约中“夫妻酌议”“母子酌议”等文字表现了女性作为知情人参与契约活动。尽管这些契约中没有女性的名字，但女性的参与在契约订立过程中具有程序上的意义，是保证契约正义的形式要件。[②] 女性多形式参与以契约为凭的经济活动，表明左江流域的女性广泛参与家庭的重大经济决策，如出卖房屋、田地等家庭大事。不管女性是直接还是间接参与契约活动，都反映了中国传统社会的妇女在家庭中具有一定的经济权利，女性为发展乡村经济做出了不容忽视的贡献。

---

① 洪德善认为，女性作为立契人或承契人，直接参与到不动产的流动程序中，事关财产所有权秩序与契约秩序。从夫姓，表明处置的是夫家的财产，这是不容混淆的。而作为在场人的“某氏”，则因不涉及到财产的处置权，才能使用本姓。参见洪德善：《民间文献遗产与传统乡村社会研究——以堡里契约文书为例（1781—1964）》，博士学位论文，南京大学考古学系，2021，第105页。

② 洪德善：《民间文献遗产与传统乡村社会研究——以堡里契约文书为例（1781—1964）》，博士学位论文，南京大学考古学系，2021，第105页。

第六章

免夫役、平民、科举

中国古代社会免夫役过程是底层人们与封建统治者长期斗争、赢取更多人身自由的过程。左江流域的免夫役是在国家免夫役的政治大背景下进行的，其中夫役货币化是免夫役的重要方式。左江流域的免夫役事件发生的时间较晚，范围较广，是清代免夫役政策的延续，有着独特的经济社会条件和深刻的历史背景。

古代免夫役的方式在全国各地表现不尽相同。“出钱雇夫免役”在北宋时开始流行。宋元祐三年（公元 1088 年），朝廷先是允许距河七百里以上的农民交钱给官府雇佣人代替其劳役，之后这种做法逐渐广泛实行。宋代纳钱免夫役所涉及范围广、类别多，逐渐形成制度，在宋代中期普遍存在于地方州县。[①] 宋代广西出现免夫役案例。宋建炎元年，左右江流域立有战功或武艺超群的上等洞丁可享受免夫役待遇。[②] 明代成化年间，广西永安州莫启源因献地且参与督筑州城有功，获得总督朱英的赏赐，其中包括免其子孙夫役的印照。[③] 清代酉阳直隶州的乡绅因为捐钱建考棚及雇请差役而获得免夫役。[④] 清代丁未年（公元 1727 年），镇康县农民改土归流，“国恩远被，汉夷归心，夫马杂派，一概革除”。[⑤] 可见，向官府捐钱捐地做公益以及享受中央王朝颁布的蠲免抚恤政策是农民换取免夫役的有效方式。

南疆一隅的左江流域从唐代开始处于羁縻统治下，直到民国时期才彻底完成改

---

① 王棣：《宋代经济史稿》，长春出版社，2001，第 394-395 页。

② 张国淦：《张国淦文集三编（方志卷）下》，北京燕山出版社，2004，第 1425-1426 页。

③ 龙小峰：《明清时期边疆地区的族群治理与区域社会变迁——以永安州莫氏家族为中心的考察》，《安徽史学》2021 年第 4 期。

④ 冯世瀛、冉崇文等纂修：《酉阳直隶州总志》，巴蜀书社出版，2009，第 83 页。

⑤ 鲁成旺主编《永德县志》，云南人民出版，1994，第 680 页。

土归流。[①] 清至民国时期，特别在民国时期受国民革命思潮影响，左江流域人们为了追求自由平等，纷纷要求解除人身束缚，于是出现了不少地方政府给予批照的免夫役碑(见表6-1)。这些免夫役碑记载的名目繁多的事项，反映了左江流域的人们长期处于土司和汉官双重统治下，承担繁重夫役，同时反映了中央与地方、民众与官方一直处于博弈中，也表现了土民凭借自身的智慧努力实现身份转变、提升身份地位。此外，这些碑刻实证了土官与土民之间签订的契约，不仅能够保障彼此所获得的权益，更是土民获得正当权益后的公开宣誓。

第一节　名目繁多的夫役

广泛分布在左江流域的免役夫碑反映了清至民国时期左江流域底层人们受着多种夫役之灾。他们要按照土司和汉官的要求提供各种实物贡纳和夫役，如《清咸丰七年太平府罗白县正堂批准怀拜村、咟叱村免杂役碑》列明曾经当地农民承担的贡纳实物和杂役项共20多种，其中实物贡纳有斛谷年例哨谷、县主丧葬所需的白布蔴、柴火、灰炭、节米、糯米、糍粑、芝蔴、菉豆、绵花、蓝靛、竹笋、箩筐、万代子孙承袭钱文；需要提供的夫役项目分别为军需兵夫长短大小夫役、府上城池贡夫贡马役、婚姻丧事役、迎接官妻役、嫁女役、蒟役、针线役、修整衙门楼房起衙大堂木料役、修整庙宇役、盖口役、盖仓役、墙役、修桥砌路铲革修衙役、师宾管月水夫役、封官差来通送役、上司走通公文山羊刑书年底册甘结皇历役、起闽大堂文役、衙内管堡头目杂派役、上守夜衙役以及日食月食供役。[②] 可见，左江流域农民所受土府、土官设立的杂役名目繁多，征调夫役频繁，农民负担苛重。[③]

经统计，土司时期，左江流域农民背负的劳役大致分为四类：

一是租种役田要担负对应捆绑的实物土租和劳役地租。役田是农民承种土司的田地，不用交租纳税，只需按土司要求提供相应夫役和实物。役田可以承袭和转让。当土民后代承袭父辈的役田时，他们成为新的役民。如《清光绪二十五年安平土州批准

① 黄家信：《壮族地区土司制度与改土归流研究》，安徽合肥工业大学，2007，第202页。

② 杜海军辑校：《广西石刻总集辑校(中卷)》，社会科学文献出版社，2014，第973-975页。

③ 广西壮族自治区编辑组、《中国少数民族社会历史调查资料丛刊》修订编辑委员会：《广西壮族社会历史调查(四)》，民族出版社，2009，第81页。

那岸龙波村缴纳洋银免供土司挑水夫役碑》记载，那岸龙波村民耕种挑水田，不用交税粮，但要负责为土司衙门挑水。[①] 再如《光绪十六年那岸龙贺村供木匠番役改为六置田畬照例纳粮碑》记录了那岸龙贺村民耕种木匠田，不用交粮税，但每年轮流为土司做木匠活。[②]《中华民国六年太平土州蠲免南化团官吞番谷等项碑》中反映了该地区 41 个村 344 户壮民要承担吞番谷、夫价、当递、柴薪、供应以及大小夫役等项。[③] 役田当中有一类特别的兵役田。种兵役田的土民承担守护隘口应兵的军役。左江流域的宁明、大新、凭祥、龙州与越南接壤。中央政府与土司为维护国家安全，设立众多关、隘、卡，共有三关六十四隘五十八卡[④]，由营兵和土兵协同驻守。[⑤] 左江流域的土司所设立的土兵组织称为哨，“哨民应兵，甲民应夫，……以抚绥边民”[⑥]。土兵又称土勇，由种兵役田的农民世代承袭担任。土兵由土司管理派遣。清代安平土州有五百名土勇，无战事时在家耕田种地，一当有战事发生，就要提着刀枪应召，随军出征或扼守要隘。[⑦] 如《嘉庆拾五年太平土州规定五哨军民不供夫役碑》记载着太平土州有五哨九甲。太平州即现在的大新县雷平镇，以其为中心设置了前、中、后、左、右五个哨，负责防御守卫边疆。[⑧] 再如《光绪三十二年太平土州准给邑朝村置丁归哨执照碑》记录了邑朝村土民租种土司的地，要承担岗哨防御的夫役。

二是土官恣意加派的劳役。因战事或其它原因，农民被土司临时强派劳役，日久成惯例。如《乾隆五十二年思州府批准渌斛村永免夫役碑》记载渌斛村在雍正十年（公元 1732 年）前没有应兵哨夫的夫役，但在乾隆二十八年（公元 1763 年），管目强行科派渌斛村大小夫役，其中包括沿村迎送长短夫役；[⑨]《道光四年江州正堂批准渠座村免马谷等杂项碑》写着渠座村的马谷马连鞍柴火油役是雍正五年（公元 1727 年）官兵征剿土匪时，临时暂派渠座村备马料而产生的，久而久之，此分派夫役变成惯例；[⑩]《中华民国七年弹压太平土州发给思律村免役执照碑》写着太平土官随意加征粮钱，农民担任过重，苦不堪言。[⑪]

---

① 广西民族研究所编：《广西少数民族地区石刻碑文集》，广西人民出版社，1982，第 69 页。

② 广西民族研究所编：《广西少数民族地区石刻碑文集》，广西人民出版社，1982，第 65 页。

③ 广西民族研究所编：《广西少数民族地区石刻碑文集》，广西人民出版社，1982，第 90-91 页。

④ 广西壮族自治区地方志编纂委员会编：《广西通志·军事志》，广西人民出版社，1994，第 28 页。

⑤ 黎申产：《广西省宁明州志》，成文出版社，1970，第 123-138 页。

⑥ 广西民族研究所编：《广西少数民族地区石刻碑文集》，广西人民出版社，1982，第 42 页。

⑦ 广西壮族自治区编辑组、《中国少数民族社会历史调查资料丛刊》修订编辑委员会：《广西壮族社会历史调查（四）》，广西民族出版社，1987，第 23 页。

⑧ 谷口房男、白耀天编著：《壮族土官族谱集成》，广西民族出版社，1998，第 528 页。

⑨ 此碑拓片藏于宁明县文物管理所。

⑩ 杜海军辑校：《广西石刻总集辑校（中卷）》，社会科学文献出版社，2014，第 813 页。

⑪ 广西民族研究所编：《广西少数民族地区石刻碑文集》，广西人民出版社，1982，第 97 页。

三是汉官分派的劳役。左江流域的各土州、土府改土归流的时间不一，存在汉官与土司同时管理，即“土流合治”。如明代建立的由汉官管理的太平府，管辖左江流域大部分土司地区，使这些地方的土民受汉官和土官的双重管制，承担双重的夫役。如《清嘉庆十一年那忙上四甲永远折价生息包雇内外城墙碑》写着“情因土司地方例无设立城垣，因先祖官当日以为足壮观瞻是以分派各哨以石砌或用土筑高不过五六尺、厚不过一尺，以后相沿不改”。[①] 这表明土司统治下的江州土民没有修城墙的夫役，因汉族官员来管理才被派去修筑新城墙和维修旧城墙。再如《中华民国六年太平土州蠲免南化团官吞番谷等项碑》记载“惟出自民田，既经缴纳正赋，又另缴纳官吞番谷等项，不免重徵之弊”，表明南化[②]的土民不仅要向汉官交纳粮税，还要向土官提供番役和谷粮，承受着双重的剥削。[③]

四是左江流域特有的“南关封王”劳役。[④] 清代太平府管辖的凭祥镇南关是安南“开关纳贡之孔道”[⑤]。明清时期，安南把向中国朝贡的物品送到太平府和南宁府，再由该府转交京城当朝皇帝。“南关封王”夫役是中央王朝派遣广西太平府和南宁府负责接应安南（越南）朝廷按约定岁贡、求封等对外宗藩关系事务所涉及的劳役，也是史书上记载的“开关进贡夫马之役”[⑥]，具体包括安排人员负责启闭镇南关、搬运贡品、警戒防卫等劳役。这是因江流域独特的地理位置和当时的政治环境形成的特有差役方式。“南关封王”整个过程涉及三段路程往返接送，分别为太平府至思明土府、思明土府至受降城、受降城至镇南关。每段路由不同的土属政区负责提供夫役。太平府至思明土府路段由万承、太平、安平、龙英、恩城、全茗、罗阳、陀陵、结安、都结、镇远、佶伦、江州、罗白 14 个土州、土府负责；思明土府至受降城路段由思明土府和罗明、思陵、忠州 3 个土州负责；受降城至镇南关路段由龙州、凭祥、上下冻、上石西、下石西 5 个土州负责。清代以来，在完成“南关封王”过程中，左江流域 25 个土（府）州共征调兵力 6172 人、出马 358 匹。[⑦] 此夫役给左江流域民众生活带来不少困苦，正如黎申产所言，牧令疲烦，民瘠苦。[⑧]

---

① 此碑藏于崇左市壮族博物馆。

② “化”相当于现在行政管理划分的乡镇。

③ 广西民族研究所编：《广西少数民族地区石刻碑文集》，广西人民出版社，1982，第 90-91 页。

④ 黄粲茗具体探讨了镇南关启闭流程、以及南关封王差役征调、应役方式及蠲免方式。具体见黄粲茗著的《“南关封王”：清代广西边境朝廷差役的初步考察》，《清史研究》2024 年第 1 期。

⑤ 甘汝来：《（雍正）太平府志》，广西人民出版社，2016。

⑥ 黎申产：《广西省宁明州志》，成文出版社，1970。

⑦ 黄粲茗：《“南关封王”：清代广西边境朝廷差役的初步考察》，《清史研究》2024 年第 1 期。

⑧ 黎申产：《莱根草堂吟稿上卷〈贡差行〉，刘映华校注，广西人民出版社，1993，第 119 页。

表 6-1　清至民国时期左江流域免夫役碑

序号	碑刻名称	土民申请免夫役原因	土州/府批准革免事项	免夫役方式
1	《清康熙二十八年上、下容二村免夫役碑》①	查得上、下容二村，居当孔道，往来夫役繁重，合行恤免	凡遇南关兵夫过山，供应、公馆、路道各项公役俱照前票准免，嗣后该兵、工、礼各目毋得再加派索	享受新政府
2	《清乾隆五十二年思州批准渌斛村永免夫役碑》②	雍正十年，无随各哨夫役等项。自乾隆二十八年管目妄生大小科派，沿村迎送长短夫役一切例规	日后衙内凡有所取人夫一切等项，与渌斛村无干，但年中所有仓谷钱、村二名帮贴钱一百文、盐钱五十文、造册钱三十文	享受新政府
3	《清嘉庆六年江州正堂批准二十四甲免杂役碑》③	本州岛公项紧急，无可供办，议将六番内役所有相沿供办。每一甲情原出价银一百五十两，二十四甲共缴银价三千六百两	六番内役所有一切陋规一概除革。嗣后六番内所承田完粮外，所有宅守宿升外班二十四名甲头，四名以及村郎后守郎等役，永远除革	花钱买役
4	《清嘉庆十年太平府批准马头哨、三北村革去管堡工役及马夫役碑》④	查管堡名色，原系州属以前陋例，……原有马夫一名，例有铁麻在内，以及赴州工养马匹，系入管□□房名下，永卖过三北村民，价银□□五十五两。	革去管堡名色一切供年例工役，惟有地方钱粮公役不得抗外，永免马夫役	花钱买役
5	《清嘉庆十一年江州正堂批准渠座村、那贞村等四村免修城垣役碑》⑤	先祖官分派渠座村、那贞村等四村砌筑城垣夫役，现渠座村、那贞村等四村情愿每墙一丈缴价银□□□□，求永免此夫役	该四村自缴价银之后，土石城墙凡有倾倒坍塌系本州岛，世代将所缴生放息银，永远包雇砌	花钱买役

① 黄粲茗：《“南关封王”：清代广西边境朝廷差役的初步考察》，《清史研究》2024 年第 1 期。
② 该碑拓片藏于宁明县文物管理所。
③ 杜海军辑校：《广西石刻总集辑校（中卷）》，社会科学文献出版社，2014，第 812-813 页。
④ 杜海军辑校：《广西石刻总集辑校（中卷）》，社会科学文献出版社，2014，第 774 页。
⑤ 杜海军辑校：《广西石刻总集辑校（中卷）》，社会科学文献出版社，2014，第 814 页。

续表

序号	碑刻名称	土民申请免夫役原因	土州/府批准革免事项	免夫役方式
6	《清嘉庆十一年江州正堂批准六番内渠座村免修城墙役碑》①	村向例口得土石墙，系入门哨口口，今每一甲愿缴价银二十五两，恳祈照其古例，栽免兑收生息，永远包催，永免此劳项	该村土石城墙，凡有倾倒皆系本州岛。世代将所缴价银两生息，委目匠修以整	花钱买役
7	《清嘉庆十一年那忙上四甲永远折价生息包雇内外城墙石碑》②	土司地方例无设立城垣，因先祖官当日以为足壮观瞻，是以分派各哨以石砌或用土筑高不过五六尺厚不过一尺，以后相沿不改，但州治广阔，民力有限，每年修补一经风雨即复倾倒坍塌，口为劳民而无益于事，况城外皆系官民鱼塘多被水冲崩坏，愚民难以重兴（新）启筑，复查城上四甲各村分派得土石城墙每甲六丈六尺向例系入东门哨经管。今愿每一丈缴价银八两恳折兑收，生息永远包雇以舒民力，俾蚁等永免力役项	该村向例土石城墙缴价之后，凡有倾倒者皆系本州。历代将所缴价银两，委目公匠修砌舂筑，不復累尔村民	花钱买役
8	《清道光四年江州正堂批准渠座村免马谷等杂项碑》③	自雍正五年内息制征剿横时，有军需月马供应往来站马……用，先祖官向虫等暂派取马料，每升田派谷式斗喂马，因之久派成例，虫等供给如数……议，情愿凑备价钱，每升一千八百文缴衙，世代衙内自为包催，永远革除马谷。	价钱每升一千八百文缴衙，即将此钱年年生息万代，衙内自行包雇……番各件陋规，永远革除	花钱买役
9	《清道光四年上龙司正堂批准牌卒应办应减应免各款碑》④	除钱粮年例照旧供办外，其余各款因地制宜，酌为减免，以示优恤，众皆愿服	每夜守宿番丁五名准免 ，大人巡边供应海味等项准免，承袭银两准免，开关小封供应照例办	享受新政策

① 杜海军辑校：《广西石刻总集辑校（中卷）》，社会科学文献出版社，2014，第813页。
② 崇左市壮族博物馆藏。
③ 杜海军辑校：《广西石刻总集辑校（中卷）》，社会科学文献出版社，2014，第813页。
④ 黄粲茗：《“南关封王”：清代广西边境朝廷差役的初步考察》，《清史研究》2024年第1期。

续表

序号	碑刻名称	土民申请免夫役原因	土州/府批准革免事项	免夫役方式
10	《清道光十年江州正常批准辱容哨㰖黄村免夫役碑》①	缴出免例价钱壹百弍拾千文，尔等一村田例之粮每年只纳大粮钱一千二百文，月粮一斗	尔等一村每年只知完粮而已，倘后有行部议行查土司公产，与尔等村民不相干涉	花钱买役
11	《清道光十五年罗阳土县蠲免那豪村徭役碑》②	公项急紧，无钱办理，……那豪村民情愿结实出价夫役陋例本钱七百三十千元足，官目即日当堂交钱入衙公用，钱照交讫清白，文毫不少，出钱免夫役	明卖明买钱实照，割卖田夫役照一张，交与村民收执存据，日后官苗承袭、婚姻、丧葬三项，每项应助六千文足	花钱买役
12	《清咸丰七年太平府罗白县正堂批准怀拜、陌吡二村免杂役碑》③	此田向有租谷，哨上城池，本县城池、围池……系折在田价之内包办	每年目粮钱照例轮纳，革免一切实物和夫役	花钱买役
13	《清光绪十五年江州土正堂批准兰怀村减免杂役碑》④	兰村村民愿缴夫价银三百一十两，将前后陋例杂项夫役一切等事，永远尽行蠲免	永远蠲免前后陋例杂项夫役一切。每年至十二月，通村应纳粮钱四千文，以及举上宪开接贡送贡出入，帮通哨贡役钱五百文	花钱买役
14	《清光绪十六年那岸龙贺村供木匠番役改为六置田畲照例纳粮碑》⑤	那岸龙贺村自祖上充当本衙门开小木匠，以给与木匠之田、畲，免收粮项，以作工食，每年轮流上班。恳请将木匠田、畲改为六置田、畲，每年照例纳粮，免木匠番役	嗣后所年中来衙门供小木匠之役准免，开六置田、畲共伍拾召，递年纳粮外钱一十千文。计开通村名人等合通村谢到堂银五千毫	花钱提升田地档次免役

① 杜海军辑校：《广西石刻总集辑校（中卷）》，社会科学文献出版社，2014，第831-832页。
② 广西壮族自治区编写组、《中国少数民族社会历史调查资料丛刊》修订编辑委员会：《广西少数民族地区碑文契约资料集》，民族出版社，2009，第143页。
③ 杜海军辑校：《广西石刻总集辑校（中卷）》，社会科学文献出版社，2014，第973-975页。
④ 杜海军辑校：《广西石刻总集辑校（中卷）》，社会科学文献出版社，2014，第1123页。
⑤ 广西民族研究所编：《广西少数民族地区石刻碑文集》，广西人民出版社1982年版，第65页。

续表

序号	碑刻名称	土民申请免夫役原因	土州/府批准革免事项	免夫役方式
15	《清光绪十八年太平土州批准岜零村置丁夫役执照碑》①	岜零村情愿备款以助办公，恳请解置免役，专心力农，应税纳粮	岜零村世代子孙，永远免大小工之夫役，出应考试，如有开办学堂，子孙入学堂肄业，一概与平民无异。所耕田地应税纳粮	花钱买役
16	《清光绪二十五年安平土州批准那岸龙波村免挑水夫役碑》②	那岸龙波村愿将挑水番口役田，改为六置田。每年照例上粮，请免挑水番役	挑水番役田改为六置田，照例每年共纳粮钱伍仟文，衙供挑水并置一番役一切准免	花钱提升田地档次免役
17	《清光绪二十八年上龙司批准卜村永免夫役碑》③	世居卜村人向来所耕官田，年申输纳官谷，再纳定例钱三十六文，但载承粮当夫之村年中纳定例钱四十七文、无输纳谷，因近日兵勇往来遇有派夫，非勤力农事，则田亩抛荒难以如数奉纳，恳准循照向章蠲免夫役	本衙公出村接村送以及军需来往应用一切夫役均准尽蠲免	享受新政策
18	《清光绪三十二年太平土州正堂准弄头村恢复龙头圩永免夫役执照碑》④	弄头村北街尾外城，自古成龙头圩，因咸同年间，地方扰乱，街道崩颓，恳复旧开圩，修整街道，恳求永免夫役	恢复圩市，立一街长，汇收粮银输纳，立一街董，稽查歹人，修整街道，全免世代子孙大小夫役	开圩免役

① 广西民族研究所编：《广西少数民族地区石刻碑文集》，广西人民出版社，1982，第66页。
② 广西民族研究所编：《广西少数民族地区石刻碑文集》，广西人民出版社，1982，第69页。
③ 该碑拓片藏于龙州县文物保护与考古管理中心。
④ 广西民族研究所编：《广西少数民族地区石刻碑文集》，广西人民出版社，1982，第71页。

续表

序号	碑刻名称	土民申请免夫役原因	土州/府批准革免事项	免夫役方式
19	《清光绪三十二年太平土州准邑朝村置丁归哨执照碑》①	邑朝村承李氏宗年中春祀秋尝冬蒸祭祀之使役。本年春祀会宴之日，因农务事繁，日不暇晷，恐有迟误之夫役，情愿备款奉为祠费，求准解置归哨，永免李氏宗祠之役及军人之夫，并民所承耕之田畬为民恒业	邑朝村解置归哨，与平民无异，世代子孙，永远免应李氏宗祠及军人大小诸伕役，所耕之田畬，照常耕种为业，年中地租钱纳入李氏宗祠，邑朝村世代子孙出应考试，而进文明	花钱买役
20	《清宣统元年太平土州准设镇兴圩永免伕役执照碑》②	阜邑、下邑等四村世居生民将各房屋改造成行，合并开圩，申请永免夫役	四乡之民开镇兴圩，永免其应夫等役。所有地粮公务，宜照各城章程，每年输充正副客长肆名，征收本圩人等粮钱，汇交完纳。立街老一人、总正一名为稽查居行民客，会商本埠公益，如有各乡土民来圩起屋生活要申请另外执照才能免夫役	开圩免役
21	《清宣统二年太平土州蠲免邑四等村夫役执照碑》③	地方财政困难，随仰自治公所及董事会、议事会组织绅商学界，并乡董乡佐，齐集会议筹欵。邑四村、逐墓村，情愿捐出款项修葺路柳码头，求永远蠲免大小夫役	开碑上列有名字的人的世代子孙，从前所有大小夫役，一概永远全免	花钱买役
22	《清宣统二年太平土州批准弄零等村设立圩市执照碑》④	弄零村所在地是安平、宝圩、全龙等人赴太平府之客的必经之路，现招集邻村移居同住，求准设圩场，各凑资本，设立街道，改建铺居，办货贸易，可以便商买之往来，且以培植地方之利益	开设众合圩，照内有名字的人准免应大小诸伕及田丁、水夫之役。前有郑老、头人之名目，照各圩之例，改为街老、客长。年中之粮项，由客长汇收纳	开圩免役

① 广西民族研究所编：《广西少数民族地区石刻碑文集》，广西人民出版社，1982，第70页。
② 广西民族研究所编：《广西少数民族地区石刻碑文集》，广西人民出版社，1982，第75-77页。
③ 广西民族研究所编：《广西少数民族地区石刻碑文集》，广西人民出版社，1982，第78-79页。
④ 广西民族研究所编：《广西少数民族地区石刻碑文集》，广西人民出版社，1982，第79-80页。

续表

序号	碑刻名称	土民申请免夫役原因	土州/府批准革免事项	免夫役方式
23	《清宣统二年龙州军民府补用直隶州批准那豆村等村民免夫役碑》①	那豆、江那、渠套、枯里四村愿捐出银三百元正作为助修筑城东大路的费用，乞恩照准永远免派夫役，所有年中例谷仍照章缴纳	那豆、江那、渠套、枯里四村永免传派夫役，每年应缴钱粮例谷	花钱买役
24	《清宣统二年太平土州蠲免渡雁村夫役执照碑》②	地方财政困难，中区渡雁村里甲长称言，情愿捐此数项，修葺崾榄之路，求免夫役	渡雁村后开有名人等，从今以后，世代子孙向有大小侠役，一概永远全免	花钱买役
25	《清宣统三年太平土州批准团赞村开圩并免夫役碑》③	民村与州隔河，生活不便，求准开设圩市，便于周邻生活，请准民村改为圩场，并求免坟丁之例及公家大小诸夫役	应准开设赞成圩，永远免准在照内有名字之家，世代子孙的坟丁之例及公家诸夫役	开圩免役
26	《清宣统三年太平土州批准开设蒲庙圩碑》④	复旧制开圩，情愿修整街道，思连屋舍，恳求免大小夫役及各种杂征	依古开设蒲庙圩，嗣后世代子孙，不论大小役及各次杂征，一概全免，与州城一律	开圩免役
27	《中华民国二年太平县批准给冬匠村修路免役照碑》⑤	财政困乏，冬匠村愿捐工银修筑有崾懒、崾叫利等处近邑大路，求准大小失役，永世全免	嗣后所派大小诸夫、以及年中拜扫递送火把诸役，世代子孙永远一概全免	花钱买役

① 该碑拓片藏于龙州县文物保护与考古管理中心。
② 广西民族研究所编：《广西少数民族地区石刻碑文集》，广西人民出版社，1982，第83页。
③ 广西民族研究所编：《广西少数民族地区石刻碑文集》，广西人民出版社，1982，第81-82页。
④ 广西民族研究所编：《广西少数民族地区石刻碑文集》，广西人民出版社，1982，第84页。
⑤ 广西民族研究所编：《广西少数民族地区石刻碑文集》，广西人民出版社，1982，第86页。

续表

序号	碑刻名称	土民申请免夫役原因	土州/府批准革免事项	免夫役方式
28	《中华民国四年龙州军民府酌订安平州各项土例告示碑》①	照得安平各化，土例相沿，于民殊多不便，本分府奉督办道宪札委查办一切，自应斟酌损益，或照旧，或诚，或全裁，务用官民均无过伤，以期法久不敝	合化村48个村每年应纳粮卯钱及汉堂钱照旧完纳；官、隘目、甲目钱谷均减；汉、土官上下任夫役概免	花钱买役
29	《中华民国五年太平县批准康增村并入旧州圩执照碑》②	康增村附入旧州圩，设立街道，接入旧州街，合为一圩，所有例应大小诸夫役，并清准免，以符圩制	旧州地下街人永远免应大小诸夫役，交粮银正项，立一客长，賫收纳署。又立一街老，以便稽查往来之歹人。至于團练，仍候调州，团局经费，照常收纳	开圩免役
30	《中华民国六年太平土州蠲免南化团官呑番谷等项碑》③	氓田请改作城田。所有官呑番谷、夫价、柴薪、当递、供应、以及大小夫役等项，恳请永远免缴，世代无累。其正赋银一项，自应按册按年缴清。民田，既经缴纳正赋，又另缴纳官呑番谷等项，有重征之弊	四十一个村三百四十四户壮民所有官呑番谷等项，一律免缴。嗣后无论汉土各官，不得私征前项谷石	花钱买役
31	《中华民国六年安平州知事批准那岸街永革永免陋例碑》④	现在民国奉行清赋新章，加赋自不能照旧例以缴官呑番谷，并派夫役等项之重，因而享共幸福，恳请永远免缴，世代无累。理应照准世世永免	仰化各花户人等，照田每亩经办银一百四十毫投堂，遵照清赋新册，按年纳缴正赋一项，其一切官呑谷、夫价、柴薪当递供应，大小夫役一律等，暨准永远裁免其缴纳	花钱买役

① 广西民族研究所编：《广西少数民族地区石刻碑文集》，广西人民出版社，1982，第87-88页。
② 广西民族研究所编：《广西少数民族地区石刻碑文集》，广西人民出版社，1982，第88-89页。
③ 广西民族研究所编：《广西少数民族地区石刻碑文集》，广西人民出版社，1982，第90-91页。
④ 广西民族研究所编：《广西少数民族地区石刻碑文集》，广西人民出版社，1982，第92-93页。

续表

序号	碑刻名称	土民申请免夫役原因	土州/府批准革免事项	免夫役方式
32	《中华民国六年太平土州弹压团局准训村开圩免役执照碑》①	该村业经开立圩市，筹款办学，人民应得同等之自由，恳请将从前所派夫差，准予免除，等情	该村开设训隆圩，筹欵办学，照得城镇圩市，例免夫差	开圩免役
33	《中华民国六年安平县批准那岸北化弄龙村永革陋例碑》②	现在国民奉行清赋新章，加赋自不能照陋例，以缴官吞番谷并夫役等项之重困。而享共和幸福，理应照准世世永免	该化各尔花户人等，嗣后该民遵照加赋新册，按年纳缴正赋，其一切官吞番谷，夫价柴薪当递供应，大小夫役一律等，暨准永远裁免其缴纳	享受新政策
34	《中华民国七年弹压太平土州正堂批准思律村免役执照碑》③	思律村愿捐学费，以助办学，恳将向应大小诸夫役，一概全免，俾得力农应税	现值民国时代，思律村所有大小夫役，世代子孙一概全免。照例纳粮应税	花钱买役
35	《中华民国十二年太平土州正堂批准中区东村蠲免役执照碑》④	中区东村原有役，粮钱甚轻，迄今民国时代，拨役田归赋，加征几（倍），负任过重，若不除免夫役，而民殊难堪矣。恳将向应大小诸夫役，一概全免	现值民国时代，口进文明，合行给照。为此照给□□农余圭、农奇昌、农万逊等避照。尔等务要安分勤学儒农，年中□章纳粮，所有应兵大小夫役，一概永世全免	享受新政策
36	《中华民国十三年左县承审奉令革除安平土州陋规执照碑》⑤	遇有婚丧事故，仍勒派村民每户五毫，等语。如果属实，殊属不合，迹近苛敛，尚覆成何事体，应由该知事澈查明确，督令裁除，以免滋扰	免除苛派事项，具体包括婚丧事故加派之例、绝产者应收规费、夫死招夫之规费、无子招子之规费、巫道问者之规费全免	享受新政策

① 广西民族研究所编：《广西少数民族地区石刻碑文集》，广西人民出版社，1982，第93-95页。
② 广西民族研究所编：《广西少数民族地区石刻碑文集》，广西人民出版社，1982，第89-90页。
③ 广西民族研究所编：《广西少数民族地区石刻碑文集》，广西人民出版社，1982，第97页。
④ 广西民族研究所编：《广西少数民族地区石刻碑文集》，广西人民出版社，1982，第99-100页。
⑤ 广西民族研究所编：《广西少数民族地区石刻碑文集》，广西人民出版社，1982，第101页。

第二节　免除夫役的多种渠道

受劳役和实物贡纳的束缚，左江流域土民身份地位低下，在与土官和汉官对话时，常以“虫”①“蚁”②“愚民”③“窃民”④等带有自我贬损词语自称，其身心受到严重摧残。随着时代变迁，土民要求摆脱贱民身份的愿望越来越强烈。在历史发展过程中，土民利用当朝政策优势和时代变迁带来的机遇想方设法摆脱劳役，提升身份地位。

一、借开圩市之名免除劳役

在改土归流较晚或土官特权废除得不彻底的地区，设立圩市是农奴摆脱封建奴役的重要筹码。⑤ 在被土司统治近550年的太平土州⑥，从光绪三十二年(公元1906年)至民国六年(公元1917年)，土司批准在其管辖地成立7个圩市，分别为蒲庙圩、龙头圩、镇兴圩、赞成圩、旧州圩、训隆圩和众合圩(见表6-1)。经学者实地调查发现，除了真实存在的众合圩外，其余6个圩市都是不存在的，其所在地只是普通居民居住的村落。⑦ 土民向土司申请开圩市的理由基本一致：为了便于商旅贸易和周边群众的生活便利。清末民初广西太平州的土司制度将走向灭亡，土司管辖下的土民开设圩市背后的真正目的是为了其自身和子孙后代获得永远免除劳役的权益。土司对此睁只眼闭只眼，并趁机向土民敲诈勒索钱财。

清代广西土司地区的圩市多是外地来的客民聚集在一起经商所形成的，且在圩

① 杜海军辑校：《广西石刻总集辑校(中卷)》，社会科学文献出版社，2014，第813页。

② 杜海军辑校：《广西石刻总集辑校(中卷)》，社会科学文献出版社，2014，第1123页。

③ 杜海军辑校：《广西石刻总集辑校(中卷)》，社会科学文献出版社，2014，第813页。

④ 该拓片藏于龙州县文物保护与考古管理中心。

⑤ 龙雪梅：《以圩市窥探土司制度及改土归流对清代广西社会经济发展的影响》，《广西教育学院学报》2009年第1期。

⑥ 谷口房男、白耀天编著：《壮族土官族谱集成》，广西民族出版社，1998，第560页。

⑦ 杜树海：《清末民初广西太平州“开圩”现象再探讨》，《中国经济史研究》2013第3期。

市上居住的人多是客民。他们不需要种役田，不受土司管理，更不用向土司提供劳役，对土官没有人身依附关系，属于自由民，且其子孙后代享受读书和考取功名的权利。[①] 为此，当地土民通过开设圩市、成为圩民，以此来免除劳役，争取得到与外地客民一样的待遇，成为第二阶层的平民[②]，而不是奴隶。可见，开设圩市是土民解除夫役的一种重要方式。土民借开圩之名解除与土司的人身依附关系，扩大人身权利，获得更多的人身自由。

二、提升土地档次免除劳役

左江流域是传统农耕社会。在此，人们主要以农业为生，而土司掌握了绝大部分土地，并把夫役贡纳与田租嫁接，人们为了生存只能租种土司的田地并承担相应夫役贡纳。土地成为土司维持统治的核心资源。[③] 在土地基本属于土司所有的前提下，左江流域的土地有三种不同类型的被占有和被使用形式：一是极少数的造田。[④] 在清代，对于左江流域土民开荒得到的田地，土民对其拥有土地所有权，可以自由交易，但需要得到土司确认。二是膳田。土司和官族养生的田叫“膳田”[⑤]，也叫“官田”[⑥]，纯属土官和官族的私有财产[⑦]。在土司统治的初期，土司把境内比较集中的大片好田收归已有，驱使当地的农奴和家奴到田里生产。所产粮食全部归土官所有，田地作为“养膳田”，不需向官府缴纳赋税。[⑧] 耕种膳田的土民不需交粮赋，依附土司，处于无权地位。三是民田，又名役田、“那番”[⑨]，是土民为土官办公、限公家劳役和做其它劳役的田。役田遍布左江流域全境，因附带不同的劳役和贡纳，役田

① 广西壮族自治区编辑组、《中国少数民族社会历史调查资料丛刊》修订编辑委员会：《广西壮族社会历史调查(四)》，广西民族出版社，1987，第21页。

② 广西壮族自治区编辑组、《中国少数民族社会历史调查资料丛刊》修订编辑委员会：《广西壮族社会历史调查(四)》，广西民族出版社，1987，第112页。

③ 何正廷：《云南壮族史》，云南人民出版社，2022，第443页。

④ 杜树海：《土地权与人身权：清代广西土司地区土地文书研究》，《中国经济史研究》2017年第2期。

⑤ 广西壮族自治区博物馆历史组：《广西土司制度资料汇编》，1961年，第394页。

⑥ 广西壮族自治区博物馆历史组：《广西土司制度资料汇编》，1961年，第390页。

⑦ 广西壮族自治区编辑组、《中国少数民族社会历史调查资料丛刊》修订编辑委员会：《广西壮族社会历史调查(四)》，广西民族出版社，1987，第31页。

⑧ 广西壮族自治区编辑组、《中国少数民族社会历史调查资料丛刊》修订编辑委员会：《广西壮族社会历史调查(四)》，广西民族出版社，1987，第32页。

⑨ 广西壮族自治区博物馆历史组：《广西土司制度资料汇编》，1961年，第394页。

有不同的名称。[①] 如太平土州有 8 种役田，分别为土司租给仪式活动中负责敲鼓的人所种的鼓手田、土司租给负责打柴人种的打柴田、土司租给负责仪式活动中点鞭炮的人种的打炮田，以此类推的旗田、抬轿田、郎头田、山羊田、六置田。[②] 役田的田骨权归土司，其田面权归土民。土民租种役田便拥有其田面权。田面权具有流动性，不仅可以继承，还可以通过典当、转让或出卖等形式进行交易。随着役田的田面权的转让成功，役田所附带的贡纳和夫役也随之流动到新的租户。

从秦始皇统一岭南在全国推行大一统政策以来，中央王朝的政治、经济与文化制度逐渐深入左江流域。受中原文化影响，土司统治下的土民对拥有独立的土地所有权和人身自由权的意愿越发强烈。随着改土归流力度加强，特别是民国时期，土司制度随着其依附的政治生态环境逐渐消失而逐渐走上消亡，土司掌控役田的力度变得越来越弱。因此，土民的夫役变得越来越轻。随着役田的田面权交易频繁更迭以及土民向土司申请确认给予免夫役执照增多，土民对只拥有田面权的役田已不满足，而想拥有物质性完整的土地权。土地权的变更是一个从身份向契约的转移。[③] 左江流域的土民积极通过签订契约转变田的性质以突破身份限制、争取更多的自由和权益。上城田免番免夫的例文表明，左江流域土司地区的上城田在土司统治松动下变成具有免番免役功能的田地。[④] 这反映出拥有上城田的人比拥有其它性质田的人具有较高的身份地位。于是，清代中后期，左江流域出现了土民花钱升级土地档次变为上城田的现象。如嘉庆年间，太平州土民赵有成[⑤]、赵恩光[⑥]、赵廷西[⑦]分别向太平州土司交纳六两银、三十两银、一十三两银把下城田变成世代子孙管耕的上城免番役田，还分别在官方办理了地产执照。另外，在土司的界定下，原本赋役的

① 广西壮族自治区编辑组、《中国少数民族社会历史调查资料丛刊》修订编辑委员会：《广西壮族社会历史调查(四)》，广西民族出版社，1987，第 29 页。

② 广西壮族自治区博物馆历史组：《广西土司制度资料汇编》，1961，第 394-395 页。

③ 杜树海：《土地权与人身权：清代广西土司地区土地文书研究》，《中国经济史》2017 年第 2 期。

④ 广西壮族自治区编辑组、《中国少数民族社会历史调查资料丛刊》修订编辑委员会：《广西壮族社会历史调查(四)》，广西民族出版社，1987，第 57 页。

⑤ 广西壮族自治区编写组、《中国少数民族社会历史调查资料丛刊》修订编辑委员会：《广西少数民族地区碑文契约资料集》，广西民族出版社，2009，第10 页。

⑥ 广西壮族自治区编写组、《中国少数民族社会历史调查资料丛刊》修订编辑委员会：《广西少数民族地区碑文契约资料集》，广西民族出版社，2009，第11 页。

⑦ 广西壮族自治区编写组、《中国少数民族社会历史调查资料丛刊》修订编辑委员会：《广西少数民族地区碑文契约资料集》，广西民族出版社，2009，第13 页。

六置田变成免夫役田，如《清光绪十六年太平土州正堂准那岸龙贺村改木匠田畲为六置田畲免夫役照碑》记载着那岸龙贺村人除每年交纳粮食外，还要交一万文钱将以前的木匠田、畲转改为六置田，并免除木匠夫役。① 可见，土民通过向土司申请交钱变更役田性质变成免夫役田，拥有越来越完整的土地权，以此掌握自己的经济命脉。

三、出钱赎买劳役

"花钱雇役"不仅解放劳动力，还给出钱者更多人身自由。为此，破财求免的惧役是所有人户的普遍心理。② 土司统治的左江流域土民承担的夫役繁多任重，导致土民没有更多时间耕种土地，也因身负劳役，土民人身自由受到限制。受到中原赋役折银政策影响，清代左江流域逐渐与内地一样，"其赋役亦开始折银征收"③。这为左江流域土民用金钱购买劳役打下基础。

为了摆脱夫役和低下的社会地位、争取更多人身自由，土民以个人或村庄集体的名义出资，向土官以商品交易的方式赎买夫役以实现跨越社会区隔。农民即使倾家荡产，也愿意拿钱来买，以摆脱土官的奴役。④ 本文中所列的左江流域 36 通免夫役碑中，14 通碑上记载着用钱币赎买夫役，约占免夫役碑总数的 39%。如嘉庆六年(公元 1801 年)，江州区渠座村二十四甲村民缴纳白银三千六百两，获得除交粮税外永远革除所有夫役的权利。⑤ 在土民的理性计算中，用金钱一次性购买夫役是划算的买卖，以此换来交易者本身及子孙后代永远免夫役、成为平民的待遇。

清末民初，左江流域地方动乱，地方财政困难，官衙为修路、办学等公共事务集资发愁时，当地村民借捐钱办理公共事务为由向政府换取批准免除夫役的执照。如宣统二年(公元 1910 年)，那豆、江那、渠套、枯里四村的村民捐出三百银元修

① 广西民族研究所编：《广西少数民族地区石刻碑文集》，广西人民出版社，1982，第 65 页。

② 张晋藩、韩玉林主编《中国法制通史(第六卷·元)》，法律出版社，1999，第390 页。

③ 崔继来：《改土归流与清代广西土司社会》，硕士学位论文，陕西师范大学中国史专业，2015，第 67 页。

④ 广西壮族自治区编辑组、《中国少数民族社会历史调查资料丛刊》修订编辑委员会：《广西壮族社会历史调查(四)》，广西民族出版社，1987，第 83 页。

⑤ 杜海军辑校：《广西石刻总集辑校(中卷)》，社会科学文献出版社，2014，第 812-813 页。

路后，获得永远免除传派夫役的权利；[①] 甲棑赧村等村民捐洋银二百元充当修路费后，获得永远免除劳役和年中供应茅草干实物贡纳的权利；[②] 渡雁村因捐款修葺更榄的路而获得免夫役[③]。民国二年(公元 1913 年)，冬匠村村民因捐钱修路而免夫役；[④] 民国七年(公元 1918 年)，思律村村民因捐学费、助办学而获得免夫役。[⑤] 可见，在清末民初，人们能想的花钱免夫役方式增多，走向自由平等的路更宽广。

四、享受政策的免除劳役

清廷为了发展生产，实行轻徭薄税的经济政策，不允许重征租税。顺治十七年(公元 1660 年)，清朝政府明文规定："有司私派里甲，承奉上司，凡日用薪米，修理衙门，供应家具礼物，及募夫马民壮，每年娄饱等弊，通饬抚按，俱行严禁"。[⑥] 康熙中期推行均役改革，在一条鞭法以后重新征派的差役被转变为正赋的附加税，这一改革导致差役的革除。[⑦] 雍正元年(公元 1723 年)开始，清廷实行"摊丁入亩"政策，使得"赋役征收完全走向货币化"[⑧]。

尽管政府的免役政策在清早期已出现，但在清朝中叶，左江流域的人们仍"苦于陋例，呈奉两院辖免。勒石革禁者，比比皆是。然竟也犹未豁清者"[⑨]。左江流域的汉官看到当地民众的疾苦。雍正二年(公元 1724 年)，太平知府甘汝来在《条陈土司利弊议》中详细述说革除太平府管辖区土司陋例的原由和利弊。因土司科派严重，土民不仅每年要交纳田租，还承担土司家中婚丧葬等项纳供，以及土司巧立名目所设的额外夫役及纳供。土民苦不堪言。为舒民困，革除苛税，土司除了收租税和约定的贡纳外，不许妄派。为防止土司滥征收，每年太平府造册保存，第二年春天公

---

① 龙州县文物保护与考古管理中心收藏《宣统二年龙州军民府补用直隶州批准那豆村等村民免役照碑》拓片。

② 龙州县文物保护与考古管理中心收藏《宣统二年太平土州蠲免渡雁村夫役执照碑》拓片。

③ 广西民族研究所编：《广西少数民族地区石刻碑文集》，广西人民出版社，1982，第 83 页。

④ 广西民族研究所编：《广西少数民族地区石刻碑文集》，广西人民出版社，1982，第 86 页。

⑤ 广西民族研究所编：《广西少数民族地区石刻碑文集》，广西人民出版社，1982，第 97 页。

⑥ 尹泰等纂：《大清会典(雍正朝)》，凤凰出版社，2024。

⑦ 刘志伟：《在国家与社会之间：明清广东里甲赋役制度研究》，中山大学出版社，1997，第 216 页。

⑧ 胡宗山：《中国古代乡村治理(上册)》，中国社会科学出版社，2024，第 435 页。

⑨ 民国《思乐县志》卷九《杂志编・土官威权》，第 2 页。

示给各村按数额征缴。对于土司向土民滥收的行为，土民可以向太平府告发，太平府将严惩违规者并没收所得。遇到无吉凶事务的年份，官府允许免除贡纳。[①] 这些减役免役政策在左江流域多流于形式。在左江流域的免夫役碑刻中，康熙时期的石碑有 1 通，乾隆时期的有 1 通，嘉庆时期的有 4 通、道光年间的有 5 通，咸丰年间的有 1 通，光绪年间的有 8 通，宣统年间的有 7 通，民国时期的有 10 通。可见，虽然清政府在中期颁布了辖免优惠政策，但当地土司为了利益最大化，采取上有政策下有对策的方法，继续鱼肉土民，使得左江流域土司统治地区的土民只有极少部分的人享受此政策。随着清末民初左江流域的阶级矛盾和民族矛盾异常尖锐[②]，左江流域的土民免夫役的呼声高涨。左江流域免夫役碑中的“合行恤免”“以示优恤”“以恤民艰”等字眼代表土司为缓和矛盾，响应中央政策，做出积极回应。如《中华民国四年安平州知事批准农克敏免马役执照》中土司认为农克敏“供役有年，兹因人单力弱，难以供役，应准所请”，免除农克敏的养马役。[③]

左江流域因左江是珠江的支流，其航运相通，在政治、经济与文化上受珠江流域文化的影响。中法战争之后，左江流域被迫向法国开放。清光绪三十三年（公元 1907 年），孙中山带着三民主义思想来到左江流域的凭祥市，领导当地同盟会成员及群众发动了反清政府的镇南关起义。国外的思潮和进步思想流入左江流域，深入民心。在清末民初的碑刻中，出现的“文明”“平民”“学堂”“公益”等新词语，证明当时的土民追求的不单是为了摆脱繁重的夫役，更想拥有一种属于新时代的平等社会身份。

民国四年（公元 1915 年），广西省推行的清赋制度中规则：“（一）田亩无论自耕佃耕，征收赋银之后，其从前应完之丁米折耗平余附加捐种种名目，悉废止之。……（二）栽种杂粮之畲地，其从前有正杂各项及附加捐者，悉罢免之。此种从量之赋课法，自民五施行迄今，尚未有所变更。”[④]民国五年（公元 1916 年），崇善县

① 甘汝来：《甘庄恪公全集（卷八），清代诗文集汇编第 256 册，上海古籍出版社，2010，第 96 页。

② 王晓军、张惠鲜：《清末民初桂西南地区的民变——以纪行文献为中心》，《广西民族师范学院学报》2024 年第 4 期。

③ 广西壮族自治区编写组、《中国少数民族社会历史调查资料丛刊》修订编辑委员会：《广西少数民族地区碑文契约资料集》，民族出版社，2009，第 32 页。

④ 杨世贤编著：《广西田赋概要》，广西省政府经济委员会，1936，第 50 页。

县长林成荫接受上级指示在崇善县推行实施清赋政策。[①] 在清赋政策影响下，左江流域各村遵章报请升科，照章纳粮，一时成为新风气。[②] 因此，左江流域大量的申请免夫役发生在1916年及其之后。左江流域的土民向土司要求免除夫役的碑刻中有“幸逢清赋，改良时伕，以归划一”[③]“迄今民国时代”[④]“国民”[⑤]“享共和幸福”[⑥]“清赋新章”[⑦]等代表新思潮和新政策的字句，表明此时此地的民众受到新思潮和新政策的影响，强烈要求享受政策红利、实现永久免役的愿望。同时，这些碑刻也成为土民成功实现愿望的见证。

随着民国政府免夫役政策在左江流域进一步推行，特别是政策中“副产物品概归佃农所有”[⑧]“正租以外，不得再有小租、杂役及一切陋见。业主与佃农身份平等，业主绝对不得强课佃农以力役或供应”[⑨]等具体细则的实施，民国中期左江流域土民彻底推翻土司制度，全部成为编户纳粮的平民。

第三节　免夫役后的身份转变

无论清代还是民国时期，左江流域的底层民众通过何种方式取得免夫役权利，都是农民经过理性思考做出最好的选择，并把得到的权益刻在碑上流芳千古。

① 吴龙辉：《崇善县志》，成文出版社，1937，第343页。
② 民国《思乐县志》卷四《社会风俗·主佃》，第45页。
③ 广西民族研究所编：《广西少数民族地区石刻碑文集》，广西人民出版社，1982，第89-90页。
④ 广西民族研究所编：《广西少数民族地区石刻碑文集》，广西人民出版社，1982，第99-100页。
⑤ 广西民族研究所编：《广西少数民族地区石刻碑文集》，广西人民出版社，1982，第89-90页。
⑥ 广西民族研究所编：《广西少数民族地区石刻碑文集》，广西人民出版社，1982，第89-90页。
⑦ 广西民族研究所编：《广西少数民族地区石刻碑文集》，广西人民出版社，1982，第92-93页。
⑧ 刘志伟：《在国家与社会之间：明清广东里甲赋役制度研究》，中山大学出版社，1997，第102页。
⑨ 中国第二历史档案馆编：《中华民国史档案资料汇编》第五辑第一编财政经济（七），江苏古籍出版社，2010，第215页。

一、土民变身成平民

在古代，农民拥有土地的性质是农民身份地位的外在表现。种粮田的农民比种役田的农民在身份上具有更大的自主性。为此，土民通过货币地租和提高土地性质的方式获取更高的身份。因“土民之中，向有区别，有承种土司粮田，岁纳国课者，为正民、杂民”。① 役民要成为正民，要改变身份成为平民，需要获得正统性认同的标记。正统性的身份标记是具有“编户齐民”的身份，这种身份要通过“入籍”并承担赋税差役义务得以确认。② 因此，役民想方设法“入籍”是获得合法化身份标记的重要方式。

“入籍”的重点是摆脱役民身份成为平民。为了提升身份与社会地位，左江流域的人们经过理性考虑，或通过放弃税负比官田更低的役田而花钱把田的档次提升为六置田，或通过清朝政府的优恤政策或民国的清赋政策免除夫役，获得纳粮交正赋的平民权利。民众摆脱耕种“役田”，提高田地等级会得到更大的权益，如李启新等人筹集了一笔款项交给土官换取一次性免除世代所承担的夫役③；那岸龙贺村村民交钱把役田升级为六置田，获得永久免除夫役。④ 拥有科举考试资格是“入籍”成功的重要标志。因为在中国古代，拥有科举考试资格是平民才能享受的权力。左江流域的土民通过提升土地档次、开圩市、花钱买役等多种方式摆脱劳役，尽管只有少数碑中明确约定免劳役后土民拥有考试资格，但从当时的应试条件来推断，免夫役后的土民变成平民后都拥有考试资格。因此，免劳役后，土民成功“入籍”，成为平民。

二、土民获得阶级跨越的科举考试资格

在中国古代社会，科举考试是朝廷选拔官员的重要方式，更是底层民众超越身

---

① 恩长：《奏报查明土民考试及采买务东谷石情形事》，中国第一历史档案馆，档案号：04-01-35-1189-02。

② 刘志伟：《在国家与社会之间：明清广东里甲赋役制度研究》，中山大学出版社，1997，第102页。

③ 广西民族研究所编：《广西少数民族地区石刻碑文集》，广西人民出版社，1982，第66页。

④ 广西民族研究所编：《广西少数民族地区石刻碑文集》，广西人民出版社，1982，第65页。

份的藩篱、实现阶层跨越的重要途径。

在中国古代社会，只有拥有应试资格的人才能有机会参加科举考试。官方条文明确规定，出身于“倡、优、隶、皂”家户的人不允许参加科举考试。[①] 没有正当权利的贱民，如疍民，没有权利参加科举考试。[②] 左江流域的土民因承担的夫役和耕种不同性质的土地，在科举考试资格上有不一样的结局。因“土民之中，向有区别，有承种土司粮田，岁纳国课者，为正民、杂民，退田之后即准应试，每考俱有取进，并未闻有阻抑□准应试之事，又有番哨隶置名目，系承种土官私田，岁不纳粮，供其驱遣，即同奴隶，向俱不准应试。朱桓所称土官阻抑□者，或即指此。查此等番哨隶置土民，既已身充贱役，自未便准其一律考试，冒滥名器”。[③] 清政府为进一步明确土司区的民众哪些人有科举考试资格，嘉庆十年奏准：“嗣后退种土司粮田之正民、杂民，准其呈明应试，该土官不得藉端阻挠。”[④]依照这些条文，耕种粮田纳粮交税的土民在退还佃田后恢复平民身份，才具有参加科举考试的资格。种役田的农民被排除在科举之外。因役民如奴隶般干最低贱的活，所以他们不具备考试资格，除非脱去役民的身份。道光二年（公元 1822 年）奏准：“土司地方，除承耕土司役田，仍旧不准应试外，凡承耕粮田各户，与内地民户无异，无论曾否退还，俱准送考。”[⑤]可见，清朝政府对土司地区参加科举人员的资格要求越来越宽松，不管耕种粮田的人退不退佃田都有资格参加科举考试，但对于种役田的土民，直到道光二年（公元 1822 年）还是不能拥有科举应试资格。摆脱土司永世为仆的身份、成为自由平民、拥有参加科举考试资格，成为土民想方设法革除夫役而斗争的最大目标。清末民初左江流域土民争取蠲免夫役时，土司所给执照中允许土民后世子孙应试的条款，不仅是土民长期与土司斗争的结果，也是土民拥有平民身份的重要标志。

为约束土民，土司制定了许多从生活和精神层面控制土民的规定，特别是对有向上身份流动的科举限制更严格。因“土司向例，夫、哨永不准考。凡土人应试，先向土官纳款取籍，名曰入籍，多则二三百金，少则百数十金不等，由土官意索。

---

① 赵尔巽：《清史稿》，中华书局，2021。

② 内容参见《钦定大清会典事例》卷 155。

③ 恩长：《奏报查明土民考试及采买务东谷石情形事》，中国第一历史档案馆，档案号：04-01-35-1189-02。

④ 内容参见《清仁宗实录》卷 144。

⑤ 王先谦，朱寿朋：《东华录东华续录》，上海古籍出版社，2007，第 48 页。

入籍后方取得考试资格，否不能考。惟土官雅不欲人民有才学及功名，故多方拒绝，不令入籍。”①土司以掌控审核科举考试资格的权力对土民进行敛财。同时，这为土民通过花钱购买夫役拥有科举应试资格提供机会。役民为了其子孙后代享受平民的待遇，从土官的人身依附关系中解脱，通过货币地租和货币夫役的赎买方式改变其“贱”的身份，进而提升其社会地位，获得科举考试资格。为了取得应试资格，土民抱团以一个村或几个村的名义联合向土府、土官申请免除劳役，特别在契约中申明要求取得受教育的权益。如《清光绪十八年太平州批准免岜零村置丁夫役执照碑》中土民以村的集体名义出钱给土司办公，获得永远免除岜零村的夫役，包括其子孙有权进入学堂接受教育、参加科举考试的权利。② 与岜零村的情况相似，岜朝村人出钱买夫役后，他们的世代子孙可以参加科举考试，享有受教育的权利。③ 土民以村落为单位，集体购买夫役取得应试资格，更多的是在争取一种不受土官控制、具有相对独立人格的社会平等身份。④ 从古至今，教育不仅促进社会阶层生产，还实现社会阶层的经济、文化、社会、符号资本转化和传递。可见，享有平等的受教育机会才是土民心中真正的平等。

本章小结

在中央王朝国家化进程中，国家权力逐渐植入左江流域，受夫役贡纳之苦至深的土民从未停止追求国家平民所拥有的权利。清末民初，左江流域民众受到土司和汉官的双重压迫。为使子孙后代永远摆脱父辈的苦难，祖祖辈辈受夫役之苦的土民，千方百计寻找出路，调适周边物质环境，为尽快摆脱夫役和奴隶地位，与官衙进行不懈的努力和坚决的斗争。在土司统治的末期，特别是在国民政府宣扬的自由民主理念引导下，土民申请免夫役成为清代广西土司地区的一种普遍现象。土民个人因地制宜地除了交纳一定的款项将役田提升为粮田、将夫役和实物转化为货币地租外，还通过集体申请开办圩市，或借新政策等方式免除夫役，换取身份转变机会，争取

① 民国《思乐县志》卷九《杂志编·土官威权》，第3页。
② 广西民族研究所编：《广西少数民族地区石刻碑文集》，广西人民出版社，1982，第66页。
③ 广西民族研究所编：《广西少数民族地区石刻碑文集》，广西人民出版社，1982，第70页。
④ 张江华：《科举、商品化与社会平等：清代广西土司社会的“文明化”》，《社会》2020年第2期。

到更大的权益。左江流域的役民通过各种方式将附属性的役民身份转变为一般交纳税赋的平民身份，寻求国家力量对其利益的保护，获得了社会身份的更新，取得了更大的人身权。广泛分布在左江流域、数量颇丰、内容丰富的免夫役碑见证了历史上土民与土府、土官之间相互较量、签订契约过程，以及土民的身份权利通过多种渠道免除劳役而逐渐扩大的历史现实，与土民通过免除劳役争取更多平等机会、推动社会文明发展的史实。

第七章

国与边民

中国与越南山水相依，两者的历史渊源关系深厚。中国与越南的关系可追溯到西汉。公元前 111 年，汉武帝派路博德平定南越国，设立交趾部，其辖区的交趾郡、九真郡和日南郡现属于越南。[①] 公元 679 年，唐高宗设置安南都护府，越南自此拥有“安南”称谓。[②] 五代时期，安南吴权脱离中原王朝统治而自立为王，结束越南北属时代，开启自主时代。[③] 自此，越南由中国的版图城市变成中国的邻邦，生活在中越两国边境上的人们也因此拥有一种新身份——边民。此后，特别是明清时期，越南与中国王朝建立以册封和朝贡为核心内容的宗藩关系，直到 1885 年，中国与法国签订和约，承认法国为越南的保护国，中越宗藩关系结束。[④]

边民是以国家作为存在前提和基础条件，以边界为参照的沿边居民。[⑤] 边民身份的功能随着时代变迁而改变。自汉代以来，中国历代王朝逐渐形成以琉球守东南、以高丽守东北、以蒙古守西北、以越南守西南的“守在四夷”的治边思想。[⑥] 在王朝统治下，以地域界定的边民，多数被动与中央政府发生互动。随着境外压力增加，特别是晚清西方列强的入侵，王朝政府的治边思想随之改变，转向“保藩固圉”的守

---

① 陈仲金：《越南通史》，戴可来译，商务印书馆，2023，第 51 页。
② 陈仲金：《越南通史》，戴可来译，商务印书馆，2023，第 51 页。
③ 陈重金：《越南通史》，戴可来译，商务印书馆，2023，第 58 页。
④ 陈重金：《越南通史》，戴可来译，商务印书馆，2023，第 429 页。
⑤ 孙保全：《国家发展中“边民”概念的形成与演变》，《广西民族研究》2022 年第 1 期。
⑥ 纪洪江、任新民：《中越边民通婚：制度困境与国家治理》，《学术探索》2016 年第 10 期。

边实践，而边民随之被强化边民身份，变被动守边为积极防御，守护疆土。①

现左江流域的崇左市边境线长 533 公里②，其管辖的凭祥市、龙州县、大新县、宁明县与越南接壤，是中国通往东南亚便捷的陆路通道。从古至今，崇左市对边境安宁做出了重要贡献，特别在明清时期，左江流域土司和土民武装驻守在中越边界的一些关键要隘，较好地协助国家武装力量加强对这些边境地区的控制，为保卫国家安全和疆土完整夯实基础。如今保存下来的左江流域刊刻契约文书反映了边民与国家互动关系、以及边民身份功能随着时代流变而变迁的历史事实。

第一节　在地化的边民

广西崇左市龙州县逐卜乡逐卜村板弄屯有一通石碑，名为《明正德元年龙州土司赵溥给弄旦甲民众帖文碑》。此碑是目前左江流域被发现年代最早的碑刻，记载了左江流域边民的来源——外地人在地化过程及其生活相关信息。此碑的具体内容如下：

□款广西龙州府正堂赵为准给批古底规额例事。据上五峒弄、旦二村甦民张迢、周贵、黄高、张佛、张冯、梁花、张邓等原籍山东青州府移来龙州生意做石匠，于正德元年二月内，州主有荒旱地一段名岜烂大荒塘一口名氵耽莲，请师传石匠十人砌石塘跟修整，所修砌塘跟抬石压死一人，官代烧埋。于三月内，莫王调兵出来打，将并不服，金银撒出千余，兵马退回。后于四月内，州主招抚张迢、张佛、张冯、张邓、张凤、张陆、闭许、闭苏等新入巨弄分居受田四甲郎头，初一、初二、初三日田后改，弄村人多地窄，分过那弄村，当郎闭许。又分出马恋村，当郎张邓。又分岜埠村，当郎张陆。凡五村有事，要来弄村酌议，其弄、旦村所立北帝庙，原古三年一醮，头人上禀官取袍、袜、鞋各一件，若闲年无事，不得擅用神明器物，誓

① 侯红霞：《实边—守边—通边：边民身份及其功能的演进逻辑》，《内蒙古师范大学学报（哲学社会科学版）》2021 年第 5 期。

② 潘冬南主编《广西导游》，北京理工大学出版社，2017，第 224 页。

定规例，但衙中□有犯人者，弈民详解，凡夫役、杂项、定例、银钱，一切准免，不关弈民之事。州主有谷一仓在弄村，头人即要上心料理、督催、收完，亦要小心查察地方奸细贼寇，若有谣言煽惑诡报者，官不得罚罪，但从大小管，有事不得缚胫，白帖印帖，受职留府。管辖地界，田土争端，真可痛恨。为此等情，合行饬禁奸宄讼论，故给准批古底为凭。计开弄、旦村弈民甲田地名界：……岜埠隔镇隘卜圩为界。各据其界，谨记。州帖：掌州黄辉煌，掌哨吕煜珍，管家邓耀辉，总案农琼灿。右帖给弈民张迓、周贵、黄高、张佛、张冯、梁花、张邓等，准此。

正德元年九月十九日，准给批古底额例，弈民弄旦甲留，后万代子孙不许失损，谷旦立。①

此碑记载着张迓等10人是原籍山东青州府的石匠，于正德元年二月受龙州州主邀请到龙州砌石修整位于岜烂的大水塘。因一位石匠在抬石头修塘时被石头压死，只剩9位石匠。正德元年三月，州主先将这些石匠安置在叵弄村居住，使他们有机会购买官方田地，之后将部分石匠分别安排到那弄村、马恋村、岜埠村、弄村居住。碑上明文规定，原本每三年在其弄、旦村北帝庙举行一次打醮仪式，须报官府批准同意才能开展。碑中约定张迓等人不需承担任何夫役和杂项，也不用向官府交纳各项钱款，即"凡夫役、杂项、定例、银钱，一切准免，不关弈民之事"。他们的相关信息在官方留底永久保存，即"白帖印帖，受职留府"。

明代初期，政府在乡村人口管理上实行户帖制，即户籍与户帖合二为一。户帖内容包括被登记在案人员所在的籍贯、家庭人口数量、姓名、性别、年龄以及编号、政府印章，户籍留存于官府，户帖发给乡民。张迓等人因购买龙州当地的土地，每年纳粮交税而拥有户籍，其户籍与有关粮赋凭证一并在土司官府留底保存。这些外地手艺人只需向官府缴纳田赋，受到免夫免贡的优待。手工艺人各自经营手艺，其子孙承袭土地，只有在出卖土地立契时必须向土官领取印证作为证据。② 石匠作为外来手工艺人，与龙州本地的土民受到区分对待，享受免夫役的优惠政策，有利于充分发挥其专业技术特长，促进当地经济发展。

---

① 王晓军：《移民、土司与边疆社会——以龙州县逐卜乡板弄屯明代碑刻为中心的考察》，《贺州学院学报》2023年第4期。

② 广西壮族自治区编辑组、《中国少数民族社会历史调查资料丛刊》修订编辑委员会：《广西壮族社会历史调查（四）》，民族出版社，2009，第44页。

通过田野调查发现，张迌等人居住的村屯地名至今仍在沿用。居住在龙州金龙镇逐卜乡板旦屯、板弄屯及附近一些村屯有不少张姓的壮族居民。他们对《正德元年龙州土司赵溥给弄旦甲民众帖文碑》高度认同，都认为自己是碑中原籍山东青州张迌的后代。这证实张迌等“原籍山东青州府”的人在龙州成家立业，成功实现在地化，成为新的边民。

除了就业移民，因战事移民成为左江流域边民的一个重要来源。在左江流域人们的历史记忆中，他们的祖先不是在汉代随马援将军镇压越南征贰、征侧来到左江流域，就是在宋代随狄青将军成功讨伐侬智高后留在崇左。据史书记载，“皇祐五年秋七月，癸卯，招广南西路安抚使司，比留禁兵四千戍邕州。”①“熙宁……八年……唆之叛，陷邕钦廉三州，朝廷命郭逵讨之，擒其大将，乾德大惧，奉表乞降，会北兵多病瘴……是役也，调民夫八十七万余人。”②北宋政府在攻打侬智高的前后，大量的禁军和地方军一同被派到广西参加战役，战役结束后，一部分官兵被留守驻边和开垦边疆。经过宋朝的几次战役，部分中原的官兵留在左江流域定居，并与当地人通婚，繁衍后代，成为新的边民。

第二节　守土固边

越南自五代时期建立独立政权后，与中国产生国与国之间的边疆守护问题。在与越南交界的左江流域民众因边民身份所产生的社会互动中，有护国有功的始祖及其子孙后代守隘守边的保家卫国壮举。这些史事呈现在左江流域的刊刻契约文书中。

一、守边有功的祖先

广西崇左市龙州县逐卜乡广合村内录屯有一通石碑，名为《清道光二十二年农

① 内容参见《续资治通鉴》卷175。

② 内容参见《文献通考》卷330。

岁有等人卖地置陆陇田畲碑》。此碑的位置距现在的中越边境线直线距离不到10公里。此碑记载着当地村民的祖先因立战功受封土地的事迹，其具体内容如下：

立永卖地置陆陇田畲契人农岁有、男迺贵、迺和、迺作，堂孙代举、代贤、代清等，世居龙州八宝街居住，自始祖随狄将军于洪武年间分得功能地置目业，遗下畲地田斗山林陆陇慕把，而界至更峙为界，至更意呼索为界，陌替为界，陇堪竜双急为界。自古坐落上龙司四牌峝内渌村邻近地界，系在印照契内，并有点地抄簝，土名片数，四注分明。遗孙贫寒，先祖永卖仰村姚姓、宙村吕姓，田租谷斗一概尽卖，惟存置丁所入，系堂管年中并无纳粮钱等项。不已，祖孙兄弟妻子商议，愿将始祖遗下置渌村畲地连咘木河鱼窝出卖，先招同堂族内兄弟侄孙，无人承受，后凭中亲自问到转卖与渌村众置丁人等梁香、梁应、梁彤、农佛、农昌、农亲、农京、农贵、农荣、农清、农全、农坟、农正、农朝、赵净兰、赵保、赵利、赵高等承受永买，实出本铜钱一百二十千文足，就日立书，钱约两交完讫。凡田畲粮钱守隘夫役一切，此随本牌分派帮办有例。任从买主置丁年中管耕，世代子孙为业。以及凡吉凶婚嫁丧事夫役、围园大小公私件一切等项，山水树木准永远葛藤割断。卖主不能复关使用，倘世远年湮畲地陆陇地方产生黄金、崩成河海，不干卖主。此乃两家允肯，明买明卖，并非私相授受等情，后日成有何人以及同堂兄弟不知情由谓，明言争占，系在契内有名人承认，买主赴官陈理，甘罪无辞。今欲有凭立永远约一张，并上手印照，点地抄籙贰张交与买主收执，世代子孙为据。

男农迺贵、迺和、迺作(画押)　同卖人嫡堂姪孙农代举、代贤、代清(画押)
在场同卖中保人堂叔农成德(画押)

在场同卖堂弟人农岁关的笔(画押)立当宗祠众议农定清数明白

道光式拾式年六月(骑缝章)初式日立永远卖置地等契人农岁有　亲笔本村乡老人农安、农亲、梁香、农正、赵净兰、赵利等。

广西等处承宣布政使司为遵议奏事准户部咨开嗣后，布政司颁发给民契，尾格口编列号数，前半幅照常细书业户等姓名、买卖田房数目、价银税银若干，后半幅于空日处预钦司印，以备投税时将契尾价税银数目大字填写钦印之处，今业户看关当面骑字，截开前幅给业户收执，后幅同口册汇送布政司查核。此系一行笔迹平分为一大小数目，委难改换。其从前州县布政司备查各契尾，应行停止，以省繁文矣。

命下之日，臣都颁发格式通行直省一体钦遵办理，等因奉旨依议钦此钦遵行司。奉此合就照式刊发一体，遵照奉行至每契价银一两，照依定例收税三分，倘敢多收分厘，察出定行揭参。须至契尾者等置村畬地连咘水河鱼窝计开业户梁香等买农岁有田房，坐落渌村处，顷亩外载粮石斗升合契用口粮一百二十两，间府税银三两六钱正。　布字五千一百五十号　右给业户梁香等收执

龙字五百一千万号道光二十三(公章)年四月二十九日

尾(骑缝章)梁香等买置价银一百二十两税合银三两六钱正

图 7-1　清道光二十二年农岁有等人卖地置陆陇田畬碑拓片①

① 图片由龙州县文物保护与考古管理中心黄伟提供。

从以上内容可知，此碑是依据一份经过官方认可、交过契税、盖有官方印章的土地交易红契内容镌刻而成。此碑记载着交易发起者农岁有等人是长期居住在龙州八宝街的居民。他们的祖先因追随宋代狄青将军讨伐侬智高来到龙州，并在战役中立了功，于明代洪武年间论功行赏时，分封到位于上龙司四牌岗内渌村的畬地、水田和山林。这些分封的田地经过地主在官府备案交税办理土地证，即“印照契内并有点地抄録”。因生活贫穷，农岁有等人把从祖上承袭位于渌村的畬地和咘木的鱼塘卖给渌村梁香等人，并把依附在田地上的夫役一同随土地转移给买主。

狄青将军讨伐侬智高的时间是宋代，而此碑记载农岁有的祖先分封得赏土地的时间是洪武年间，两个时间相隔较远。同时，此碑刻立的时间是道光二十二年（公元 1842 年），距洪武年间相差 400 多年，很难考证农岁有的祖先是否真的追随狄青来到龙州。农岁有等人的祖先在龙州拥有的土地是真实存在的，因土地明确的来源是交易的前提，且这些土地“印照契内并有点地抄箓，土名片数，四注分明”，即在官府留有备案。此外，跟受封土地一起捆绑的还有守护关隘的夫役。这表明至少从明代洪武年开始到农岁有等人交割祖上留下的土地时，农岁有等人的祖祖辈辈承担了守卫边疆、捍卫国家主权领土完整的重任。因祖先建功立业受封赏土的案例除了农岁有的祖先外，还有大新县恩城赵氏土司的祖先赵仁寿。赵仁寿也是因追随狄青将军讨伐侬智高有功而受封赏得到恩城这片土地。

二、护国守边的边民

历史上，中越边境冲突不断。明代，中越两国因土地纷争、人口、窝藏罪犯、偷盗等事件引起的纠纷共有 18 起。① 其中，洪武十年（公元 1377 年），广西思明土官与交趾之间互诉扰乱边境。洪武末年，思明土官黄广成向上级投诉说，交趾人攻破永平寨，越过马援将军铸的铜柱 200 里（100 千米），占夺思明府所属的丘温等 5 县。正统二年（公元 1437 年），安南思郎州土官攻占广西安平、思陵 2 州，侵占 2 峒 21 村，安南反而指控安平州、思陵州土官侵掠其思郎州。成化四年（公元 1468 年），

① 范宏贵、顾有识等著：《壮族历史与文化》，广西民族出版社，1997，第 149 页。

安南侵犯广西凭祥。[①] 正德元年(公元1506年)三月，安南高平的莫氏土司曾调兵攻打龙州，龙州土司用千余金银摆平此事，安南莫氏土司才撤回兵马。[②] 万历年间，交趾不断侵犯归顺、下雷等土州。为此，万历三十四年(公元1606年)朝廷命令向武土知州黄绍纶、田州土知州岑懋仁带土兵抵御外敌，击败交趾。[③] 万历四十三年(公元1615年)，巡按广西御使董元儒建议在上石州和思陵州各增设汉兵500名，并抽调思明等土州各500名土兵协助上石州和思陵州防守。[④] 崇祯十一年(公元1638年)，交趾侵犯广西大新，上映州土司许桂芳统率土兵抵抗，追斩60多名敌人。[⑤] 崇祯十七年(公元1644年)，贼匪闯入太平府城作乱，交趾的莫彝乘乱进入太平府管辖边境地区抢劫杀戮，使得边境人们受害惨烈。[⑥] 在这些战役中，左江流域土司用实际行动保卫边疆安宁，成为中央王朝守土安邦的藩篱、外敌难以逾越的屏障，因为“夫西南土司与交州为邻，交人不敢窥内地者，以土酋力足制之耳，而可自薄其藩垣哉!”[⑦]。

长期以来，为维护国家安全，中央王朝与左江流域的土司结合地方治理和国防防御所需，设立众多关、隘、卡，并由营兵和土兵一起驻守。[⑧] 左江流域所处的位置“极边，与安南犬牙相接，一切隘口巡缉稽查，颇为紧要”[⑨]。乾隆九年(公元1744年)，乾隆皇帝听从大学士的建议，在与安南交界的广西明江县、土思州建立50多个隘口，由官办和土勇协同巡查；宁明迁隆土州的板蒙、思陵土州的叫荒、下雷土州的下骨等地建立30多个隘口，由土勇负责巡查。[⑩] 乾隆二十二年(公元1757年)，从两广总督杨应琚上奏可知，广西共有13842名土兵、狼兵、堡卒和隘卒，他们耕种军田。[⑪] 乾隆三十一年(公元1766年)，广西有9500余名土勇、堡卒。[⑫] 左江

---

① 参见《明史·外国二·安南》。

② 王晓军:《移民、土司与边疆社会——以龙州县逐卜乡板弄屯明代碑刻为中心的考察》,《贺州学院学报》2023年第4期。

③ 羊复礼纂修:《镇安府志》，光绪十八年刻本。

④ 参见《明神宗实录》卷五三三。

⑤ 苏宗经原辑、马丕瑶续辑:《广西通志辑要(卷一四)》，光绪十六年刻本。

⑥ 吴龙辉纂:《崇善县志》，成文出版社，1937，第331页。

⑦ 苏浚:《土官志序》，顾祖禹:《读史方舆纪要(卷一〇六)》，中华书局，1955。

⑧ 黎申产:《广西省宁明州志》，成文出版社，1970，第123-138页。

⑨ 杨锡绂:《四知堂文集》卷6，清代诗文集汇编第295册，上海古籍出版社，2010，第156页。

⑩ 参见《清高宗实录》卷二二六。

⑪ 参见《清高宗实录》卷五三一。

⑫ 参见《清高宗实录》卷七七三。

流域土司所设立的土兵组织叫做哨，如太平土州设置前、中、后、左、右五个哨。[①]土兵又称土勇，由租种土司的兵役田的农民世代承袭，受土司遣使。清代安平土州有 500 名土兵。在无战事时，土兵在家种田耕地；一旦战争发生，他们要应召出征守家卫国。据《道光二十二年农岁有等人卖地置陆陇田畬碑》记载，耕种渌置村的农民便是负有兵役的土兵，承担"守隘夫役"。可见，土兵在协助国家武装力量守卫边关要隘及省内要地上做出重要贡献。

位于崇左市龙州县上龙乡弄堪屯的《清宣统二年龙州军民府补用直隶州批准东门甲排赧等五村免夫照碑》从一个侧面反映左江流域人们担负护国守边的重任，其具体内容如下：

戴花翎四品衔署理龙州军民府补用直隶州正堂周，为以示晓谕，事案据厅属东门甲棑赧村头人梁敬作、弄堪村梁凤球、独山村梁玉梅、弄满周孔从、弄竜村罗辉宝、乡耆梁照远、梁显大、梁显阳、张进文、李敬猷、罗辉堂等禀称：穷民等世居东门畀地，属硗洼，一遇旱潦，均是歉收。仰事府畜恒有，不足之忧，但素来亦无应夫之例，缘于光绪九年十年间，边防军务吃紧，运解粮饷需伕，孔亟民等卢墓（慕）于斯，情启报效，愿担一时义务，勇跃服役，遂竟授为常例。频年以来所应夫役几无宁日，兹值地方举行善政，事事改良。将崎岖道路次第平治，化为康胜。需款浩繁，楔由地方等措。民等愿共捐洋银二百员（元）充作修路公费，联名恳请将东门甲排赧、弄堪、独山、弄满、弄竜等村嗣后永远免传夫役并及年中供应茅草一律取消。如蒙恩准请，即给照碑，得勒碑贺信守则，均感谢鸿慈于靡既矣。为此联名叩赴等情，据此当批据禀。该村民组合捐赀充作修路公费，恳永远免伕及年中供应茅草一切照免。属可行者，将捐款缴案候给照，出示泐石遵守，除批揭示在案，并□□执照，外合行出示晓谕。为此示仰该村民等泐石遵守。嗣后，该排□□弄堪村、独山村、弄满村、弄竜村准其永远免传伕役、年中亦毋庸□□茅草，以纾民力，各宜懔遵，毋违特示。

宣统二年三月十四日起。

头弄堪梁振侄、梁振清、梁振乾、梁显旺、梁显福、梁显珠、梁显禄、梁敬绞、

---

① 谷口房男、白耀天编著：《壮族土官族谱集成》，广西民族出版社，1998，第 528 页。

梁显辉、梁显阳、梁显阴、梁显强、梁巨宏、卢恩作、口品梁、梁□□、梁□□、梁□□、弄排梁□□、梁□□。

宝贴东门甲[①]

此碑记载着东门甲柑赧村人原本没有夫役，但在“光绪九年十年间”，即 1883 至 1884 年间(即 1885 年镇南关大捷前)，因边防紧张，需要人力运送粮饷，东门甲柑赧村孔亟民等村民考虑到国家危难，为报效率国家，自愿勇跃参与运送粮饷，由此成为常例。直到宣统二年(公元 1910 年)，东门甲排赧村人联名向龙州土官申请，通过捐钱修路获得免除包括军役在内的一切夫役。

法国军队于 1856 年进犯越南，企图以越南为跳板侵犯中国，中越边境局势紧张。处于中越边境线上的龙州东门甲柑赧村变成战争的前沿阵地。1880 年，中国与法国开始交涉越南问题。1883 年 12 月 11 日，法军司令孤拔带兵从河内出发，攻打驻扎在越南山西的中国军队，拉开中法陆路战争的序幕。[②] 1884 年 12 月上旬，越南西线作战的中国滇军和黑旗军向法军发起进攻。[③] 此后，法国频繁侵犯中国西南边境，调动大量军队进攻中国，于 1885 年在中国凭祥与中国军队发生镇南关大战。今天凭祥友谊镇埋葬镇南关战役中阵亡清军将士的万人坟、龙州县彬桥乡红岭村上红屯埋葬援越抗法阵亡将士的墓，可以见证法国对中国侵略的历史。

面对西方列强的人侵，左江流域民众积极参与战争，各尽所能，踊跃接受各种任务。[④] 有的拿起武器，直接上战场杀敌；有的担任军队向导带路；更多的人负责在中越崎岖道路上帮助军队运输物资。其中最突出的参战农民是熟悉凭祥地形的蒙大，他不仅给镇南关战役指挥官冯子材带路，还出谋划策。[⑤] 中国军队在中越战场上所用的武器弹药和补给物资大部分从广州沿江经过南宁，再在南宁分装上小船，沿左江送到龙州，再通过人力畜力沿着山路运送到战争前线，特别是越南前线。在这过程中，从南宁到龙州沿江有不少急滩，船靠纤夫拉才能越过险滩。货物从龙州到越南北圻只靠人挑马驮，花上 7 天走山路才到越南北宁。左江流域人们大力支援，

① 碑文中缺的字用□代替。

② 《中国近代史丛书》编写组编：《中法战争》，上海人民出版社，1972，第 30 页。

③ 《中国近代史丛书》编写组编：《中法战争》，上海人民出版社，1972，第 54 页。

④ 陈书麟编著：《中法战争》，海洋出版社，1988，第 76 页。

⑤ 陈书麟编著：《中法战争》，海洋出版社，1988，第 76 页。

保障中国军队在交通不便、运输艰难的边境山区顺利作战。[①] 从《清宣统二年龙州军民府补用直隶州批准东门甲排赧等五村免夫照碑》推测，东门甲排赧等五村村民积极踊跃担负起为中国军队运输战争所需军用物资的重任。

中法战争后，左江流域的龙州、凭祥战略地位提升，成为广西边防的军政中心。龙州被批准修筑为龙州城。[②] 苏元春负责修筑大小连城。可见，随着西方列强的入侵，敌人作为对立主体刺激居于边疆的人民参与反殖民、反帝的民族斗争。在与帝国主义斗争的对话中，边民的国民意识、国家意识和中华民族共同体意识得以强化，守边固边成为边民的自觉行动。边民与各族人民一起积极主动抗击列强，用行动建构与建设中华民族主权国家。[③]

本章小结

左江流域随着历史进程成为边疆民族地区。左江流域的刊刻契约文书反映了明代到清代左江流域的边疆移民、安南侵扰以及边民守边固边等重要史事。外来人口因战争或就业迁移到左江流域定居，与当地人通婚，实现在地化。左江流域的人们有的因守土护国有功而得到封地，其子孙主动承担起守隘守边的重任。

近代，随着西方列强不断入侵中国，边疆地区危机日益严峻。中法战争爆发前后，左江流域频繁受法国侵扰，成为维护国家领土完整和国家安全的前沿阵地。左江流域人民面对国家危难，挺身而出，主动承担夫役，用实际行动抵抗法国侵略。边民广泛参与的镇南关战役，展现出依靠广大群众的力量才能固守边疆的历史事实。同时，在护国卫边最前沿的左江流域人民强烈地感受到有国才有家，强大的国家力量是边民安身立命之本。具有强烈国家认同感的边民在保卫边疆和平上发挥重要作用，为中华民族的大一统贡献力量。边民的国家认同感和护卫疆土之情通过左江流域刊刻契约向世人彰显和流传。

---

① 陈书麟编著：《中法战争》，海洋出版社，1988，第 77 页。

② 沈奕巨：《清末广西的边防炮台建设》，《广西地方志》2006 年第 1 期。

③ 侯红霞：《实边—守边—通边：边民身份及其功能的演进逻辑》，《内蒙古师范大学学报（哲学社会科学版）》2021 年第 5 期。

第八章

官、民与圩

圩也作“墟”，即“日中为市，交易而退”①，是中国南方农村地区商品与物资的重要交换场所。清代左江流域的圩市众多，仅宁明土州就有 10 个圩②。圩市的选址设立不仅跟交通便利有关，还跟圩市的重要角色——圩民和政府有关。崇左市壮族博物馆收藏的《清乾隆三十八年太平府批复兴圩碑》（以下简称复兴圩碑）揭示了圩市设立过程中的圩民与政府的角力。政府一般参与圩市日常管理，维护正常的商业秩序和商民利益，像清代太平府以官方名义多次参与设立同一地点的圩市并给照的案例比较少见。目前学者还没有对复兴圩碑开展研究。笔者以此碑为基础，结合田野调查资料，对圩市设立中主体角色及其功能进行探讨。

第一节　复兴圩碑概况

复兴圩碑原立于广西崇左市江州区太平街道新庆街土地庙左前方，为避免在建设施工中受损坏，于 2020 年 4 月 30 日被搬到崇左市壮族博物馆收藏。此碑通长 228 cm、通宽 101 cm、通厚 13 cm，行书阴刻，共 26 列 1140 字，其中有 6 个字和碑

① 黎申产：《广西省宁明州志》，成文出版社，1970，第 64 页。
② 黎申产：《广西省宁明州志》，成文出版社，1970，第 66-68 页。

体左上角残缺。此碑的具体内容如下：

特调崇善县正堂王为恳准复趁太平圩，以遂民情，以征天心事，照得乾隆三十八年五月初六日奉。特授广西太平府正堂加一级纪(记)录十六次沈批。

据一二三鄙老人、总首梁贵全、蒙胜意及保正雷志广等呈请复开太平圩场一案缘由，奉批仰崇善县详查妥议速报等，因奉此当经查讯得本县鄙民梁贵全等呈请改移圩场一案，查郡城东门外复兴圩先在对河南岸金柜山下，嗣于康熙四十二年内因趁圩人众往来争渡，时有覆溺之虞，奉前宪饬改郡城北门外，更名太平圩。

乾隆元年，奉前宪李以北门外正当学宫及郡城来龙，且圩地窄狭，两傍坟冢累累，日遭践踏，随相地势，将太平圩移设郡城东门外，更名复兴圩。

乾隆四年，李宪升任即据客民刘三余等连年诘控，经前县韩孝余、管子传、张纶耀、章之彪、陈镳等先后议详，或请两圩并设，或请分期轮趁，致使来市者无一定趋向。

至乾隆二十一年，奉前宪查勘明北门外圩地实属有碍。学宫及郡城之来龙，兼之圩场窄狭，两旁坟冢累累，时被践踏，且查自从前新旧两圩或开或禁，其中年岁各有，丰歉不一，故将圩场仍迁东门外。立碑晓谕，永远遵守。

乾隆二十八年，前宪查却事即有旧圩民谢国相等具呈复思改归旧圩，经前令官儒章勘明，详奉批允不准改易在案。

复于乾隆三十二年偶因缺雨，而旧圩居民复又借口唆嘱鄙民何文王等呈请易圩，经前令杨企鲁勘明，详奉批允不准改迁，亦在案。

本年四月下旬，雨水稍缺，粮价骤增，复有鄙民梁贵全等听旧圩妇女扬言，以雨缺米昂皆由不准移圩之故，随据呈宪案，并据各绅士王模等抄录迁移复兴圩告示碑文呈明均奉批议详等，因奉此随传集两造亲赴新旧两圩，逐加履勘查。太平旧圩基场窄狭，圩地两傍即属义冢，其间荒茔累累，日逐加增。若使设圩，必遭残踏。复兴圩地势平圹，人烟辏集，为四面适中之区，四乡趁圩称便。本县复加诘讯，据梁贵全等因称雨泽愆期不能下种，兼之米价骤增，众心惶惑，以致误听旧圩传言，遽行具呈。现在雨水透足，米价渐平，俱皆无词致辩。查地方圩市贵在便民，致若年岁之丰歉水旱与圩场何涉。在各绅士等误执有碍来龙地脉，固难凭信，而鄙民梁贵全等妄称易圩即可致雨，更属荒唐。惟旧圩两傍坟冢日增，现奉各宪檄饬收埋枯骨，告谕谆谆。即便现有此情形，尚须设法迁移。岂有先经改定，而复议更张，反使孤冢日遭践踏之理。且查复兴圩自改设以来，经今一十八载，趋圩称便，商民相安，所有原迁东门外复兴圩应请仍循其旧，毋庸议改，以息祸端。再揆厥本案所由，皆因旧圩居民尚有数十户，伊等每思圩近家门，以遂其垄断营利之私。故稍遇旱潦，即扬言传播，归咎于易圩之故，而无如农民误信为实，以致节次扰渎不休。可否仰请宪台批饬，严示晓谕，并饬该圩勒石，永远遵守，不致刁民籍口，永杜争端，而复兴圩商民均得安心贸易，实荷宪德无既等由。详奉本府宪批新圩复兴以来，经今一十八载，民人乐利，未便轻议更张。况旧圩逼近黉宫义冢，嚣尘蹂躏，尤非所宜。仰即如详剀切晓谕，勒示禁取，具碑摹送查务令家谕户晓，毋任再行渎扰。此缴原呈存等因，奉此除严示晓谕外，合行勒石永禁。为此示谕新旧两圩居民及县属诸色人等知悉遵照在于新圩开设贸易谋生，毋得再行更张议渎，致干提究。毋违！特示！

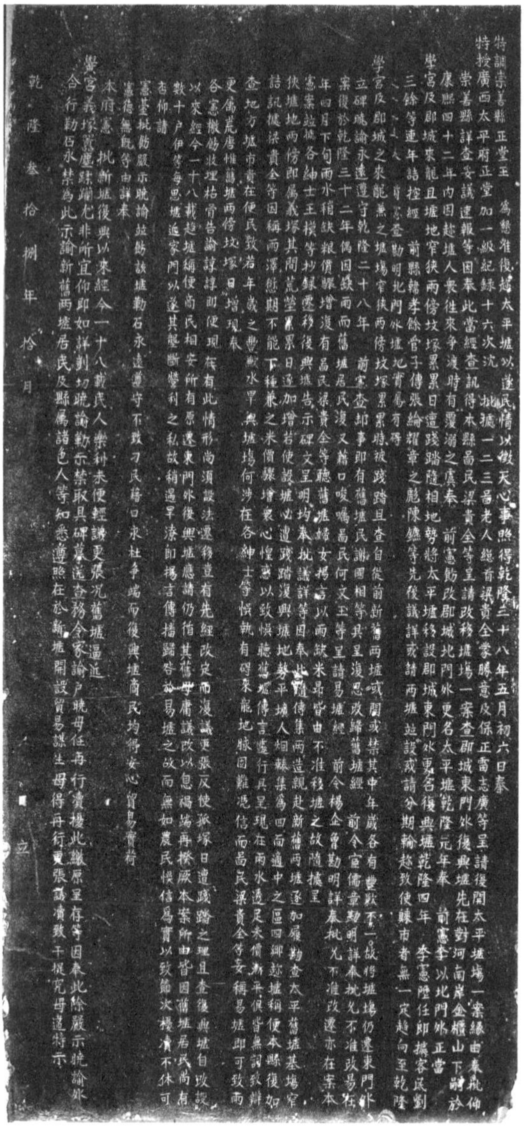

图 8-1　清乾隆三十八年太平府批准设立复兴圩碑①

乾隆三十八年十月立

以上碑文显示，从康熙四十二年(公元 1703 年)至乾隆三十八年(公元 1773 年)的 70 年间，太平府附近的居民围绕圩市迁移设立问题多次向太平府上诉，太平府主

① 此拓片由原同事袁增箭与著者一起拓制。

导、崇善县辅佐多次派人实地勘察出具意见，最后确定只开设太平府东门外的复兴圩。按碑中时间节点，案件经过如下：

太平府附近最早的圩市是位于太平府城东门左江对岸金柜山下的金柜圩。[①] 因为圩市处于左江的对岸，人们需坐船过江赶圩，为此经常发生溺亡事故。为安全起见，太平府知府于康熙四十二年（公元1703年）作出批示把金櫃圩迁到太平府北门外，更名为太平圩。

乾隆元年（公元1736年），李知府考虑到太平圩所在的太平府北门是学宫师生和府衙办事人员来往要道，且圩场两旁是坟地，位置狭窄，于是把太平圩迁到太平府城东门外，更名为复兴圩。

乾隆四年（公元1739年），因做生意的刘三余等人连年向太平府申诉要求恢复太平圩，李升任知府派人调查，经过崇善县多位官员的先后商议，决定同时开设太平圩和复兴圩。这导致当地群众不知选择赶哪个圩好。

乾隆二十一年（公元1756年），针对圩场的混乱场面，太平府知府又派人去调查。调查的结论是北门太平圩阻碍学宫师生和府衙办事人员正常往来，且圩场两旁都是坟地，圩场位置狭窄，人经常踩着坟地赶圩。同时开设太平圩和复兴圩导致赶圩的人时多时少，有的人甚至不知道赶哪个圩。于是，知府批示立碑晓谕，只开设城东门外的复兴圩。

乾隆二十八年（公元1763年），住原太平圩的居民谢国相等人向太平府上诉要求把圩市迁回太平圩。太平知府派崇善县令宦儒章对此事进行调查。结合调查结果，太平府要求人们遵照以前的批示，不同意恢复太平圩，只允许开设城东门外的复兴圩。

乾隆三十二年（公元1767年），原太平圩的居民唆使本地人何文王等人向太平府上诉要求把复兴圩迁回太平圩，太平府知府派崇善县令杨企鲁调查情况，处理结果是要求人们遵照以前的批示，只允许开设城东门外的复兴圩。

乾隆三十八年（公元1773年）四月下旬，雨水少干旱，导致农民不能按时耕种，粮价为此暴涨。本地居民梁贵全等人听信原太平圩妇女的谣言，认为太平圩迁到复兴圩一事破坏当地风水，导致雨水少。梁贵全等人申请把复兴圩迁回太平圩，这样

① 甘汝来纂修：《（雍正）太平府志》，广西人民出版社，2016，第193页。

才会有雨水，人们才能正常耕种，粮价才会稳定。按照太平府沈知府的批示，崇善县王县令派人调查发现，梁贵全等人所谓改圩就能求得雨水、稳定粮价的说法纯属无稽之谈。现雨水充足，粮价平稳，梁贵全等人的心安定了，不再提改圩之事。

总之，原太平圩的居民为了方便自己能在门前做生意赚钱，这才煽动周边居民向太平府上诉，申请恢复太平圩。为永久解决太平府周边的圩市问题，太平知府详细列明开设复兴圩以来的各种好处：一是避免太平圩场地狭窄，出现践踏坟地现象；二是复兴圩地势平坦，方便四面八方的人来赶圩；三是复兴圩开设以来的十八年间，商民相安，圩民很满意。为安定民心、永杜后患，太平府立碑确认以后只开设复兴圩，要求群众共同遵守新圩规定进行贸易，并拓印碑文发给周边群众，使之家喻户晓。

复兴圩位于现在的广西崇左市江州区太平街道新庆街，一直沿用到 20 世纪 80 年代。1949 年后，复兴圩主要用于交易耕牛，故此圩也被称为牛圩。

第二节　圩中之民

圩市是为了满足人们日常生活的需求，在固定圩期进行商品交易的场所。圩市参与主体有流动的圩民、固定集市的商贩和集市管理者等。主观能动的圩市人群赋予圩市不一样的色彩。在圩市发生矛盾纠纷时，绅士、商贩以及官府有着不同的应对方式。

一、协调纠纷的乡官

在传统中国社会中地方群体发生争执时，政府乡间的代表人物会主动出场协助解决问题，如复兴圩碑中的乡官总首梁贵全、蒙胜意及保正雷志广等人把圩市问题上诉到太平府。总首是清朝政府在各乡（地方）设立负责调解民事纠纷、督导田赋、差役、申报灾情、案件等事宜的人。① 保正是清朝政府推行保甲制中的保长。② 清朝“十户立一牌头，十牌立一甲头，十甲立一保长”。③ 保长的职事是负责稽查，有事时积极向政府反馈，且不得鱼肉百姓。左江流域在清朝政府大一统的政治格局下，按照清朝的政治制度在乡村管理上推行保甲制。总首和保正作为国家力量在乡村社会的代理人④，日常参与管理圩市，维护圩市秩序。当圩民因圩市设立的场所发生争执时，总首和保正有权力和义务将争执问题反馈给政府，并协助政府解决问题。

二、官民中介——绅士

绅士，是介于官民之间的一个阶层，指在一个地方有势力、有名望的地主和退职官僚。绅衿、耆老是绅士代称，绅士代替政府完善皇权不下县的乡村治理，在处理乡村事务时充当政府官员和地方百姓之间的中介人。绅士是中国古代社会沟通官方和民间的桥梁。⑤ 绅权是封建皇权在地方社会的延续，是管理地方社会，特别是乡土社会的一种需要，弥补封建社会存在严重的“官治”不足问题。绅士有时受命于官府办事，或协助官府办事。官吏处理地方事务时，常常咨询地方绅士，向某些绅士求教并寻求协助。在复兴圩设立问题上，以王模为代表的绅士积极配合太平府调查，把抄录迁移复兴圩的告示碑文呈给官府。与复兴圩的案例相似，依靠绅士参与来解决问题的还有宁明土州的案例。光绪辛巳年（公元 1881 年）八月，宁明州城内人和城外人为开圩市“彼此争竞、几成仇敌”，最后是经过耆老协调在城内和城外分期开圩才得以平息争执。⑥ 可见，在解决地方事务上，绅士与官府相辅相成，搭建起从下到上的沟通桥梁，推动乡村社会有序运转。

另外，绅士的威望使得他们成为本地的代言人，经常代表一方乡民向政府献言

---

① 徐勇、邓大才：《中国农村调查（总第 60 卷 · 村庄类第 29 卷 · 黄河区域第 10 卷）》，江苏人民出版社，2024，第 269 页。

② 黄丽丽、周澍民、钱莲琴：《港台语词词典》，黄山书社出版，1990，第 50 页。

③ 内容参见《清朝文献通考（卷 22 · 职役二）》。

④ 金敏、周祖文：《国家权力视角下的生监群体——以清嘉庆刑科题本为中心》，《浙江社会科学》2009 年第 7 期。

⑤ 张占力：《明清时期绅士阶层在宗族保障中的作用探析》，《山东省农业管理干部学院学报》2010 年第 1 期。

⑥ 黎申产：《广西省宁明州志》，成文出版社，1970，第 66 页。

献策，同时在民众面前代表官方传达信息。为此，绅士成为官与民之间上行下达的中介。在正常情况下，政府和绅士相互合作。但当政府和绅士的利益相悖时，绅士会批评、甚至反对和抵制官府的行政决定。[①] 绅士们在复兴圩设立问题上向太平府表达想法，认为复兴圩开设的地理位置阻碍了当地的龙脉，要求取消复兴圩。太平府认为他们的观点不可信，不予采纳。

三、商贩和普通圩民

明清至民国时期，广西民间流行“无东不成市”[②]“客家人创圩，广府人旺圩”[③]的谚语。早期左江流域圩市的店铺多由外地来的客民开设，如广东人、客家人等汉人开办。复兴圩碑上记录的连年向太平府告状的客民刘三余应该就是外来的商贩。刘三余等人原是太平圩的商贩，改圩损害刘三余等人的经济利益，于是他们为自身利益考虑才频频向太平府上诉要求恢复太平圩。

圩市除了固定的商贩外，还有家住圩市附近的农民和临时来交易的圩民，如复兴圩碑中受人叫唆闹事的当地人何文王、旧圩居民谢国相等人。

获取利润是乡镇圩市商贩的主要目的。[④] 太平府自明代初期设立以来到乾隆时期，经过几百年的发展，在经济和人口上已经具有一定规模。太平府附近的圩市相较左江流域其它地方的圩市拥有更大的市场人流量。原太平圩的居民三番五次要求太平府恢复太平圩，其根本原因是这些居民住在圩市旁，就近取得圩镇生意人的身份，便于做生意赚钱，谋取自己最大利益，如碑中所言，“皆因旧圩居民尚有数十户，伊等每思圩近家门，以遂其垄断营利之私”。

---

① 张仲礼：《中国绅士：关于其在19世纪中国社会中作用的研究》，李荣昌译，上海社会科学院出版社，1991，第58-73页。

② 潘伟胜：《忆南宁丛书——南宁圩市》，广西科学技术出版社，2012，第105页。

③ 袁丽红：《客家商人在壮区——壮族与客家经济关系研究之一》，《广西地方志》2012年第4期。

④ 钟典文主编《广西近代圩镇研究》，广西师范大学出版社，1998，第1页。

第三节　官府在圩市中的职能

圩市是中国传统社会的重要贸易场所和人们社交的平台。官府为了社会稳定和经济发展，在圩市发展中扮演管理者角色。

一、审批设立圩市

太平府始建于明代初期①，其治所在今广西崇左市江州区。太平城是明洪武年知府赵鑑委托千户程良督屯军筑造，共有五扇城门，分别是东面的长春门，南面的镇安门，小西面的安远门，西面的镇边门，北面的拱辰门。② 太平府现留存一段古城墙址、东面的长春门、小西面的安远门和西面的镇边门。崇善县始建于宋皇佑五年(公元 1053 年)，于宣德三年(公元 1428 年)被改土归流。嘉靖十九年(公元 1540 年)，崇善县迁至太平府内，与太平府共享城郭。③ 崇善县“惟邑附太平，一切营建政教多出自府，统于一尊理势固然也”④。历史上崇善县管辖范围里的基建和政治活动多由太平府负责。为此，在处理开设复兴圩问题上，太平府主导出具批示意见，而崇善县听从太平府派遣、配合调查。

太平府围绕审批设立复兴圩问题前后从康熙四十二年(公元 1703 年)至乾隆三十八年(公元 1773 年)历时 70 年，“纪(记)录十六次沈批”。太平府附近的圩市历经 4 次变迁：第一次是康熙四十二年(公元 1703 年)太平府城东门左江对岸的金櫃圩迁到太平府北门外，名为太平圩；第二次是乾隆元年(公元 1736 年)太平圩迁到太平府城东门外，更名为复兴圩；第三次是乾隆四年(公元 1739 年)至乾隆二十一年(公元 1756 年)太平圩和复兴圩同时开设；第四次是乾隆二十一年(公元 1756 年)太平府确立

① 甘汝来纂修：《(雍正)太平府志》，广西人民出版社，2016，第 54 页。
② 甘汝来纂修：《(雍正)太平府志》，广西人民出版社，2016，第 303 页。
③ 吴龙辉纂：《崇善县志》，成文出版社，1937，第 85 页。
④ 吴龙辉纂：《崇善县志》，成文出版社，1937，第 347 页。

只开设复兴圩。在此期间，群众围绕圩市设立问题争执多年，太平府和崇善县联合处理纠纷并给出定论，最终确定只开复兴圩。可见，圩市迁移的原因皆与当地群众上诉、官方裁决有关，某种程度上形成了官方决定圩市最后设立的定律。这说明圩市的设立需得到官府的认可，并发给执照。私设圩市是不合法的，会遭到官府的取缔。①

左江流域还有与复兴圩碑内容相似的立圩、复圩的碑刻，如《清咸丰四年南宁府忠州批准板离村复圩碑》②《清光绪三十二年太平土州准恢复龙头圩永免夫役执照碑》③《清宣统二年太平土州批准弄零等村设立圩市执照碑》④《清宣统元年太平土州准设镇兴圩永免夫役执照碑》⑤《清宣统三年太平土州正堂准团赞村开赞成圩免夫役照碑》⑥。这些碑刻说明设圩、复圩多由地方绅耆提出申请，官府认可后给予执照方可开圩；设圩、复圩后要设立客长、街长负责收粮税，设立街老、街董负责维护圩市秩序；成圩、复圩之后，免除一切大小夫役。通过设立圩市，土民变圩民，可以享有异于土民的待遇。

清代左江流域的圩市多是外地来的客民开设的。他们无需租种役田，不受土司管理，对土官没有人身依附关系，属于自由民，且其子孙后代享有读书和投考功名的权利。⑦ 这是历代王朝官府严格把关审批设立圩市的原因，主要控制土民借开圩之名实现阶层跨越，也是底层人们积极争取圩民身份的重要原因。

二、解决圩市冲突

广西古代圩镇与封建社会有着不可分割的联系，是州县治所，为地方封建统治

---

① 宾长初：《清政府对广西农村圩镇的管理机制》，《广西师范大学学报：哲学社会科学版》2012 年第5 期。

② 广西壮族自治区编写、《中国少数民族社会历史调查资料丛刊》修订编辑委员会：《广西少数民族地区碑文契约资料集》，广西民族出版社，2009，第144 页。

③ 广西壮族自治区编辑组、《中国少数民族社会历史调查资料丛刊》修订编辑委员会：《广西壮族社会历史调查（四）》，广西民族出版社，1987，第 71 页。

④ 广西壮族自治区编辑组、《中国少数民族社会历史调查资料丛刊》修订编辑委员会：《广西壮族社会历史调查（四）》，广西民族出版社，1987，第 79-80 页。

⑤ 广西壮族自治区编辑组、《中国少数民族社会历史调查资料丛刊》修订编辑委员会：《广西壮族社会历史调查（四）》，广西民族出版社，1987，第 75-77 页。

⑥ 广西壮族自治区编辑组、《中国少数民族社会历史调查资料丛刊》修订编辑委员会：《广西壮族社会历史调查（四）》，广西民族出版社，1987，第 81-82 页。

⑦ 广西壮族自治区编辑组、《中国少数民族社会历史调查资料丛刊》修订编辑委员会：《广西壮族社会历史调查（四）》，广西民族出版社，1987，第 21 页。

中心。[①] 州县府所在的地方一般交通比较便利。圩市设在州县府旁边：一是便于行政管理，二是方便人们赶圩。复兴圩位于太平府东门外，水路陆路交通便利，是当地货物交换的中心，也是当地政治、经济和文化的中心。

一般圩市的规约由绅商合议制订，由团绅监督执行。[②] 不论太平府附近最先开的金柜圩，还是太平圩或复兴圩应该都有圩规。但复兴圩开设以来群众反复要求更改圩市，先是客民刘三余等人连年向太平府告状，接着太平圩旧圩民谢国相等申请改归旧圩，又有何文王等申请易圩，后有本地人梁贵全上诉。可见，圩市禁约的实施效果不佳。太平府介入复兴圩市管理，说明民间禁约在圩市管理上有限。太平府批准开设复兴圩，“严示晓谕，并饬该圩勒石，永远遵守”，还专门派人拓印碑文发给周边群众，让群众知道前因后果，自觉遵守圩规，开展贸易活动。

古代圩市的冲突属于民事诉讼。在古代官府审理民事诉讼时，注重实证。对民事案件的审讯，官员对案件当事人要详细推鞫，必须依情依理办案。[③] 中国传统社会有着“纷争辩讼，非礼不决”[④]的思想。个人权利在中国传统文化中被视为细务。当与人发生矛盾时，在传统儒家思想熏陶下，个体多采取忍让以维护社会秩序和谐。中国传统社会解决争端首先必须考虑“情”，其次是“礼”，最后是“理”，只有最后才诉诸“法”。中国人一般是在不用法的情况下生活的。[⑤] 圩镇社会有别于传统乡村社会，是介于乡村和城市的聚落，兼有城乡特性，是一个半熟人社会。[⑥] 圩市的人们有别于自然村庄的农民，因为交易而聚集在一起，人情比较淡薄，为了个人利益，不顾整体社会效益而在圩市设立问题上发生争执。中国古代州府多关注涉及国家对土地、财产、赋役等管理分配过程中发生的权益纠纷的民事诉讼案件。[⑦] 复兴圩设立问题已远远超过个人细务的范畴。在以经济利益为目标的半熟人的圩民社会，礼和情解决不了人们之间的圩市纷争。面对群众围绕复兴圩设立问题进行的多次反复

---

① 钟文典主编《广西近代圩镇研究》，广西师范大学出版社，1998，第 21 页。

② 宾长初、莫绍初：《规约与生计：乡规民约对经济活动的调适——清代南疆民间自我管理系列研究之一》，《广西师范大学学报：哲学社会科学版》，2016 年第 3 期。

③ 叶孝信主编《中国民法史（修订版）》，复旦大学出版社，2021，第 533 页。

④ 阮元：《十三经注疏》，《礼记正义 · 曲礼上第一》，中华书局，1980，第 1231 页，

⑤ 勒内 · 达维德：《当代主要法律体系》，漆竹生译，上海译文出版社，1984，第 486-487 页。

⑥ 宾长初、莫绍初：《规约与生计：乡规民约对经济活动的调适——清代南疆民间自我管理系列研究之一》，《广西师范大学学报：哲学社会科学版》，2016 年第 3 期。

⑦ 赵晓耕主编《身份与契约：中国传统民事法律形态》，中国人民大学出版社，2012，第 101 页。

诉讼，太平府只能通过官方的力量多次出面调查作出批示。在处理案件过程中，官府投入了大量人力，不仅有现任、历任太平府知府参与，还有现任、历任崇善县令以及其他相关在任、现任普通官府人员参与。为彻底解决太平府周边的圩市问题，太平府以官方强制性的行政力量立碑晓喻，确定只开设复兴圩，引导周边群众共同遵守圩规，终于安定民心、永杜后患。

本章小结

经济被嵌合在社会之中。[①] 中国传统民间圩市以贸易为纽带在民与商、民与民、官与民之间形成一个立体的关系网络，不仅包括依附于经济行为之中的社会经济关系，还有支持圩市贸易所形成的维系各类关系的复杂社会关系网络。太平府、崇善县及圩市的居民、商贩在设立复兴圩的问题上展开多次博弈，体现了圩市民众各自围绕自己的身份和目标行事：绅士作为官府与地方的中介，积极参与协助解决地方事务；商贩以利益最大化为目标开展贸易活动；官府在结合便民、群众满意的指标考量下，盖棺定论确立圩市设立地点。可见，圩市不单是纯粹的经济场所，更是人们身份角色扮演和行使身份权利的场所。

① 栗本慎一郎：《经济人类学》，王名等译，商务印书馆，1997，第8页。

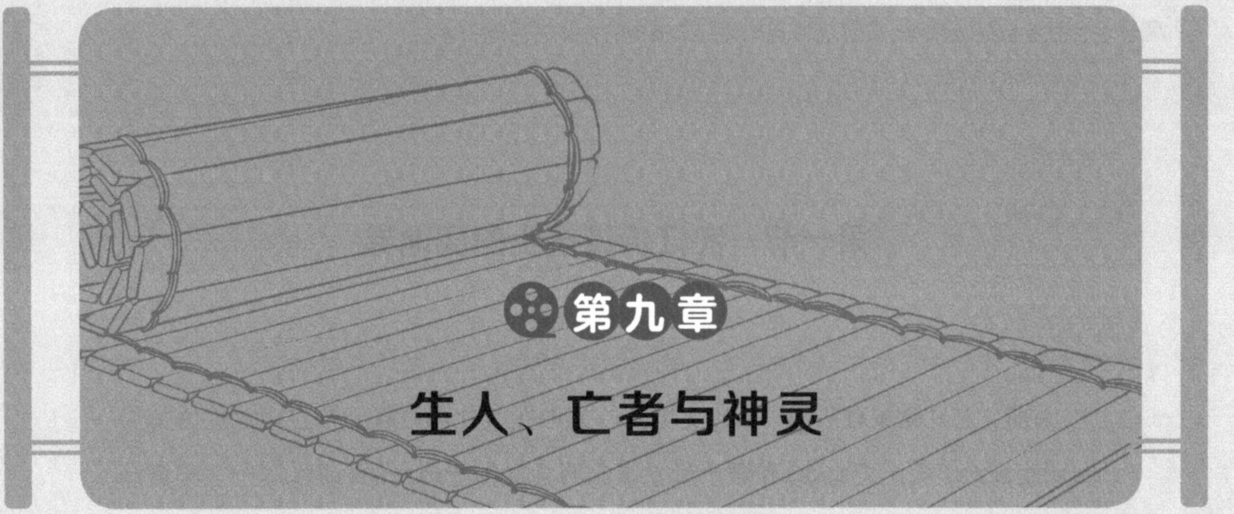

第九章

生人、亡者与神灵

人的一生要经历生老病死的过程。面对死亡，不同时代、不同地域的人采用不尽相同的方式举行丧葬仪式。在大一统的中央王朝统治下，明代左江流域人们受中原汉文化的影响，在葬俗上流传与中原相似的在墓地放置买地券的习俗。左江流域出土的明代买地券具有高度格式化的特点，体现生人、亡者与神灵交流构建新链接的过程。

买地券，又称冥契、冥券等，是专门为死者定制的、与神祇进行交易以获得墓所有权，保证死者占有墓地，防止在冥世涉入诉讼的凭证，属于明器。买地券是包含契券的质料①，有浓重的冥世契约的痕迹②。买地券与现实生活中的土地买卖契约有相似构成要件，是人们对现世价值体系的延伸表现，同时反映生人和亡者的相关身份信息。左江流域出土的买地券体现同时代买地券的高度格式化特点，又独具特色地反映出生人、亡者与神灵三方的角力。

① 张传玺主编《中国历代契约会编考释》，北京大学出版社，1995，序言第 5 页。

② 金敏：《官、民和神祇之间：传统中国的契约及其变迁》，《思想政治理论教育新探索》2009 年，第 443 页。

第一节　左江流域出土的买地券

目前，左江流域有两件明确出土地点的买地券，分别是藏于崇左市壮族博物馆的《明正德六年腾氏买地券》和藏于崇左市宁明县文物管理所的《明嘉靖十三年黄泽买地券》。

一、《明正德六年腾氏买地券》

此券是 1991 年 3 月 18 日崇左县糖厂建基址时从一个墓地中出土的，灰石质，通长 33.3 cm，通宽 28 cm，厚 2 cm，重 4000 g。此券的正反两面都有阴刻铭文（见图 9-1、图 9-2），行书，自右向左竖向排列。此券的正面右边阴刻一位戴冠、身穿长袍、衣袂飘飘的神仙以及最右上角一方道教的制鬼符篆，左边从右向左竖行阴刻铭文 5 列共 76 个字，具体内容如下：

柏神停停，守墓安宁，有人来问，转背抵迎。若呼其妻子，柏神代死；若呼其女男，柏神代当；若呼其孙侄，柏神代释；若呼其亲，柏神代身；若有恶鬼山魈土气，先葬一切怪异雷司，柏神代之。急急如女青律令！敕！

此券反面从右向左竖行阴刻铭文 17 列共 320 个字，具体内容如下：

维大明正德六年岁次辛未十一月丁未朔越三十日丙子阳上安厝。孝男夏时等投诚，伏为亡故。妣亲腾氏于庚午年八月二十二日卯时故。幸缘先师遥望岗山，观其地理，龙神降赐，宾主相迎，白象现身，金龟出穴，水湾山秀，万万拱朝。今有孝男夏时乞用银钱九万九千九百九十文，就与地主张坚固、李定度买到岑处天然黄金吉地一所，特将先妣腾氏安葬。时点正坐，乾山巽向。于本月十九日申时分斩草开塚，至三十日申时分入地安葬。为始今将此地开列于后：

上至青天，下至黄泉，东至甲乙九万丈

南至丙丁三万丈，西至庚辛七万丈

北至壬癸五万丈，中至戊己一万丈

右给付亡故腾氏正魂白骸收执为证。凡有一切凶星神煞不得乱行转向勾呼塚内亡人。任食天禄、天厨、天福、天寿、坐向幽堂，荫益子孙，魂升天界，骸寄岗山。故气伏尸，不干侵犯，百无禁忌，万岁安在，须至出给王券者承准。元始符命告下施行。

图 9-1 《明正德六年腾氏买地券》正面

图 9-2 《明正德六年腾氏买地券》反面

以上铭文显示，这块买地券是孝子夏时为母亲腾氏专门刻制的。腾氏于庚午年过逝，于明正德六年安葬在岗山。腾氏从死亡时间到其下葬时间，相隔一年三个月。这期间是停柩待葬。明代，亡者停柩不葬是普遍现象，有时甚至出现“十年不葬”①或“数十年不葬者”②。停柩不葬是风水先生根据死者及其在世的亲属各项运数指标所推算出的吉时葬期距死者去世的时间比较远所导致的暂时不葬的习俗，待葬期间只能选择一处地方暂时放置棺柩，等到如铭文所记载的“龙神降赐，宾主相迎，白象现身，金龟出穴”吉时，人们才能抬着已入殓亡者的棺柩下葬。

① 黎文宗、贲小梅：《广西南宁出土的两块明代买地券》，《中国国家博物馆馆刊》2019 年第 3 期。

② 张尔岐：《后笃终论》，载《皇朝经世文编（卷六二）》，文海出版社，1966，第 2254 页。

二、《明嘉靖十三年黄泽买地券》

此买地券(见图 9-3)现藏于宁明县文物管理所，青石质，通长 453 cm，通宽 39 cm，厚 7 cm，单面阴刻，最上方横排额题“地券”两字，最右上角有楷书“佛雷”两字及其下方一方道教符箓。此券的主体铭文从左到右竖行楷书阴刻，共 12 列，290 字。此券的具体内容如下：

维大明国广西左江思明府中顺大夫黄泽，系下元癸未年十二月十八壬寅日申时受生，不幸于嘉靖十年身故。停柩于堂，未遑安葬。今择选得年月、山向大利，卜取嘉靖十三年十二月十三日酉时安厝。今有亡者用价九万九千九百九贯九十九文，买到虎牙将军寿地一穴。坐落土名哧宁，迁作亥山巳向为茔。东止甲乙木，南止丙丁火，西止庚辛金，北止壬癸水，上止青天，下止黄泉。已上六止(址)分明，并无重叠安葬之坟。魂归入墓，千年不动，万年不移，真到券字分明。虑恐本境神坛社庙，古墓伏尸，魍魉妄行，侵占恐吓亡人，今将立券与亡者收执，晓谕诸神，各请回避。如有一神不遵，并追天霆，依律问罪，定当不恕。立此文券为照者。

图 9-3 《明嘉靖十三年黄泽买地券》①

天运嘉靖十三年十二月△△日立券

卖地人：虎牙将军押

接引领人：张坚固押

中见人：李定度押

书券人：郭神仙押

① 图片由宁明县文物管理所黄荣花提供。

此买地券记载着墓地的主人是广西左江思明府中顺大夫黄泽。黄泽，字惠民，明代思明土府第九代土知府。[①] 黄泽在嘉靖十年死亡，却到嘉靖十三年埋葬，显示中间两年多时间是停柩不葬。此券的文字最后有四位神灵签押。

第二节　打破祖先身份的传说

买地券记录着与现实一致的死者生平，是确认墓主身份的重要证据。《明嘉靖十三年黄泽买地券》的出土证实了此墓的主人是黄泽，打破了长期以来人们认为此墓是左江流域第一代黄姓土司黄善璋墓的说法。

为什么人们一直认为这个墓是黄善璋墓？

一是人们神化祖先的心理需求。据文献记载，黄善璋是思明州第一任土司。最早记载黄善璋相关事迹的是康熙二十七年（公元1688年）编写的《思明府志》，上面写着：

宋仁宗时有黄善璋者，从狄武襄征侬寇有功，奏补成忠郎，镇扼境土，甚得民心，世守此土。其后嗣袭失传，特详元明者，盖缺其所不知焉。黄善璋，山东人，皇祐间从狄武襄讨侬智高邕州，二十日不解甲卧，体垢甚，就汤沐，虮虱丛丛下。武襄抚璋背曰："为国忘躯，丈夫当如是也。"璋曰："大将军知我，我以知己报大将军。且天子西顾不下咽，我奚忍爱其躯耶？"贼平，武襄上其功，拜成忠郎，世守永平寨，左江诸首领悉属之。璋初至永平，荆棘满道，豺虎争搏人。璋不遑寝处，芟荆棘，烈山泽，驱虎豹，民赖以安。交趾使谍观之，报曰永平非旧永平矣，于是不敢窥伺。[②]

以上文字记载黄善璋的英勇事迹。他于宋仁宗时期追随狄青将军到邕州征讨侬智高。期间，他二十天不解盔甲直接睡觉，全身污垢，长满虱子。因平定侬智高有功，黄善璋拜为成忠郎，驻守永平寨，统管左江流域，成为该地土司首领。在建设

① 付广华：《边陲的国家化——广西思明土府个案研究》，民族出版社，2020，第215页。

② 内容参见《（康熙）思明府志》卷五《宦绩志》，清康熙二十九年刻本。

永平寨时，黄善璋披荆斩棘，焚山开耕，驱除虎豹，使永平寨百姓安居乐业。交趾派的间谍回国上奏说，永平寨已今非昔比，从此不敢窥伺永平寨。黄善璋当上成忠郎后一直留守永平寨，镇守边疆，保卫当地安宁，很得民心。因黄善璋的后代子孙承袭失传，到元明时期已经没有人知道黄善璋的历史事迹。

在古人浓墨重彩的描述下，黄善璋与左江流域关系密切，他不仅是开疆拓土的第一人，还是世守此土、捍卫边境安宁的忠勇良将。这些官方史志对黄善璋史事的书写记录，通过读者循环的反复阅读被植入书写者的意义，向左江流域民众彰显宁明黄氏土司基于王权的肯定拥有合法的地权。黄善璋身份的合法化建构影响整个左江流域，这是左江流域黄氏土司为确保其利益、美化其统治的一种方式。因为编纂者有意无意地把边疆居民的祖先叙事模式化，这种模式化影响到了当地百姓对地方历史的叙述，即使是当今村民口头流传的有关大历史记忆的传说亦有着明显的主流话语色彩。① 在神化祖先的历史叙事背景下，直到发现黄泽买地券前，人们一直认为此墓是黄善璋墓。

二是奉黄善璋为始祖的宁明黄氏家族的推崇。如今广西崇左市宁明县的黄氏家族，如住在宁明县东麟街的黄碧坚家族，在编修族谱时特别把黄善璋放在族谱里，完成英雄祖先故事与现实的嫁接。在每年扫墓活动中，长辈向晚辈讲述黄氏一族追随宋代狄青将军南征侬智高有功，定居此地、创业兴家的故事，以此宣扬自我文化身份，强化宗族认同，增强族群内部凝聚力。

三是黄泽墓被严重破坏，无法从墓表辨别墓主。经过五百多年的沧桑岁月，黄泽墓破坏严重，地表墓雕石被砸坏，墓碑被搬走，地表物无法证实墓主身份，加上古文献的助推，使人们深信此墓是黄善璋墓。如《宁明州志》记载着思明土府始祖墓在明江北门鹿鸣街外五里远，墓地有石人、石马、石牌坊，规模很雄伟。② 明江布祥分府署有一处黄大夫祠，专门祭祀思明土府第一任始祖，名善璋，字玉宝，山东青州府益都县人。他随狄青武征侬智高有功，世袭永平寨，管辖九十九处溪峒。③ 因此，民众以讹传讹地说这是黄善璋墓。黄泽买地券的出土证明了黄善璋是不存在的人，也反映了人们对土司祖先的神秘化和宁明黄姓后代对始祖的追思缅怀之情。

---

① 滕兰花：《北部湾地区的伏波信仰初探》，《钦州学院学报》2018 年第 9 期。

② 吴龙辉纂：《崇善县志》，成文出版社，1937，第 79 页。

③ 吴龙辉纂：《崇善县志》，成文出版社，1937，第 114 页。

第三节　角色变通

一、生人与亡者交替的买者

往往买地券中的文字内容只涉及亡者与神灵之间的交易，生人一般不参与其中，但《明正德六年腾氏买地券》中的买者为生人的现象打破了这一现状。① 买地券不仅是亡者与神灵之间的契约，还是生人为追思亡者主动介入契约，与神灵交易。

《明正德六年腾氏买地券》写着“今有孝男夏时乞用银钱九万九千九百九十文，就与地主张坚固、李定度买到岑处天然黄金吉地一所，特将先妣腾氏安葬。”这表明花钱买地的人是生人夏时，也就是亡人腾氏在世的儿子。《明嘉靖十三年黄泽买地券》写着“今有亡者用价九万九千九百九贯九十九文，买到虎牙将军寿地一穴。”此处的买者是亡人，即墓主黄泽。绝大多数买地券中买主是亡人，即使买地券中有亡人在世的亲人出现，也是隐晦地表达买主，但从格式化的表述中推测买主定是亡人，如《陈仲良为考陈子名、妣富氏买地券》写着“梯已出备钱采买到墓地一方”②；《张法禧买地券》写着“梯已出铎钱綵万子、银钱五万贯文，买到墓地一方”③。可见，左江流域的买地券中买主既有少见的生人，也有亡者。

二、不固定的神灵角色

《明正德六年腾氏买地券》与《明嘉靖十三年黄泽买地券》都出现“张坚固”“李定度”两位同名同姓的神灵，但担当的角色不一样。在《明正德六年腾氏买地券》中，

① 鲁西奇著的《中国古代买地券研究》中没有买地券的生人为买者的案例。（见鲁西奇《中国古代买地券研究》，厦门大学出版社，2014。）曹腾騑认为：“地券反映土地私有制度，有买方必有卖方，买方为故亡人，即墓主，卖方因地而异，情况不同。”（见曹腾騑《广东出土买地券综述》，载于广东省博物馆编《广东省博物馆集刊》，广东人民出版社，1999，第 54 页。）

② 鲁西奇：《中国古代买地券研究》，厦门大学出版社，2014，第 581 页。

③ 鲁西奇：《中国古代买地卷研究》，厦门大学出版社，2014，第 583-584 页。

“张坚固”“李定度”是地主。在《明嘉靖十三年黄泽买地券》中，“张坚固”是接引领人兼画押人，“李定度”是中见人兼画押人。可见，买地券中的神仙角色是不固定的，张坚固既可以是墓地成交前的地下地主，也可以是保人、见人、书券人、执法人。同样，李定度也充当着与张坚固相同的角色。这两位神灵一般联袂出现。① 买地券中扮演各种角色的神祇称谓体现生人希望墓主在另一个世界凭借买地券能够长久有效且坚固如常地生活，且刻有神仙名字的买地券有助于增加神力。

第四节　人与神的角力

买地券的功能是镇伏邪魅，让死者的鬼魂不要复连家人，不要干犯生者。② 为确保买地券的功能发挥，人们想方设法完善葬礼仪式和买地券的行文条款。

一、斩草仪式

在中国传统社会，人们认为开土埋葬与在阳世建房屋一样会存在风险。为避免埋葬给生人和亡人带来风险，从公元1世纪起，人们开始将买地券埋在坟墓里。③ 为解除人们在掘地造墓时，因冒犯侵占属于神明的土地所带来的危险并预防阴间可能存在的诉讼风险，在放置买地券入墓前，亡者家属要为亡者举行下葬仪式，其中有重要的斩草仪式。买地券是在斩草仪式过程中使用的器物。④ 买地券的功能通过完整的斩草仪式得以发挥，并得到神灵神秘力量的庇护加持。

斩草，又称为开山斩草，开山即寻龙、定坟墓穴位。斩草属于安葬破土之前进行的一项敬神仪式。草不仅指地表生长杂乱植物的草，更代表一种意识形态的祸患。

---

① 鲁西奇详列宋元时期“张坚固”“李定度”在买地券中扮演的角色。具体见鲁西奇《中国古代买地券研究》，厦门大学出版社，2014，第497-508页。

② 黄景春：《早期道教神仙女青考》，《中国道教》2003年2期。

③ 韩森：《传统中国日常生活中的协商：中古契约研究》，鲁西奇译，江苏人民出版社，2008，第144页。

④ 鲁西奇：《雅学堂丛书——拾草》，甘肃文化出版社，2023，第124页。

草与人的生命息息相关，人生于草，死要葬于草，因此要举行斩草仪式。[①]《鬼律》上写道：“葬不斩草，买地不立券者，大凶。凡斩草日，必丹书铁券，埋地心”。[②]斩草即斩断灾难祸患，以安亡魂以利主家。[③] 斩草是为了取得神灵的许可、合法化掘地造墓。因为下葬之地先前有可能存在亡人下葬。如果不举行斩草仪式，也存在盗葬。[④] 买地券有驱逐和诅咒“先有居者”的内容。[⑤] 斩草仪式，是破土安葬之前祭祀山神土地及冥界神祇，获得神灵的谅解与支持。斩草仪式有两个目的：一是斩断死者与阳间的种种联系；二是斩断会对死者和生者造成灾难的各种灾害。[⑥] 只有举行了斩草仪式，亡者入葬后才能在阴界得以安息，其在世的家属才能安宁快乐地生活。

《地理新书》：“凡斩草日，不宜与葬月同”。[⑦] 这表明斩草仪式与下葬仪式不在同一天办理，要分别挑选日子举行。明代正德六年(公元1511年)腾氏买地券写着“于本月十九日申时分斩草开塚，至三十日申时分入地安葬”。腾氏家人于正德六年(公元1511年)十一月十九日举行斩草开塚仪式，到当月三十日才将腾氏入土安葬。这两个仪式时间相隔11天。这表明腾氏葬礼上有斩草仪式，而且斩草时间与下葬时间不同。

二、完善的买地券条款

买地券作为具有契券性质的明器，具有格式化的特点。

(一)至阳之数的交易价格

《明正德六年腾氏买地券》和《明嘉靖十三年黄泽买地券》都有一样的交易价格，为九万九千九百九十文。“九”在中国传统文化中是一个特别吉祥的数字，与“久”同

① 李一氓写道：“昔轩辕黄帝时，人间白骨遍野，夜间神鬼悲哭；皇帝敕令葬埋，生于草，死葬于草，故立制斩草也，要纳亡灵祭地矣，曰瘗狸也；周公曰，凡草是地之毛，衣土之子孙，故斩之，是以亡魂宁生人安乐。”见李一氓《藏外道书01》，巴蜀书社，1992，第153页。

② 王洙编著，毕履道、张谦辑校：《重校正地理新书》卷十四，上海古籍出版社，2002，第111-112页。

③ 郭莉：《宋代买地券仪式研究》，硕士学位论文，山西大学文物与博物馆学专业，2014，第18页。

④ 余妙果地券上写着“葬不斩草立券，谓之盗葬。”见鲁西奇《中国古代买地券研究》，厦门大学出版社，2014，第586页。

⑤ 翟鹏飞：《墓地明堂位心研究》，《西部考古》2019年第1期。

⑥ 郭莉：《宋代买地券仪式研究》，硕士学位论文，山西大学文物与博物馆学专业，2014，第21页。

⑦ 王洙编著，毕履道、张谦辑校：《重校正地理新书》卷十四，上海古籍出版社，2002，第112-113页。

音，象征天长地久。“九”是阳数“三”的三倍，象征世界充满光明和阳刚之气，可以抵消冥世的黑暗。

（二）无限宽广的交易疆域

买地券的交易土地界址分明，《明正德六年腾氏买地券》的界址有东、西、南、北、中五个方位，《明嘉靖十三年黄泽买地券》的界址标明东、西、南、北四个方位。两块买地券的界址呈现“上至青天，下至黄泉”的立体空间，代表生人希望亡人能自由穿梭在天地间。

（三）惩罚的咒语模式

买地券为保护死者入土为安，都写有约束鬼怪、不得侵犯亡人的咒语。《明代正德六年腾氏买地券》和《明代嘉靖十三年黄泽买地券》都写有咒语。前者写着“凡有一切凶星神煞不得乱行转向勾呼塚内亡人。……故气伏尸，不干侵犯”；后者写着“今将立券与亡者收执，晓谕诸神，各请回避。如有一神不遵，并追天霆，依律问罪，定当不恕。”

《明正德六年腾氏买地券》的正面反反复复出现6次“柏神”为生人代挡各种灾害的语句。这反映了明代左江流域民间社会流行柏神信仰，即柏树信仰[①]。此买地券上的神像应该是人们想象的柏神。如今民间还保留在墓地两旁种植柏树的习俗。人们相信柏树能够抵挡魍魉，让亡灵安息，保佑生人平安，具有守护墓地的功能。为此，生者寄希望于柏神替亡者的亲人代挡一切凶神恶煞，护佑墓主的子孙后代安康。

两件左江流域买地券渗透着当地人们的道教信仰，都有一方增强厌胜功能的道教符箓。符箓形式的咒语作为黑巫术，起到镇压鬼神侵扰、驱鬼辟邪的作用。为了保证买地券在阴间法力、加强对鬼神的震慑，《明正德六年腾氏买地券》有督促执行的道教咒语“急急如女青律令”。“女青”是中国早期天师道道教的一位重要神仙。她不仅是道教中大神的传法使者，也负责掌执玄都中宫鬼律，拥有强大的镇伏万鬼的威力。[②] 买地券借助女青的威力镇压鬼怪。“如女青律令”显示地下其他亡魂受命遵

① 韩森认为买地券上的柏神、柏人是一个神，柏人给生人带来财富与成功，也可以预防生人和亡者遭遇冢讼。具体内容见韩森《传统中国日常生活中的协商：中古契约研究》，鲁西奇译，江苏人民出版社，2008，第182-186页。

② 张瑞芳、王仁芳：《开城出土元代大德十年叶善玉墓买地券研究》，固原市原州区文物管理所编《开城遗址研究文集》，宁夏人民出版社，2020。

从女青命令，不会去打扰亡人。为增加买地券的法力，《明嘉靖十三年黄泽买地券》有与现实的土地买卖契约相似的卖地人、接引领人、中见人、书写人画押。可见，买地券在葬礼仪式中起到双重隔离阻断空间的功能：在阴间，阻挡恶鬼侵入墓地干扰亡者；在阳世，阻止亡者魂魄从墓地潜出作祟生者。

买地券的交易条款，与现实社会的土地契约不一样，体现的是单方亡者在另一世的周全生活考虑，而现实的契约是双方的。买地券中尽可能完备的条款，目的是防止冥世的冢讼。冢讼是亡者为自己生前或死后的冤屈向阎王告状。人们认为，生人所遭受的疾病、无后、所做不利、所居不安等不幸跟冢讼有关，是死者对生人的祸害。为了幸福安康，生人要尽可能避免亡者冢讼，借助买地券安顿好死者在冥世的吃穿住行等各项事项。①

本章小结

买地券是中国自古以来人们“事死如事生”的理念反映。死亡并不意味着生命的结束，而是开启通向另一个世界的一扇门，个体通过这扇门以灵魂的介质从阳界进入阴界完成存在形态的转换。墓地是亡者在阴界安身立命的“家”，买地券是亡者在阴界居住的房产证明。于是人们模拟现实世界中土地交易充满很多不确定因素的情形，制造了与现实世界土地契约格式相似的买地券，并使买地券规范模板化，给另一个世界的亡人提供最好的保护，避免亡者陷入冢讼。买地券具有跨时空的双重功能，不仅重于死者，还隔空护佑亡者的亲属及子孙免受邪气侵扰。买地券的功能意义延续至今，如今中国民间的葬礼仪式上，道公将手写似买地券的疏文烧给死者，让死者在另一个世界享受安宁。

买地券源于高度发展的土地私有观念，是亡者在冥世土地私有权的凭证，也是民间祈求神灵保佑墓主及子孙后代吉祥、平安的一种方式。古人不仅渴望获得现实生活中的土地，也期待死后继续占有土地。② 买地券的最终功能是保证亡者顺利搭建阴间住宅。买地券是人们土地崇拜情结的体现，斩草仪式也是土地信仰的表现。

① 鲁西奇：《雅学堂丛书——拾草》，甘肃文化出版社，2023，第127页。
② 黄展岳：《考古纪原：万物的来历》，四川教育出版社，1998，第232页。

人们认为地下三尺之上是人民可以用的，地下三尺之下是属于神的。① 所以在破土之前要先征得土地之神的许可，否则是对神灵的不敬，会给生者和亡者带来不祥。因此，买地券不仅是土地神授权亡者家属破土建墓的合法许可证，也是亡者在阴间得到神灵护佑、阻挡各种妖魔鬼怪的侵害、具有神力的凭证。繁杂的买地券仪式解除人们掘地造墓侵占属于神明的土地之险，也预防阴间无休止的漫长诉讼。买地券作为古代民间葬仪中使用的冥契，在一定程度上体现了人与神灵之间所签订的契约，使得“契约精神与产权意识纵贯阴阳”。②

总之，买地券作为亡者生前身份的见证和死后在阴间宅地的土地所有权凭证，承载着人们为生人与亡者的周全考虑，也体现了生人、亡者与冥界各种力量的抗衡。

---

① 韩森：《宋代的买地券》，载邓广铭、漆侠主编《国际宋史研讨会论文集》，河北大学出版社，1992，第136页。

② 龙登高：《地权市场与资源配置》，福建人民出版社，2012，第176页。

结 语

每个时代所具有的不同的社会历史背景会带给人们不一样的身份流动机会。身份流动是个体身份转变从而引起其社会地位的上升或下降的改变。身份流动具体表现为社会成员在某种社会角色、文化身份或职业身份等方面的流动和多元化，体现为经济收入和社会地位变高的向上流动，或经济收入和社会地位变低的向下流动，或对现有身份运用的平行流动。当众多个体出现一致的身份流动倾向时，就会出现群体的身份流动，反映当时社会结构的整体发展状况。

一、左江流域身份流动的类型

中国传统社会是一个主要以白契为主的契约社会。契约展现传统社会人们的生活方式和自治。[①] 历史上左江流域人们的契约活动丰富多彩，既有土地交易、又有房产交易以及租借实物等，带给人们众多身份流动的机会，使人的身份地位或上升或下降或平流。个体社会身份的变化会带来家庭收入的变化。个体的社会身份提高会使家庭收入增长；个体的社会身份不变会使家庭收入居中；个体的社会身份下降会使家庭收入减少。以此，可以归纳出明代至民国时期左江流域刊刻契约展现的人们在生活实践中的四类身份流动。

---

① 赵晓耕主编《身份与契约：中国传统民事法律形态》，中国人民大学出版社，2012，第 18 页。

第一类是向上的身份流动。这主要有三种表现形式：一是突破地域边界型。通过购买土地，农民拥有“纳粮入籍”资格，进而突破地域边界获得乡村居住权，实现在地化。如成功实现在地化并成为何村人的林枝权以及成为龙州新边民的来自山东的石匠。二是突破市场边界型。农民借开圩之机突破市场边界，获得经济发展的参与机会，从务农的农民身份流向拥有科举资格、享有免夫役待遇的圩民身份。三是突破制度边界型。农民通过出钱提升土地档次和购买夫役摆脱奴隶身份而获得平民身份，进而取得免劳役后的各项权利与福利，特别是科举应试资格。向上的身份流动是社会发展中良性健康的社会流动，也是社会进步的阶梯。

第二类是向下的身份流动。这主要有两种表现形式：一是失地赤贫型。因生活无望而被迫交易土地换取生存机会的典当者和绝卖者。他们在失去土地后，有很大概率会走上恶性循环的穷困生活。二是亡夫无助型。受“男主外，女主内”思想和中国传统社会生活模式的影响，失去丈夫的妇女大多没有经济能力养活自己和家人，只能变卖土地和房产。土地交易后，她们不仅失去了土地，同时也丧失了原有的身份和自主性。在不动产的交易下，失地的人们的社会地位不断滑落，跌至社会底层。

第三类是水平的身份流动。这主要体现在人们利用现有的身份从事职业工作。如契约里的中人，出于道义为交易双方牵线搭桥，从事担保和见证人的无偿工作；再如圩市活动中乡绅在民与官之间充当上传下达的中介。

第四类是虚拟的身份流动。这主要体现在具有契约性质的买地券。生人在尽孝时，参与亡者与神灵之间的交易，通过尽善尽美的买地券条款确保亡者在冥界享受如人世般安宁幸福的生活。这是人们精神层面的身份流动，体现人们对现世与冥世的构想链接。

处于契约交易的权力关系变化中的身份具有永恒的流动性。身份因主体的差异性和多样性而没有固定的、本质的或者永恒的身份。身份流动是社会常态，是社会成员获得职业，取得社会财富、社会地位和社会声望的重要实践途径。合理有序的身份流动，标志着个体可以通过个人后天的努力获得相应的社会地位。明至民国时期，特别是清末民初，左江流域的社会阶层不是凝固不变的。人们的良贱身份处于一种开放的状态，底层人们通过土地交易、开设圩市、免夫役等多种途径改变身份，甚至实现阶层跨越。可见，“流动性”和“非凝固性”是明代至民国时期左江流域身份流动的主要特征。

二、身份流动的原因

身份流动在结构和形态上具有多元化和复杂性。身份的流动性是有条件的，有其内在的运行机制。身份流动既受社会结构和制度影响，也受个体自身的学识和价值观念的影响。概括起来，影响身份流动的原因主要有以下三个方面：

第一，宏观上，受制于社会结构和国家制度政策安排供给的社会资源。明至民国时期左江流域存在多层级土地所有制，特别是永佃制的广泛普及形成了多样灵活的土地交易形式，进而满足农民多样性土地交易的需求。更多的农民能够低门槛进行以土地为媒介的市场交易。随着清末民初左江流域各地区土司制度的消亡，以及清政府和民国政府对科举应试资格和户籍制度的适时放开，左江流域人们获得了更多向上身份流动的机会。

第二，在微观上，取决于个人所生长的家庭背景。一个家庭的贫富状况直接影响家庭成员的生活水平和发展前景。如何村契约中何世经所在的原生家庭的家底丰厚，分家时，他得到大量土地，成为赢在起跑线的人。这有助于他在将来收购大量土地，为其成为富农打下基础。

第三，对于个体而言，取决于个人的后天努力和碰到的机遇。个人的努力和人生际遇决定其人生发展轨迹。享有更多的受教育机会成为向上身份流动性的重要途径。[①] 受教育程度将影响个人以后的就业。左江流域土民想方设法以各种方式成功摆脱劳役，并为子孙后代争取到科举应试机会，从而改变个体和家族的命运。

---

① 王军鹏：《城市更新背景下的居住隔离问题研究：基于社会流动的视角》，武汉大学出版社，2020，第50页。

三、身份流动研究的启示

在中国传统社会，身份是等级的标志和不平等的尺度，不同的身份赋予人的权利和义务是不一样的。[①] 身份流动可以实现个人所在的阶层地位转变，改变个人在社会分层结构中的位置。不同地位上的人通过身份流动可以达到平等的目的，一定程度上消除阶层固化。比如，处于下层地位的个人通过向上的身份流动实现社会地位的提升，从而实现社会平等。这种地位的变化带给个人甚至整个家庭命运的改变。

身份流动是社会结构的一种自我调节机制。合理的身份流动可以增进社会活力，促进社会结构优化，维护社会稳定。如处于下层地位的农民通过争取免劳役实现身份向上流动，那么下层地位的农民人数就会减少，而中上层的农民的人数就会增加，整体的社会分层结构随之得以改善，社会不平等程度相应降低。身份流动可以消除社会分层带来的消极后果，因此促进农民阶层地位的代际流动，可以解决长期性农民贫困的代际传递问题。

社会群体的身份流动频率反映社会结构的开放性程度和文明程度。身份流动的频率越高，社会就越开放；反之，则社会较封闭。一个时期内身份向上流动的频率超过向下流动，说明社会在进步；反之，说明社会在倒退。社会进步是社会与个人不断摆脱野蛮愚昧状态，日益走向开化与文明。[②] 衡量社会进步的一个重要标准是人们获得向上身份流动的机会增多。[③] 左江流域契约活动带给人们较多的身份选择机会，且人们的身份流动趋势整体呈现人们的社会权力增大、社会更开放，身份流动性更强，象征着左江流域的社会整体向前发展，社会不断进步。

历史上通过缔结契约促进身份流动的案例仍给现实社会带来借鉴与启示。明代至民国时期左江流域刊刻契约文书中身份流动的研究成果有助于为当下政府解决社

---

① Marshall, T. H.: Sociology at the Crosroads and Other Essays, London; Heineman, 1963, p. 74.

② 左开大、林瑞英主编《马克思主义哲学原理》，法律出版社，2003，第393页。

③ 罗伯特·F. 莫菲：《文化和社会人类学》，吴玫译，中国文联出版公司，1988，第43-50页。

会不平等和贫富差距问题提供路径参考：一是从制度上着手，打破桎梏，建立更宽容的社会政治经济环境。二是改善教育环境。公平的受教育机会有利于保障良性的身份流动。让人人都享有受高等教育的机会，以便个人发挥专长，创造价值，实现身份向上流动。

附　录①

一、何村契约②

契约 1：

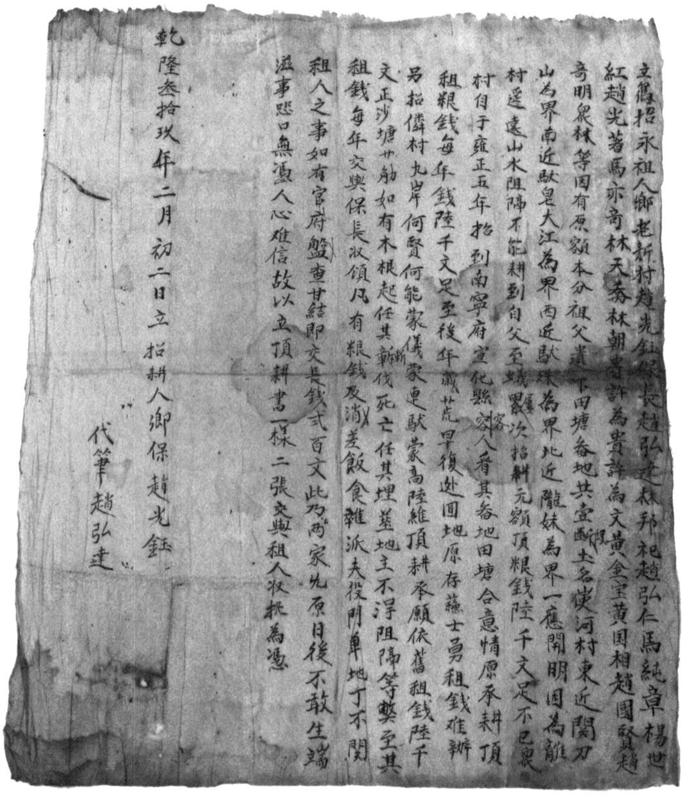
立舊招永租人鄉老新村趙光鈺保長趙弘建林邦祀趙弘仁馬純章楊世
紅趙光著馬亦奇林天秀林朝貴許爲貴許爲文黃金寶黃國相趙國賢趙
奇明梁林等因有原額本分祖父遺下田塘畬地共壹[illegible]土名淩河村東近閔刀
山爲界南近馱皂大江爲界西近馱珠爲界北近隴妹爲界一應開明因爲離
村遙遠山水阻隔不能耕到自父至蛾屢次招耕元額頂糧錢陸千文足不已衆
村自于雍正五年招到南寧府宣化縣客人看其畬地田塘合意情愿承耕頂
租糧錢每年錢陸千文足至後年歲荒旱復返回地原存蘇士勇租錢难辦
另招僯村九岸何賢何能家儀家東馱蒙高陸維頂耕承願依舊租錢陸千
文正沙塘廿觔如有木根起任其斬伐死亡任其埋葬地主不浮阻隔等弊至其
租錢每年交與保長收領凡有糧錢及消差飯食雜派夫役門单地丁不関
租人之事如有官府盤查甘結即交長錢式百文此乃兩家允原日後不敢生端
滋事恐口無憑人心难信故以立頂耕書一樣二張交與租人收执爲憑
乾隆叁拾玖年二月初二日立　招耕人鄉保　趙光鈺
代筆　趙弘建

附图 1　《清乾隆三十九年赵光钰等招永租契约》

① 契约中缺的字用□代替，漏的字用〔〕里的字补上，错别字用( )的字更正，无法识别的字用△表示，古壮字用造的字或原文字表示。

② 桂林博物馆秦婕校对何村契约文书。同事李尚励录入部分何村契约。同事雷宝蔚拍摄何村契约文书。在此表示感谢。

立写招永租人乡老新村赵光钰、保长赵弘达、林邦祀、赵弘仁、马纯章、杨世红、赵光著、马亦奇、林天乔、林朝贵、许为贵、许为文、黄金宝、黄国相、赵国贤、赵奇明、众林等，因有原额本分祖父遗下田塘畬地共一段，土名更河村，东近关刀山为界，南近驮皂大江为界，西近驮殊为界，北近陇妹为界，一应开明。因为离村遥远，山水阻隔，不能耕到。自父至蚁，屡次招耕元额顶粮钱陆千文足。不已，众村自于雍正五年招到南宁府宣化县客人，看其畬地田塘合意，情愿承耕顶租，粮钱每年钱六千文足。至后，年岁荒旱，复逃回地，原存苏士勇租钱难办。另招邻村九岸何贤、何能、蒙仪、蒙连，驮（皂）蒙高、陆维顶耕。承愿依旧租钱陆千文正。沙塘卄觔如有木根起，任其斩伐，死亡任其埋葬。地主不得阻隔等弊。至其租钱，每年交与保长收领。凡有粮钱及消差饭食杂派夫役门单地丁，不关租人之事。如有官府盘查甘结，即交长钱二百文。此乃两家允愿，日后不敢生端滋事。恐口无凭，人心难信，故以立顶耕书一样二张，交与租人收执为凭。

乾隆三十九年二月　初二日

立招耕人乡保赵光钰

代笔赵弘达

契约 2：

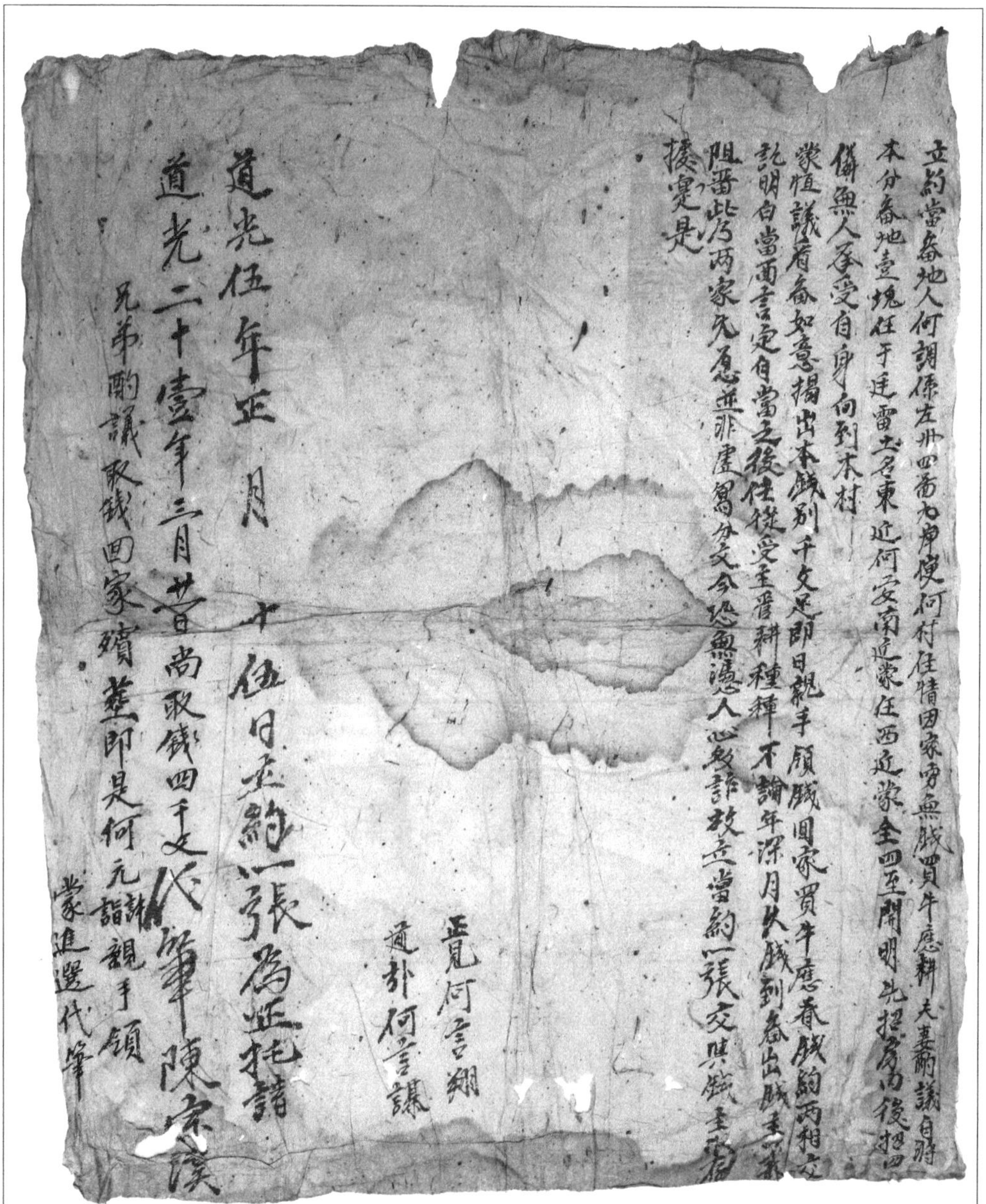

附图 2 《清道光五年何调当畬地契约》

立约当畬地人何调，系左州四图九岸更何村住。情因家穷，无钱买牛应耕，夫妻酌议，自将本分畬地一块，在于廷雷，土名东近何安，南近蒙任，西近蒙全，四至开明。先招房内，后招四邻，无人承受。自身问到本村蒙恒议看畬如意，揭出本钱别（捌）千文足。即日亲手领钱回家买牛应春。钱约两相交讫明白。当面言定：自當之后，任从受主管耕种种，不论年深月久，钱到畬出，钱主不敢阻留。此乃两家允愿，并非虚写分文。今恐无凭，人心多诈，故立当约一张交与钱主收存据。实是。

正见何言翔

通引何言谋

道光五年正月十五日立约一张为正托诺

道光二十一年三月二十一日尚取钱四千文　代笔陈宗汉

兄弟酌议取钱回家殡葬即是何元许、何元诣　亲手领

蒙进选代笔

契约 3：

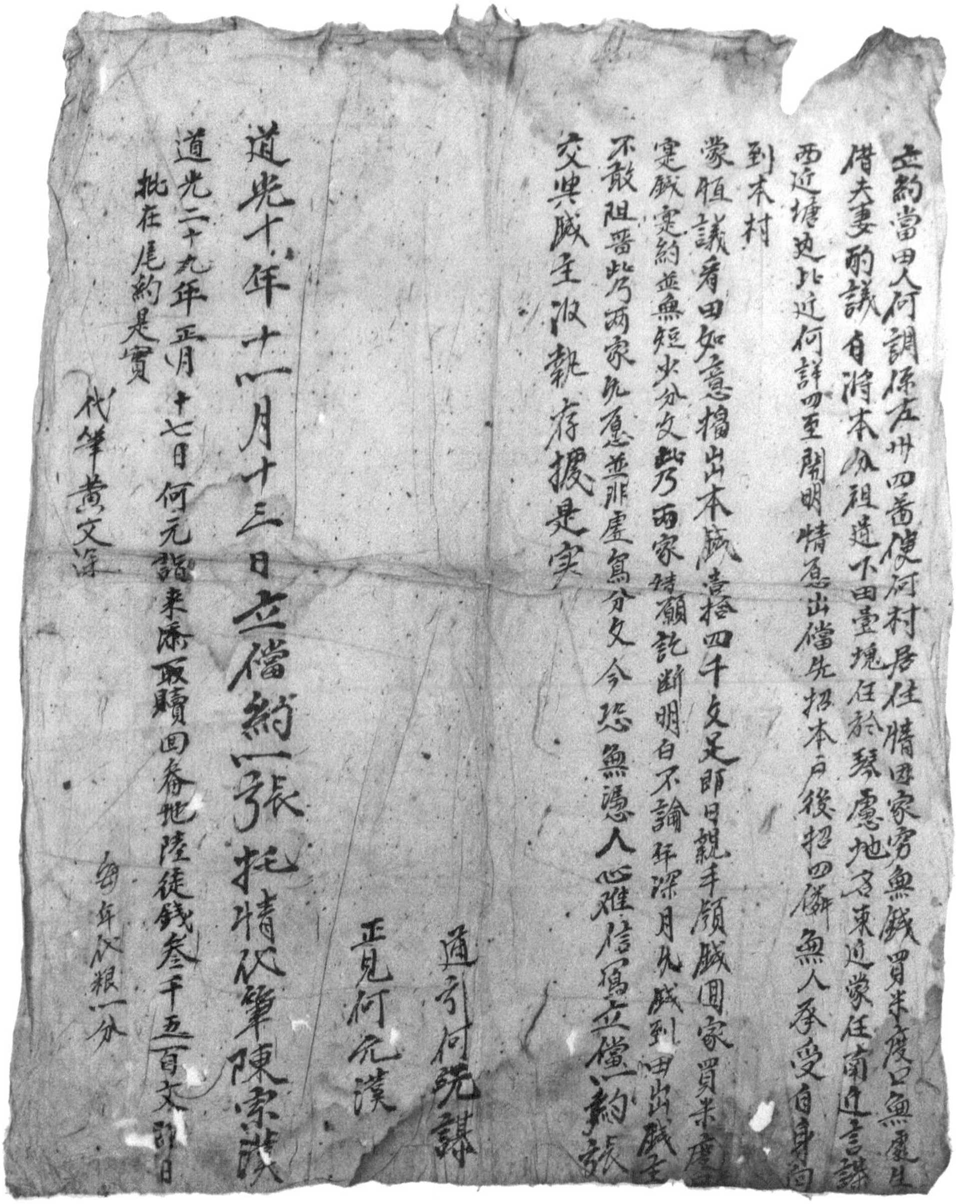

附图 3 《清道光十年何调当田契约》

立约当田人何调，系左州四图更何村居住，情因家穷，无钱买米度口，无处生借。夫妻酌议，自将本分祖遗下田一块，在于琴虑，地名东近蒙在，南近言谋，西近塘边，北近何详，四至开明。情愿出当，先招本户，后招四邻，无人承受。自身问到本村蒙恒议看田如意，揭出本钱壹拾四千文足，即日亲手领钱回家买米度口（日）。实钱实约，并无短少分文。此乃两家情愿，讫断明白，不论年深月久，钱到田出，钱主不敢阻留。此乃两家允愿，并非虚写分文。今恐无凭，人心难信，写立当约一张交与钱主收执存据。是实。

通引何元谋

正见何元汉

道光十年十一月十三日立当约一张托情代笔陈宗汉

道光二十九年正月十七日何元诣来添取赎回畲地陆徒钱叁千五百文即日

批在尾约是实　　　　每年代粮一分

代笔黄文深

契约 4：

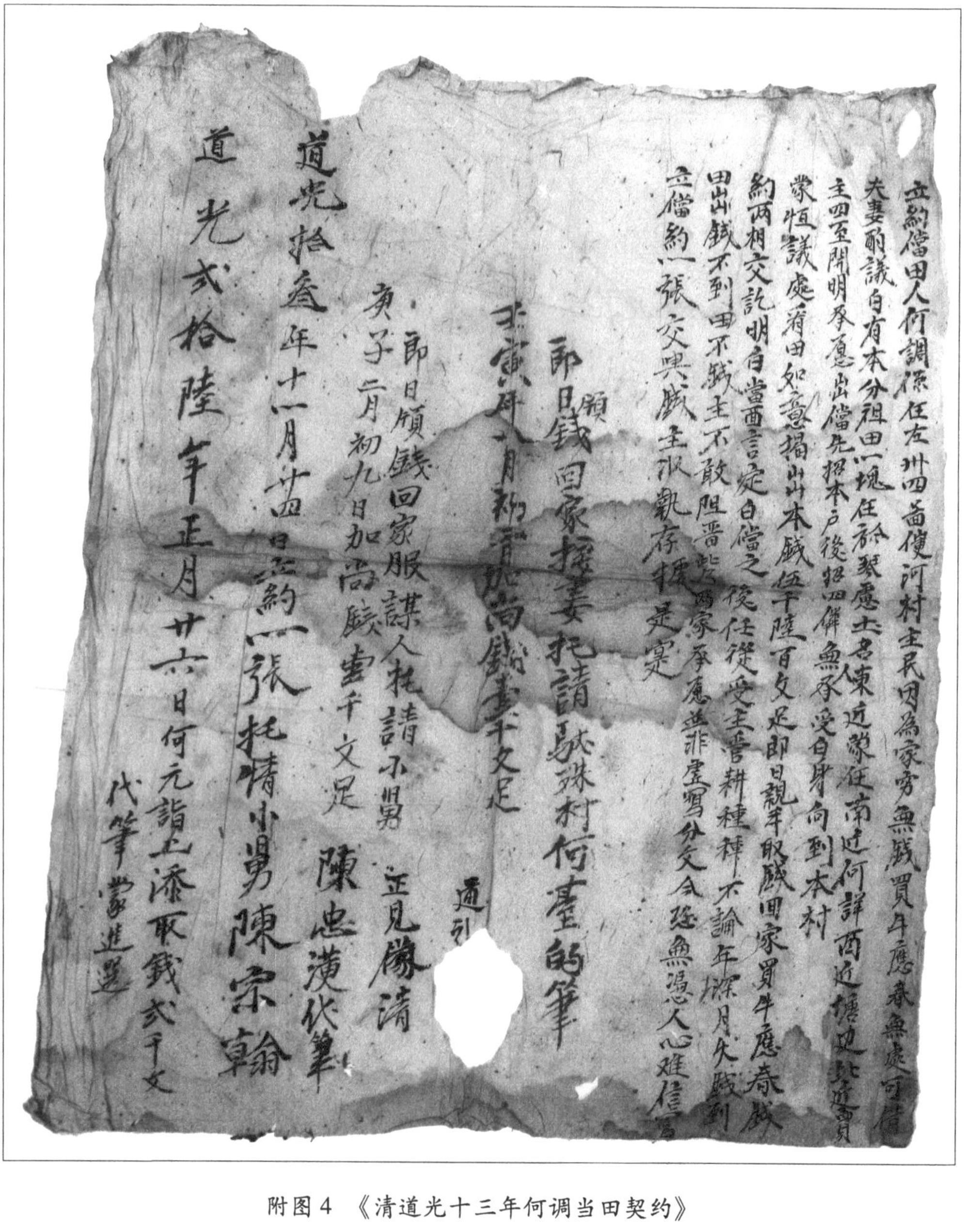
立約當田人何調係住左州四畨優河村主民因為家窮無錢買牛應春無處可借
夫妻商議自有本分祖田一塊在於聚處土名東近蒙任南近何詳西近塘边北近高貝
主四至開明承愿出當先招本户後招四隣無人承受自身向到本村
蒙恒議處承田如意揭出本錢伍千陸百文足即日親手服錢回家買牛應春錢
約兩相交訖明白當面言定自當之後任從受主管耕種耕不論年深月久錢到
田出錢不到田不錢主不敢阻晋此兩家承愿並非虛寫分文今恐無憑人心難信写
立當約一張交與錢主收執存據是实
即日領錢回家擬妻托請驮琳村何壹的筆
壬寅年六月初旬加尚錢壹千文足
通引
即日領錢回家服謀人托請小男　立見滕清
庚子二月初九日加尚錢壹千文足
陳忠漢代筆
道光拾叁年十一月廿四日立約一張托請小男陳宗翰
道光弍拾陸年正月廿六日何元諧上添取錢弍千文
代筆蒙進遥

附图 4 《清道光十三年何调当田契约》

立约当田人何调，系在左州四图更河村主(居)民，因为家穷，无钱买牛应春，无处可借。夫妻酌议，自有本分祖田一块，在于琴虑，土名东近蒙在，南近何详，西近塘边，北近卖主，四至开明。承愿出当，先招本户，后招四邻，无人承受。自身问到本村蒙恒议处，看田如意，揭出本钱伍千陆百文足，即日亲手取钱回家买牛应春。钱约两相交讫明白。当面言定，自当之后，任从受主管耕种种，不论年深月久，钱到田出，钱不到田不[出]。钱主不敢阻留。此乃两家承愿，并非虚写分文。今恐无凭，人心难信，写立当约一张交与钱主收执存据。是实。

即日领钱回家接妻托请驮殊村何基的笔

壬寅年八月初二加尚钱一千文足

通引□□□

即日领钱回家服谋人托请小舅　正见蒙清

庚子二月初九日加尚钱一千文足　　陈忠汉代笔

道光十三年十一月二十四日立约一张托情(请)小舅陈宗翰

道光二十六年正月二十六日何元诣上添取钱二千文

代笔蒙进选

契约 5：

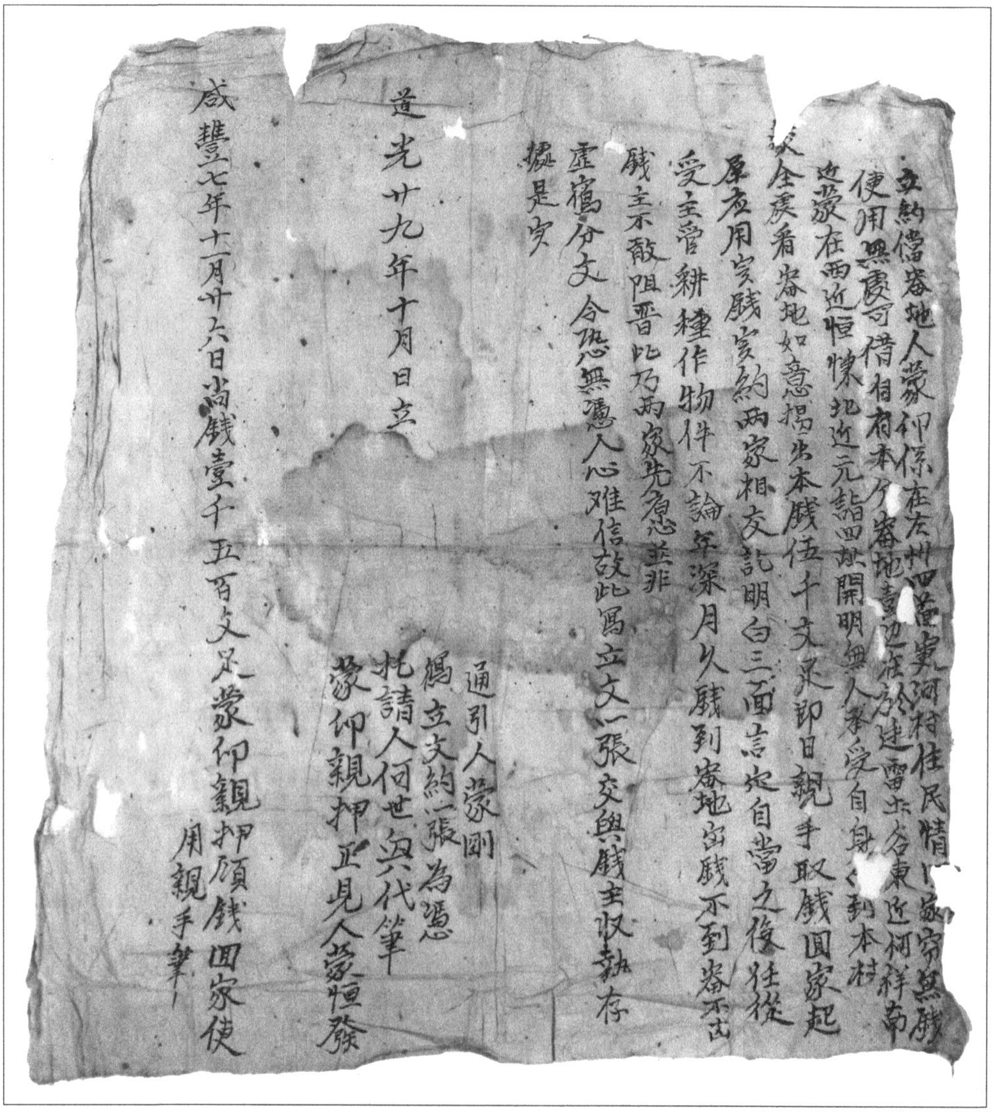
立約借碆地人蒙仰係在左州四茄寨河村住民情因家窮無錢
使用無處可借自有本分碆地壹坵在於埋雷土名東近柯祥南
近蒙在西近恒慷北近元詣四址開明無人承受自身到本村
求全處看碆地如意揭出本錢伍千文足即日親手取錢回家起
原在用其錢其約兩家相交訖明白三面言定自當之後任從
受主管耕種作物件不論年深月以錢到碆地當錢不到碆不出
錢主不敢阻晋此乃兩家先愿並非
虛寫分文今恐無憑人心难信故此寫立文一張交與錢主收執存
據是實
道光廿九年十月日立
通引人蒙剛
寫立文約一張為憑
托請人何世與代筆
蒙仰親押正見人蒙恒發
咸豐七年十一月廿六日當錢壹千五百文足蒙仰親押頒錢回家使
用親手筆

附图 5 《清道光二十九年蒙仰当畲地契约》

立约当畲地人蒙仰，系在左州四图更河村住民。情因家穷，无钱使用，无处可借。自有本分畲地一边，在于廷雷。土名东近何祥，南近蒙在，西近恒△，北近元诣，四址开明。无人承受。自身问到本村蒙全处，看畲地如意，揭出本钱伍千文足。即日亲手取钱回家起屋应用。实钱实约，两家相交讫明白。三面言定：自当之后，任从受主管耕种作物件，不论年深月久，钱到畲地出，钱不到畲不出，钱主不敢阻留。此乃两家先愿，并非虚写分文。今恐无凭，人心难信，故此写立文一张，交与钱主收执存据。是实。

道光二十九年十月日立

通引人蒙刚

写立文约一张为凭

托请人何世兴代笔

蒙仰亲押　正见人蒙恒发

咸丰七年十一月二十六日　尚钱壹千五百文足蒙仰亲押领钱回家使用亲手笔

契约 6：

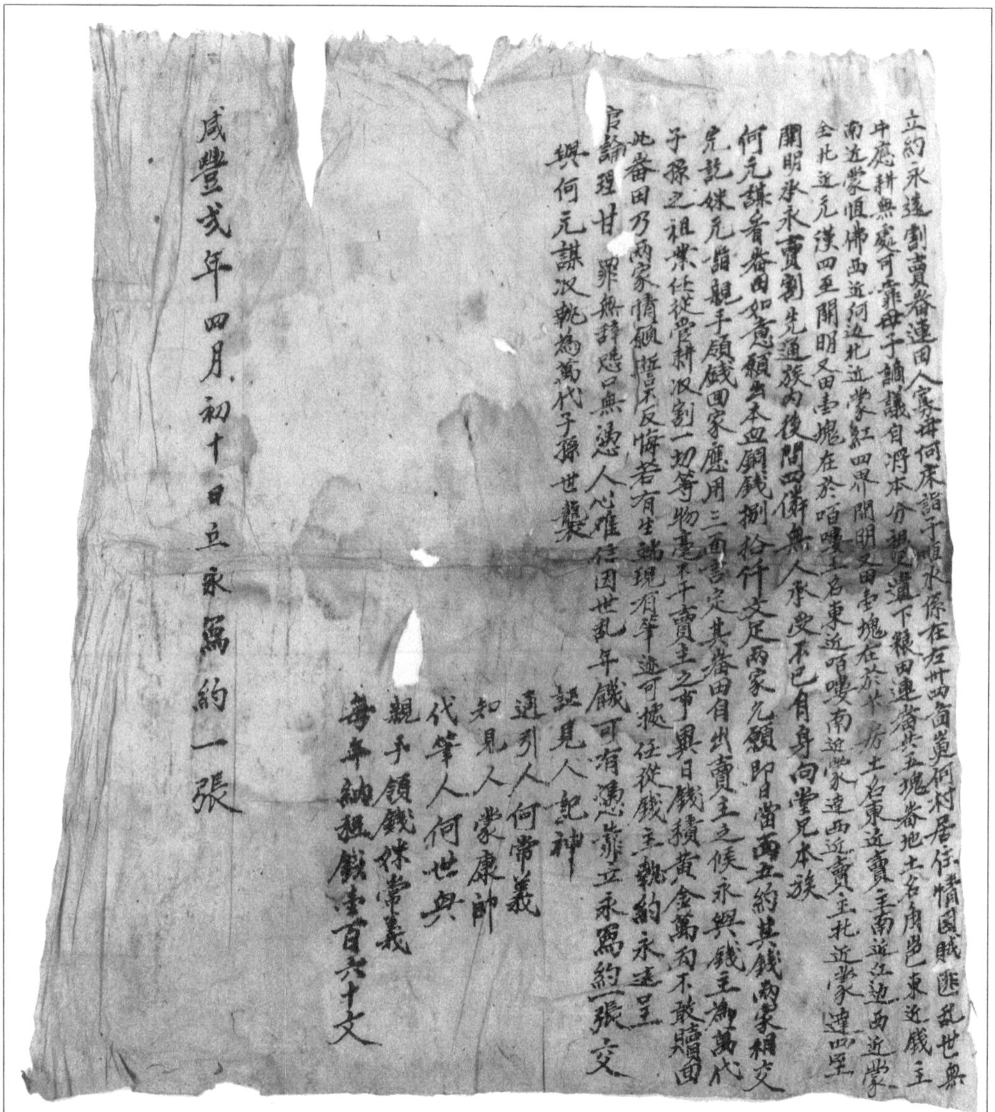

立約永遠劃賣畬連田人寡母何床詣子唯水係在左卅四畓莫何村居住情因賊匪乱世無
中處耕無處可靠母子商議自將本分祖父遺下粮田連畬共五塊畬地土名扁邑東近錢主
南近蒙恒佛西近何逸北近蒙紅四界開明又田壹塊在於卜房土名東近賣主南近江邊西近蒙
全北近元謨四至開明又田壹塊在於陌嘍土名東近陌嘍南近蒙連西近賣主北近蒙連四至
開明求永賣劃先通族內俱問四鄰無人承受不已自身向堂兄本族
何元謨肯畬田如意願出本四銅錢捌拾仟文足兩家允願即日當面立約其錢兩家相交
完訖妹元詣親手領錢回家應用三面言定其畬田自出賣主之候永與錢主為萬代
子孫之祖業任從管耕收割一切等物毫不干賣主之事異日錢積黃金萬兩不敢贖回
此畬田乃兩家情願誓不反悔若有生端現有筆迹可據任從錢主執約永遠呈
官論理甘罪無辞恐口無憑人心难信因世乱年饑可有憑立永遠約一張交
與何元謨收執為萬代子孫世襲

証見人 䢀神
通引人 何常義
知見人 蒙康帥
代筆人 何世典
親手領錢 妹常義
每年納租錢壹百六十文

咸豐弍年四月初十日立永遠約一張

附图 6 《清咸丰二年何床诣母子卖畬连田契约》

立约永远割卖畬连田人寡母何床诣，子恒水，系在左州四图更何村居住，情因贼匪乱世，无牛应耕，无处可靠。母子商议，自将本分祖父遗下粮田连畬共五块畬地，土名角邑，东近钱主、南近蒙恒佛，西近河边，北近蒙红，四界开明。又田一块，在于卡房，土名东近卖主，南近江边，西近蒙全，北近元汉，四至开明。又田一块，在于哂喽，土名东近哂喽，南近蒙达，西近卖主，北近蒙达，四至开明。承永卖割，先通族内，后问四邻，无人承受。不已，自身问堂兄本族何元谋，看畬田如意，愿出本血铜钱捌拾仟文足。两家允愿，即日当面立约。其钱两家相交允讫。姝元诣亲手领钱回家应用。三面言定：其畬田自出卖主之候(后)，永与钱主为万代子孙之祖业，任从管耕收割一切等物，毫不干卖主之事。异日，钱积黄金万两，不敢赎回。此畬田乃两家情愿，誓不反悔。若有生端，现有笔迹可据，任从钱主执约永远呈官论理，甘罪无辞。恐口无凭，人心难信。因世乱年饥，可有凭靠，立永写约一张交与何元谋收执，为万代子孙世袭。

证见人记神

通引人何常义

知见人蒙康帅

代笔人何世兴

亲手领钱姝常义

每年纳租钱一百六十文

咸丰二年四月初十日立永写约一张

契约 7：

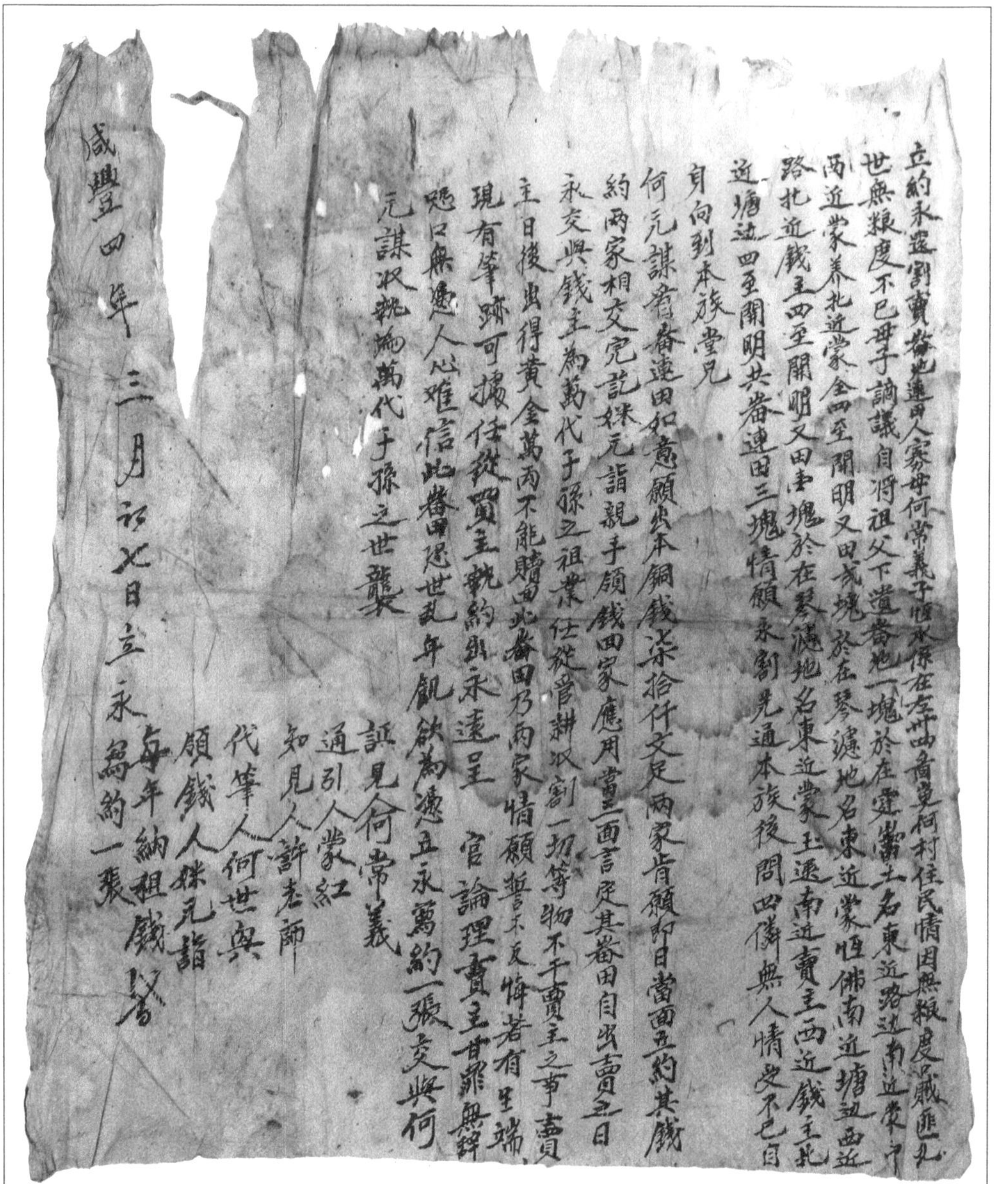
立約永盡劉賣畬地連田人寡母何常義子恒水係在左州由畬更何村住民情因無粮度日藏匪丸
世無粮度不已母子論議自將祖父下遺畬地一塊於在塋嵩土名東近路边南近蒙户
西近蒙恭北近蒙全四至開明又田貳塊於在琴濾地名東近蒙恒佛南近塘边西近
路北近錢主四至開明又田壹塊於在琴濾地名東近蒙玉還南近賣主西近錢主北
近塘边四至開明共畬連田三塊情願永劏先通本族後問四鄰無人情受不已自
身向到本族堂兄
何元謀會畬連田如意願出本銅錢柒拾仟文足兩家肯願即日當面立約其錢
約兩家相交完訖㑒元詣親手領錢回家應用當堂面言定其畬田自出賣立日
永交與錢主為萬代子孫之祖業任從管耕收劏一切等物不干賣主之事賣
主日後出得黃金萬兩不能贖回此畬田乃兩家情願誓不反悔若有生端
現有筆跡可據任從買主執約與永遠呈 官論理賣主甘罪無辞
恐口無憑人心难信此畬田退世五年飢欲為憑立永賣約一張交與何
元謀收執施萬代子孫之世襲
誣見人何常義
通引人蒙紅
知見人許志師
代筆人何世與
領錢人㑒元詣
每年納租錢
咸豐四年三月初七日立永賣約一張

附图 7 《清咸丰四年何常义母子卖畬地连田契约》

立约永远割卖畬地连田人寡母何常义，子恒水，系在左州四图更何村住民。情因无粮度口，贼匪乱世无粮度。不已，母子谪议自将祖父下遗畬一块，于在霆蕾，土名东近路边，南近蒙中，西近蒙养，北近蒙全，四至开明。又田二块，于在琴滤，地名东近蒙恒佛，南近塘边，西近路，北近钱主；四至开明。又田一块，于在琴滤，地名东近蒙玉达，南近卖主，西近钱主，北近塘边，四至开明。共畬连田三块。情愿永割，先通本族，后问四邻，无人情受。不已，自身问到本族堂兄何元谋，看畬连田如意，愿出本铜钱七十千文足。两家肯愿。即日当面立约。其钱约两家相交完讫。姝元诣新手领钱回家应用。当三面言定：其畬田自出卖之日，永交与钱主为万代子孙之祖业，任从管耕收割一切等物，不干卖主之事。卖主日后出得黄金万两，不能赎回。此畬田乃两家情愿，誓不反悔。若有生端，现有笔跡(迹)可据，任从买主执约出永远呈　官论理，卖主甘罪无辞。恐口无凭，人心难信。此畬田恐世乱年饥，欲为凭立永写约一张，交与何元谋收执，为万代子孙之世袭。

证见人何常义

通引人蒙红

知见人许老师

代笔人何世兴

领钱人姝元诣

每年纳租钱一百四十文

咸丰四年三月初七日立永写约一张

契约 8：

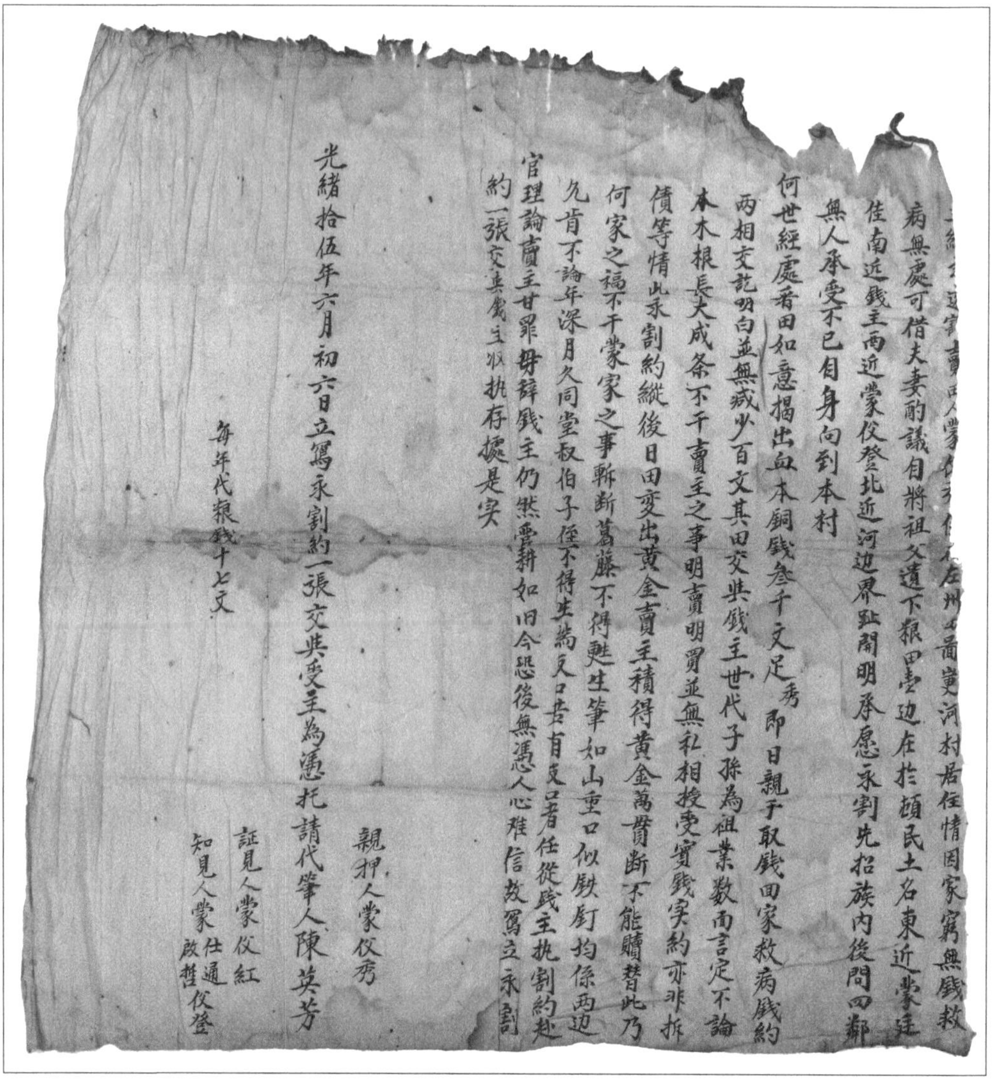

立[illegible]賣田人蒙[illegible]左州[illegible]實河村居住情因家窮無錢救
病無處可借夫妻商議自將祖父遺下粮田壹坵在於頓民土名東近蒙廷
佳南近錢主西近蒙仪登北近河边界趾開明承愿永割先招族内後問四鄰
無人承受不已自身向到本村
何世經處看田如意揭出血本銅錢叁千文足 秀 即日親手取錢回家救病錢約
两相交訖明白並無藏少百文其田交與錢主世代子孫為祖業數面言定不論
本木根長大成条不干賣主之事明賣明買並無私相授受實錢實約亦非折
債等情此永割約縱後日田变出黄金賣主積得黄金萬貫断不能贖替此乃
何家之福不干蒙家之事斬断葛藤不得甦生筆如山重口似鉄钉均係西边
允肯不論年深月久同堂叔伯子侄不得生端文口若有支口者任從錢主执割約赴
官理論賣主甘罪毋辞錢主仍然覔耕如旧今恐後無憑人心难信故寫立永割
約一張交與錢主收执存據是实
光緒拾伍年六月初六日立寫永割約一張交與受主為憑 托請代筆人陳英芳
親押人蒙仪秀
證見人蒙仪紅
知見人蒙仕通 啟哲 仪登
每年代粮錢十七文

附图 8 《清光绪十五年蒙△(富)秀卖田契约》

立约永割卖田人蒙△（富）秀，系在左州四图更河村居住。情因家穷，无钱救病，无处可借。夫妻酌议，自将祖父遗下粮田一边，在于顿民，土名东近蒙廷佳，南近钱主，西近蒙△登，北近河边，界趾（至）开明，承愿永割。先招族内，后问四邻，无人承受。不已，自身问到本村何世经处，看田如意，揭出本铜钱三千文足。秀即日亲手取钱回家救病。钱约两相交讫明白，并无减少百文。其田交与钱主世代子孙为祖业。数面言定：不论本木根长大成条，不干卖主之事。明卖明买，并无私相授受；实钱实约，亦非拆债等情。此永割约，纵后日田变出黄金，卖主积得黄金万贯，断不能赎替。此乃何家之福，不干蒙家之事，斩断葛藤，不得甦生。笔如山重，口似铁钉，均系两边允肯。不论年深月久，同堂叔伯、子侄不得生端反口。若有反口者，任从钱主执割约赴官理论。卖主甘罪毋辞。钱主仍然管耕如旧。今恐后无凭，人心难信，故写立永割约一张，交与钱主收执存据。是实。

亲押人蒙△（富）秀

光绪十五年六月初六日立写永割约一张交与受主为凭托请代笔人陈英芳

每年代粮钱十七文

证见人蒙△（富）红

知见人蒙仕通/启哲△（富）登

契约 9：

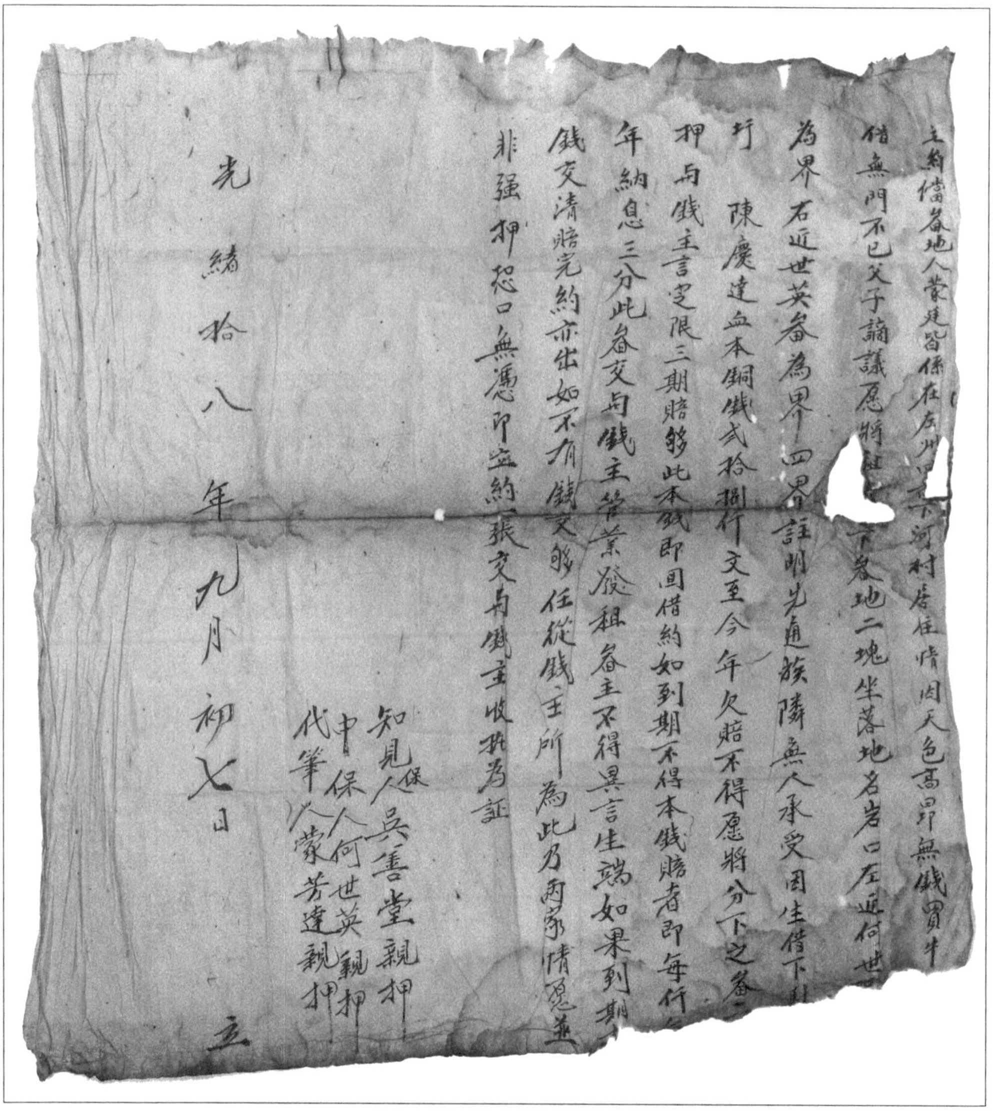
立約儅畬地人蒙廷皆係在右州□下河村居住情因天色高昂無錢買牛
借無門不已父子商議愿將祖下畬地二塊坐落地名岩口左近何世英
為界右近世英畬為界四界註明先通族隣無人承受自生借下到
打 陳慶達出本銅錢弍拾捌仟文至今年欠賠不得愿將分下之畬當
押與錢主言定限三期賠夠此本錢即回借約如到期不得本錢賠者即每仟每
年納息三分此畬交與錢主管業發租畬主不得異言生端如果到期
錢交清賠完約亦出如不有錢交夠任從錢主所為此乃兩家情愿並
非强押恐口無憑即立約一張交與錢主收執為証
知見人保吳善堂親押
中保人何世英親押
代筆人蒙芳達親押
光緒拾八年九月初七日 立

附图 9 《清光绪十八年蒙廷皆当畬地契约》

立约当畬地人蒙廷皆，系在左州四图下河村居住。情因天色高昂，无钱买牛，借无门。不已，父子谪议愿将祖上△〔留〕下畬地二块，坐落地名岩口，左近何世□为界，右近世英畬为界，四界△(注)明，先通族邻，无人承受。因生借下驮圩陈庆达血本铜钱二十八千拾捌仟文，至今年欠赔不得，愿将分(份)下之畬二押与钱主。言定限三期赔够此本钱，即回借约；如到期不得本钱，赔者即每仟每年纳息三分。此畬交与钱主管业发租。畬主不得异言生端。如果到期□钱交清赔完，约亦出；如不有钱交够，任从钱主所为。此乃两家情愿，并非强押。恐口无凭，即立约一张交与钱主收执为证。

知见保人吴善堂亲押

中保人何世英亲押

代笔人蒙芳达亲押

光绪十八年九月初七日　　立

契约 10：

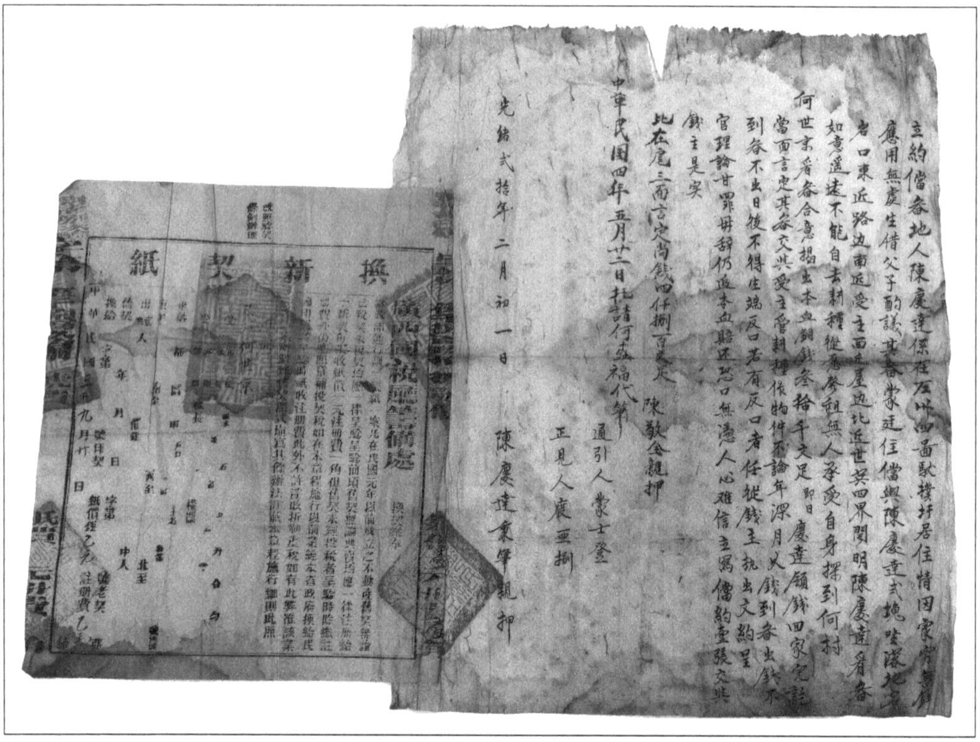

附图 10 《清光绪二十年陈庆达当畲地契约(附中华民国三年验契)》

立约当畲地人陈庆达，系在左州四图驮朴圩居住。情因家穷，无钱应用，无处生借。父子酌议，其畲蒙廷佳当与陈庆达二块，坐落地名岩口，东近路边，南近受主，西近屋边，北近世英，四界开明。陈庆达看畲如意，遥远不能自去耕种，从愿发租，无人承受。自身探到何村何世京看畲合意，揭出本血铜钱叁拾千文足。即日庆达领钱回家完讫。当面言定：其畲交其受主管耕种作物件。不论年深月久，钱到畲出。钱不到，畲不出。日后不得生端反口。若有反口者，任从钱主执出文约，呈官理论，甘罪毋辞，仍追本血赔还。恐口无凭，人心难信，立写当约一张，交与钱主。是实。

比(此)在尾三面言定尚钱四千八百文足　陈敬全亲押

中华民国四年五月二十二日托请何盛福代笔

通引人蒙士登

正见人度亚捌

陈庆达秉笔亲押

光绪二十年二月初一日

改照验契

条例办理

换新契纸

□□伍千捌百玖拾捌□□　　　纸价一元，册费一角。

广西国税厅筹备处　　　　　换契，案奉

财政部通行划契纸一案，凡在民国元年以前成立之不动产旧契，无论已税契未税契，均应一律呈验。呈验前项旧契，无论典卖，均应一律注册，给予新契。每张收纸价一元，注册费一角。但旧契未经投税者，呈验时除缴注册费外，仍应照章补投契税。如在本章程施行以前，业经本省政府换给民国印契者，呈验时只收注册费。此外，不许浮收折勒重税。如有此弊，准该业户控诉严办。缴到旧契照式填写。其余办法详载本章程施行细则，此照。

计开

业户何世京

买受　田四丘　　粮米石斗出升勺

地　段顷亩分

受屋　间　深长　横阔

铺　间

坐落　都　图　甲户口　土名那马

区团街第号门牌

东至　南至　西至　北至

出卖人　价银　中人

旧契　年　月　日　字第　号考契　张

换给　字第　号印契　纸价银　1 元，注册费 1 毛。

中华民国三年九月二十日（盖印）　给

契约 11：

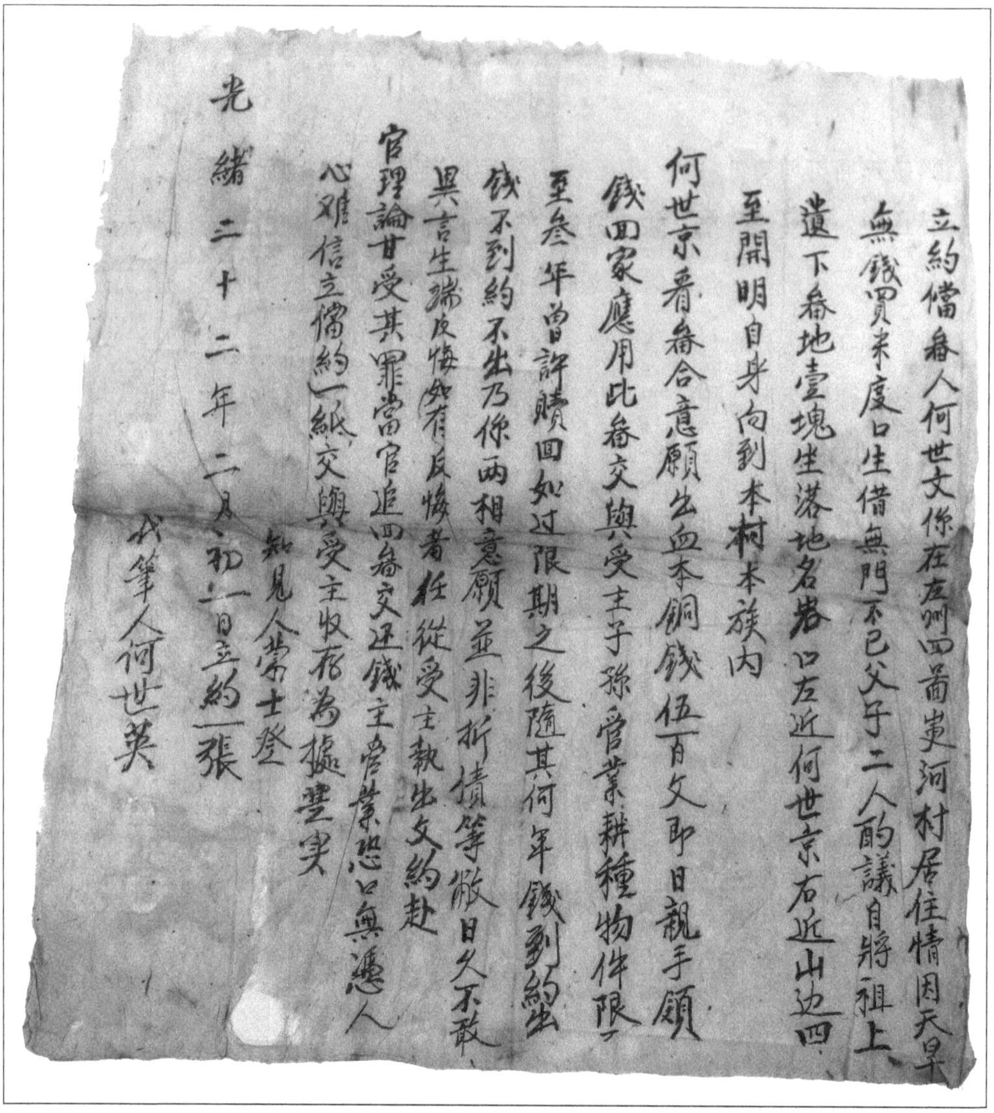

立約儅畬人何世文係在左州四甫叓河村居住情因天旱
無錢買米度口生借無門不已父子二人酌議自將祖上
遺下畬地壹塊坐落地名磨口左近何世京右近山边四
至開明自身向到本村本族内
何世京看畬合意願出血本銅錢伍百文即日親手領
錢回家應用此畬交與受主子孫營業耕種物件限一
至叁年曾許贖回如过限期之後隨其何年錢到約出
錢不到約不出乃係兩相意願並非折債等徶日久不敢
異言生端反悔如有反悔者任從受主執出文約赴
官理論甘受其罪當官追回畬交还錢主營業恐口無憑人
心難信立儅約一紙交與受主收存為據是实
光緒二十二年二月初一日立約一張
知見人黄士登
代筆人何世英

附图 11 《清光绪二十二年何世文当畬地契约》

立约当畲人何世文，系在左州四图更河村居住，情因天旱，无钱买米度口，生借无门。不已，父子二人酌议，自将祖上遗下畲地一块，坐落地名岩口，左近何世京，右近山边，四至开明。自身问到本村本族内何世京，看畲合意，愿出血本铜钱伍百文。即日亲手领钱回家应用。此畲交与受主，子孙管业耕种。物件限至三年曾许赎回，如过限期之后，随其何年钱到约出，钱不到约不出。乃系两相意愿，并非折债等敝。日久不敢异言，生端反悔。如有反悔者，任从受主执出文约，赴官理论，甘受其罪，当官追回畲交还钱主管业。恐口无凭，人心难信，立当约一纸，交与受主收存为据。是实。

知见人蒙士登

光绪二十二年二月初一日立约一张

代笔人何世英

契约 12：

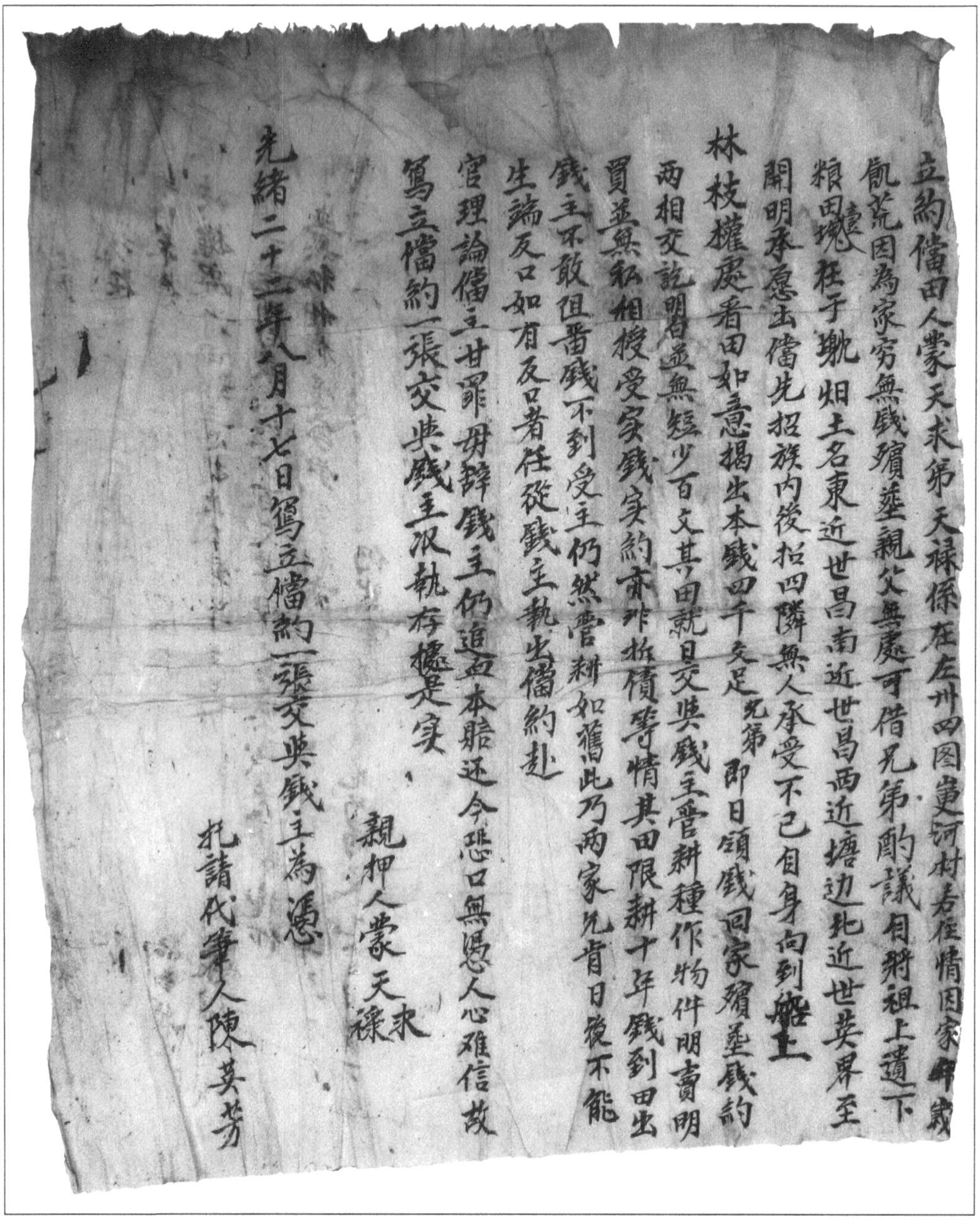
立約當田人蒙天求弟天祿係在左州四图㞗河村居住情因家中歲
飢荒因為家窮無錢殯葬親父無處可借兄弟商議自將祖上遺下
粮田壹塊在于㘭虮坰土名東近世昌南近世昌西近塘边北近世英界至
開明承意出當先招族内後招四隣無人承受不已自身向到盤上
林枝權處看田如意揭出本錢四千文足兄弟即日領錢回家殯葬錢約
兩相交訖明白並無短少百文其田就日交與錢主營耕種作物件明賣明
買並無私相授受實錢實約齊非折債等情其田限耕十年錢到田出
錢主不敢阻當錢不到受主仍然營耕如舊此乃兩家允肯日後不能
生端反口如有反口者任從錢主執出當約赴
官理論當主甘罪毋辭錢主仍追回本賠还今恐口無憑人心难信故
寫立當約一張交與錢主收執存據是實
親押人蒙天求 天祿
光緒二十二年八月十七日寫立當約一張交與錢主為憑
托請代筆人陳英芳

附图 12 《清光绪二十二年蒙天求兄弟当田契约》

立约当田人蒙天求、弟天禄，系在左州四图更河村居住。情因家年岁饥荒，因为家穷无钱殡葬亲父，无处可借。兄弟酌议，自将祖上遗下粮田一块，在于塴炟，土名东近世昌，南近世昌，西近塘边，北近世英，界至开明。承愿出当，先招族内，后招四邻，无人承受。不已，自身问到船上林枝权处，看田如意，揭出本钱四千文足。兄弟即日领钱回家殡葬。钱约两相交讫明白，并无短少百文。其田就日交与钱主管耕种作物件。明卖明买，并无私相授受；实钱实约，亦非拆债等情。其田限耕十年，钱到田出，钱主不敢阻留；钱不到，受主仍然管耕如旧。此乃两家允肯，日后不能生端反口。如有反口者，任从钱主执出当约，赴官理论，当主甘罪毋辞。钱主仍追血本赔还。今恐口无凭，人心难信，故写立当约一张，交与钱主收执存据。是实。

亲押人蒙天求、蒙天禄

光绪二十二年八月十七日写立当约一张交与钱主为凭

托请代笔人陈英芳

契约 13：

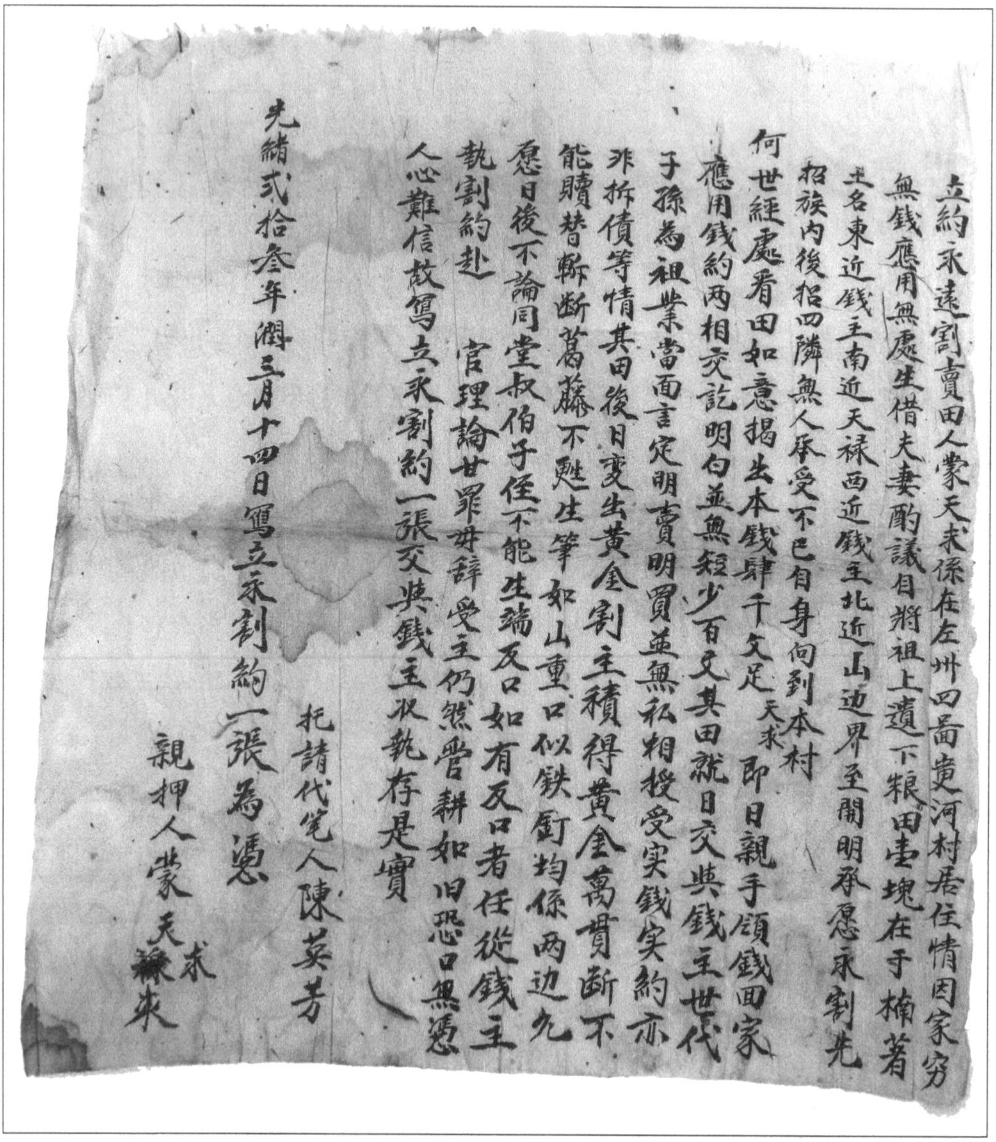
立約永遠割賣田人蒙天求係在左州四畨東河村居住情因家窮
無錢應用無處生借夫妻酌議自將祖上遺下粮田壹塊在手椨着
土名東近錢主南近天禄西近錢主北近山边界至開明承愿永割先
招族内後招四隣無人承受不已自身向到本村
何世經處看田如意揭出本錢肆千文足 天求 即日親手領錢田家
應用錢約兩相交訖明白並無短少百文其田就日交與錢主世代
子孫為祖業當面言定明賣明買並無私相授受实錢实約亦
非折債等情其田後日变出黄金割主積得黄金萬貫斷不
能贖替斬斷葛藤不甦生筆如山重口似鉄釘均係兩边允
愿日後不論同堂叔伯子侄不能生端反口如有反口者任從錢主
執割約赴 官理論甘罪毋辞受主仍照管耕如旧恐口無憑
人心難信故寫立永割約一張交與錢主收執存是實
托請代笔人陳英芳
親押人蒙天求
光緒弍拾叁年潤三月十四日寫立永割約一張為憑

附图 13 《清光绪二十三年蒙天求卖田契约》

立约永远割卖田人蒙天求，系在左州四图更河村居住，情因家穷，无钱应用，无处生借。夫妻酌议，自将祖上遗下粮田一块，在于楠著。土名东近钱主，南近天禄，西近钱主，北近山边，界至开明，承愿永割，先招族内，后招四邻，无人承受。不已，自身问到本村何世经处，看田如意，揭出本钱肆千文足。天求即日亲手领钱回家应用。钱约两相交讫明白，并无短少百文。其田就日交与钱主，世代子孙为祖业。当面言定：明卖明买，并无私相授受，实钱实约，亦非拆债等情。其田后日变出黄金，割主积得黄金万贯，断不能赎替，斩断葛藤不甦生，笔如山重，口似铁钉，均系两边允愿。日后不论同堂叔伯子侄不能生端反口。如有反口者，任从钱主执割约赴官理论，甘罪毋辞。受主仍然管耕如旧。恐口无凭，人心难信，故写立永割约一张，交与钱主收执存。是实。

托请代笔人陈英芳

光绪二十三年润三月十四日写立永割约一张为凭

亲押人蒙天求、蒙天来

契约 14：

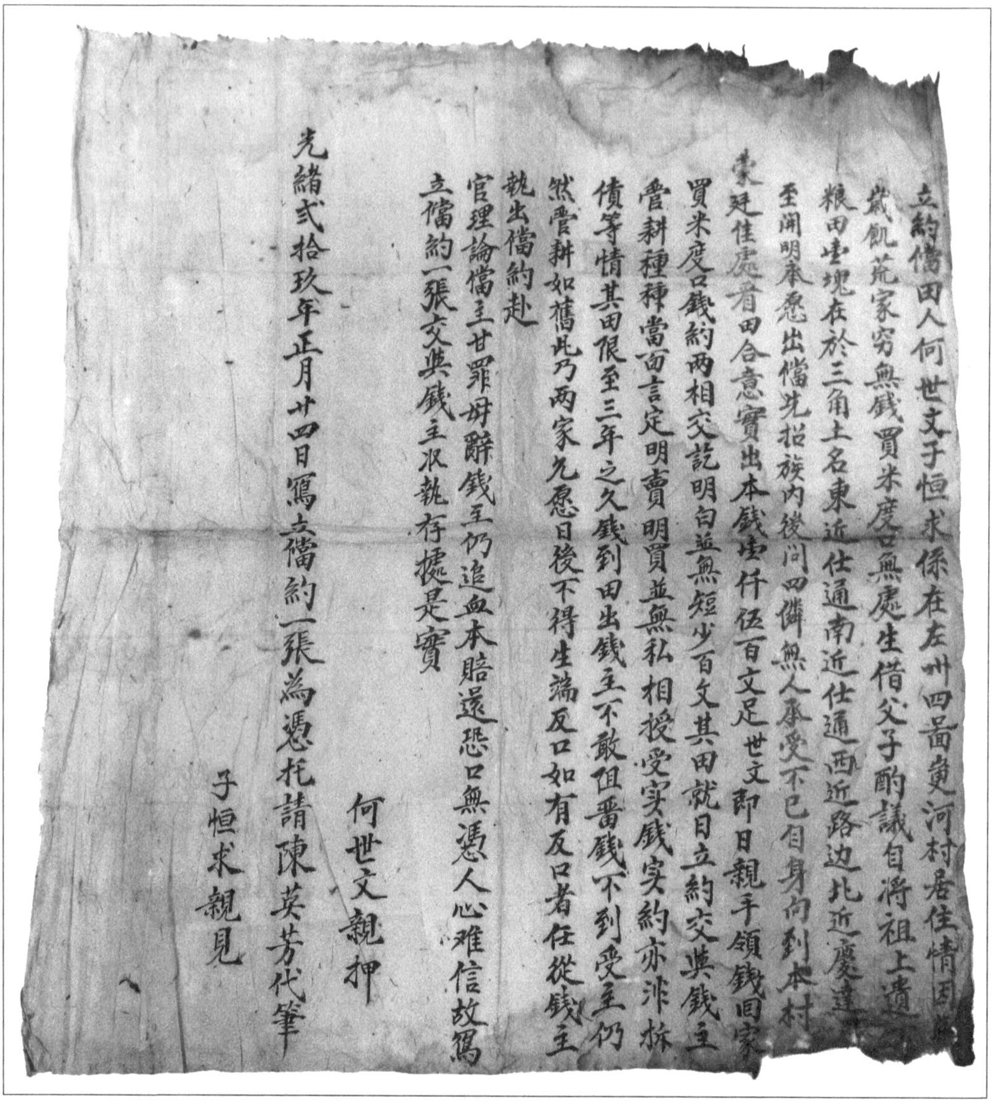

立約當田人何世文子恒求係在左州四畨東河村居住情因
歲飢荒家窮無錢買米度日無處生借父子酌議自將祖上遺
粮田壹塊在於三角上名東近仕通南近仕通西近路边北近慶達
至開明奉憑出當先招族内後問四鄰無人承受不已自身向到本村
黄廷佳處看田合意實出本錢壹仟伍百文足世文即日親手領錢回家
買米度日錢約兩相交訖明白並無短少百文其田就日立約交與錢主
管耕種禾當面言定明賣明買並無私相授受實錢實約亦非拆
債等情其田限至三年之久錢到田出錢主不敢阻畨錢不到受主仍
然管耕如舊此乃兩家允愿日後不得生端反口如有反口者任從錢主
執出當約赴
官理論當主甘罪毋辭錢主仍追血本賠還恐口無憑人心难信故寫
立當約一張交與錢主收執存據是實
何世文親押
光緒式拾玖年正月廿四日寫立當約一張為憑托請陳英芳代筆
子恒求親見

附图 14 《清光绪二十九年何世文父子当田契约》

当田人何世文、子恒求，系在左州四图更河村居住。情因年岁饥荒，家穷无钱买米度口，无处生借。父子酌议，自将祖上遗下粮田一块，在于三角。土名东近仕通，南近仕通，西近路边，北近庆达，界至开明。承愿出当，先招族内，后问四邻，无人承受。不已，自身问到本村蒙廷佳处。看田合意，实出本钱一千五百文足。世文即日亲手领钱回家买米度口。钱约两相交讫明白，并无短少百文。其田就日立约交与钱主，管耕种插。當面言定：明卖明买，并无私相授受。实钱实约，亦非拆债等情。其田限至三年之久，钱到田出，钱主不敢阻留。钱不到，受主仍然管耕如旧。此乃两家允愿，日后不得生端反口。如有反口者，任从钱主执出当约赴官理论，当主甘罪毋辞，钱主仍追血本赔还。恐口无凭，人心难信，故写立当约一张交与钱主收执存据。是实。

何世文亲押

光绪二十九年正月二十四日写立当约一张为凭托请陈英芳代笔

子恒求亲见

契约 15：

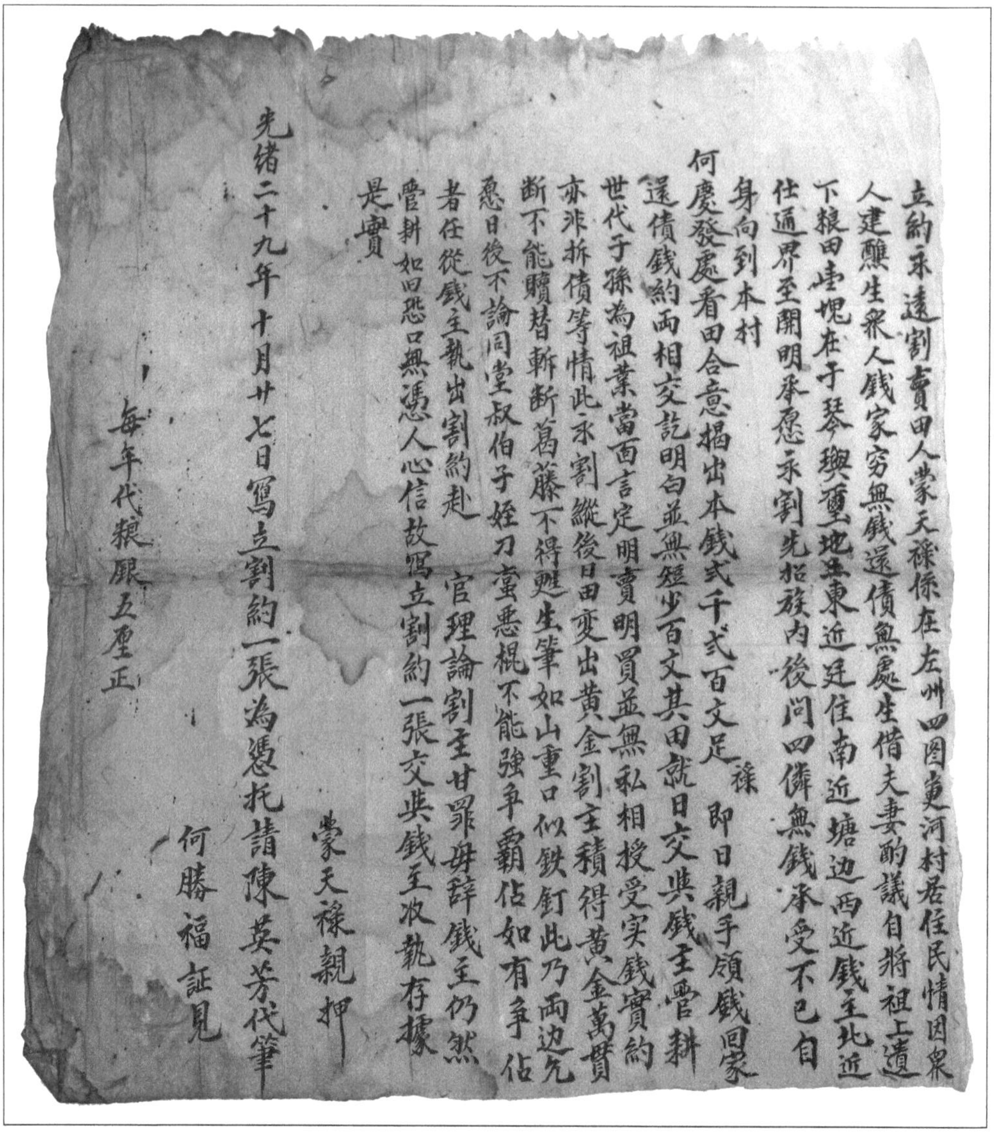
立約永遠割賣田人蒙天祿係在左州四图東河村居住民情因衆
人建醮生衆人錢家穷無錢還債無處生借夫妻酌議自將祖上遺
下粮田壹坵在于琴塅𡊨地土東近廷住南近塘边西近錢主北近
仕通界至開明承愿永割先招族内後問四僯無錢承受不已自
身向到本村
何慶發處看田合意揭出本錢弍千弍百文足　祿　即日親手領錢回家
還債錢約兩相交訖明白並無短少百文其田就日交與錢主管耕
世代子孫為祖業當面言定明賣明買並無私相授受實錢實約
亦非折債等情此永割縱後日田变出黄金割主積得黄金萬貫
斷不能贖替斬断葛藤不得甦生筆如山重口似鉄釘此乃両边允
恐日後不論同堂叔伯子姪刁蛮悪棍不能強争霸佔如有争佔
者任從錢主執出割約赴　官理論割主甘罪毋辞錢主仍然
管耕如回恐口無憑人心信故寫立割約一張交與錢主收執存據
是實
蒙天祿親押
光绪二十九年十月廿七日寫立割約一張為憑托請陳英芳代筆
何勝福証見
每年代粮限五厘正

附图 15　《清光绪二十九年蒙天禄卖田契约》

立约永远割卖田人蒙天禄，系在左州四图更河村居住民。情因众人建醮，生众人钱，家穷无钱还债，无处生借。夫妻酌议，自将祖上遗下粮田一块，在于琴璵壟地。土东近廷佳，南近塘边，西近钱主，北近仕通，界至开明。承愿永割。先招族内，后问四邻，无钱承受。不已，自身问到本村何庆发处，看田合意，揭出本钱二千二百文足。禄即日亲手领钱回家还债。钱约两相交讫明白，并无短少百文。其田就日交与钱主管耕，世代子孙为祖业。当面言定：明卖明买，并无私相授受；实钱实约，亦非拆债等情。此永割纵后日田变出黄金，割主积得黄金万贯，断不能赎替。斩断葛藤，不得甦生。笔如山重，口似铁钉。此乃两边允愿，日后不论同堂叔伯、子侄刁蛮恶棍，不能强争霸占。如有争占者，任从钱主执出割约，赴官理论，割主甘罪毋辞。钱主仍然管耕如旧。恐口无凭，人心〔难〕信，故写立割约一张，交与钱主收执存据。是实。

蒙天禄亲押

光绪二十九年十月二十七日写立割约一张为凭托请陈英芳代笔

何胜福证见

每年代粮银五厘正

契约 16：

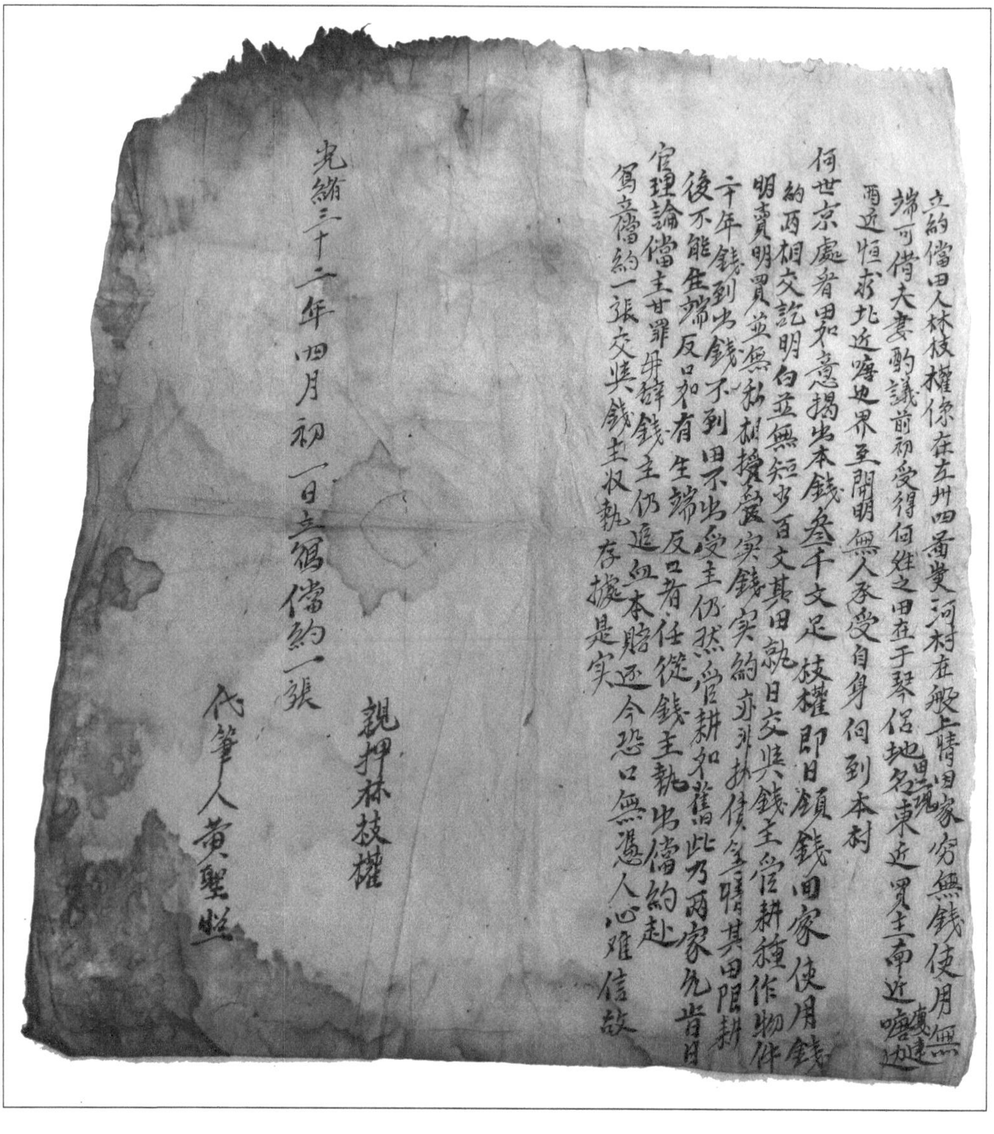

附图 16 《清光绪三十二年林枝权当田契约》

立约当田人林枝权，系在左州四图更河村在般(船)上。情因家穷，无钱使用，无端可借，夫妻酌议，前初受得何姓之田，在于琴侣地田二块，地名东近买主，南近庆达塘边，西近恒求，北近塘边，界至开明。无人承受。自身问到本村何世京处，看田如意，揭出本钱三千文足。枝权即日领钱回家使用。钱约两相交讫明白，并无短少百文。其田就日交与钱主管耕种作物件。明卖明买，并无私相授受；实钱实约，亦非执债主等情。其田限耕二十年，钱到〔田〕出，钱不到田不出。受主仍然管耕如旧。此乃两家允肯日后不能生端反口。如有生端反口者，任从钱主执出当约，赴官理论，当主甘罪毋辞。钱主仍追血本赔还。今恐口无凭，人心难信，故写立当约一张，交与钱主收执存据。是实。

亲押　林枝权

光绪三十二年四月初一日立写当约一张

代笔人　黄圣照

契约 17：

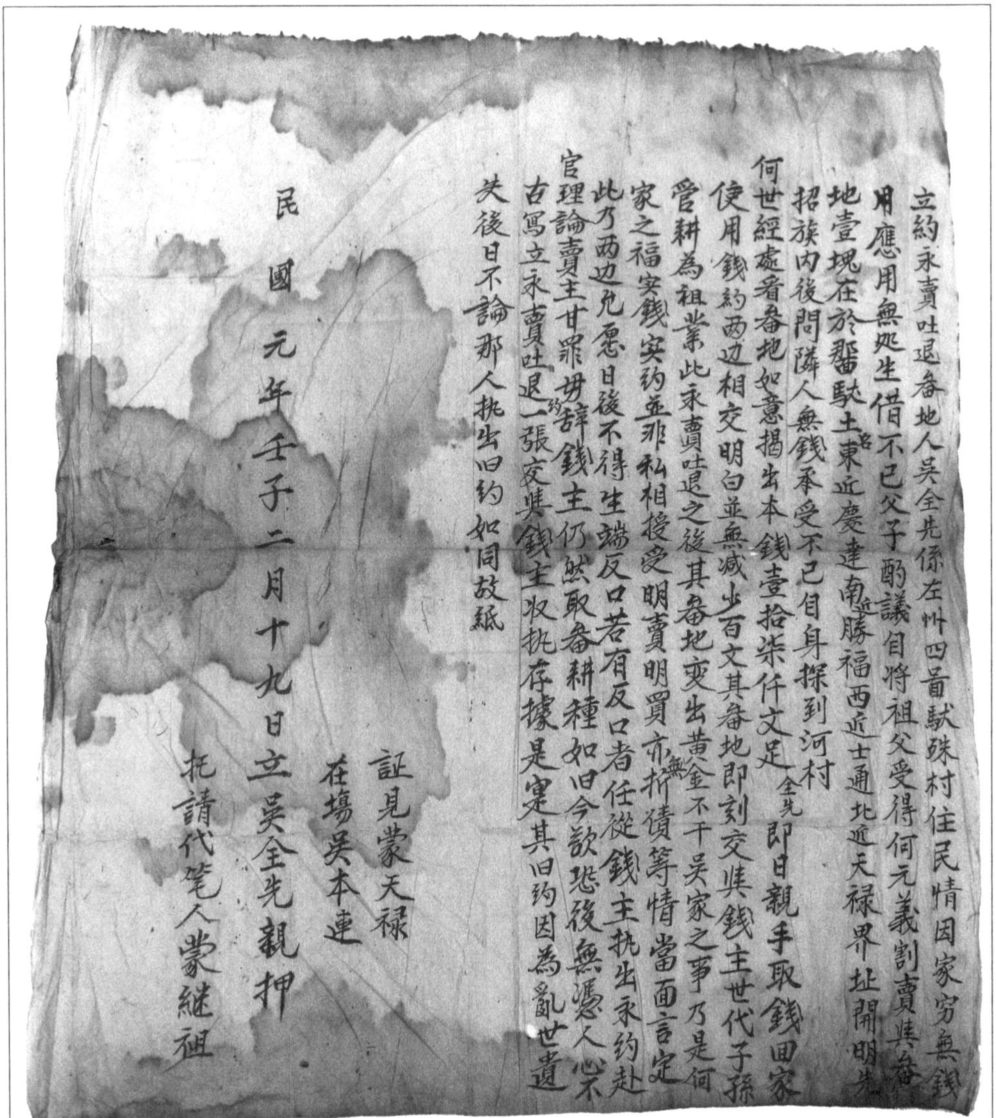
立約永賣吐退畬地人吴全先係左州四畨馱殊村住民情因家穷無錢
用應用無処生借不已父子酌議自将祖父受得何元義割賣與畬
地壹塊在於畨馱土名東近慶連南近滕福西近士通北近天禄界址開明先
招族内後問隣人無錢承受不已自身探到河村
何世經處看畬地如意揭出本錢壹拾柒仟文足全先即日親手取錢回家
使用錢約西边相交明白並無減少百文其畬地即刻交與錢主世代子孫
管耕為祖業此永賣吐退之後其畬地变出黄金無不干吴家之事乃是何
家之福安錢实約並非私相授受明賣明買亦非折債等情當面言定
此乃両边允愿日後不得生端反口若有反口者任從錢主执出永约赴
官理論賣主甘罪毋辞錢主仍然取畬耕種如旧今欲恐後無憑人心不
古寫立永賣吐退約一張交與錢主收执存據是实其旧约因為亂世遺
失後日不論那人执出旧约如同故紙

證見蒙天禄
在場吴本連

民國元年壬子二月十九日立 吴全先親押

托請代笔人蒙継祖

附图 17 《中华民国元年吴全先卖畬地契约》

立约永卖吐退畬地人吴全先，系左州四图驮殊村住民。情因家穷无钱用，应用无处生借。不已，父子酌议，自将祖父受得何元义割卖与畬地一块，在于罶驮。土名东近庆达，南近胜福，西近士通，北近天禄，界址开明。先招族内，后问邻人，无钱承受。不已，自身探到河村何世经处看畬地如意，揭出本钱一十七千文足。全先即日亲手取钱回家使用。钱约两边相交明白，并无减少百文。其畬地即刻交与钱主，世代子孙管耕为祖业。此永卖吐退之后，其畬地变出黄金不干吴家之事，乃是何家之福。实钱实约，并非私相授受。明卖明买，亦无折债等情。当面言定：此乃两边允愿，日后不得生端反口。若有反口者，任从钱主执出永约，赴官理论，卖主甘罪毋辞，钱主仍然取畬耕种如旧。今欲恐后无凭，人心不古，写立永卖吐退约一张，交与钱主收执存据。是实。其旧约因为乱世遗失，后日不论那人执出旧约如同故纸。

证见　蒙天禄

在场　吴本连

民国元年壬子二月十九日立　吴全　先亲押

托请代笔人　蒙继祖

契约 18：

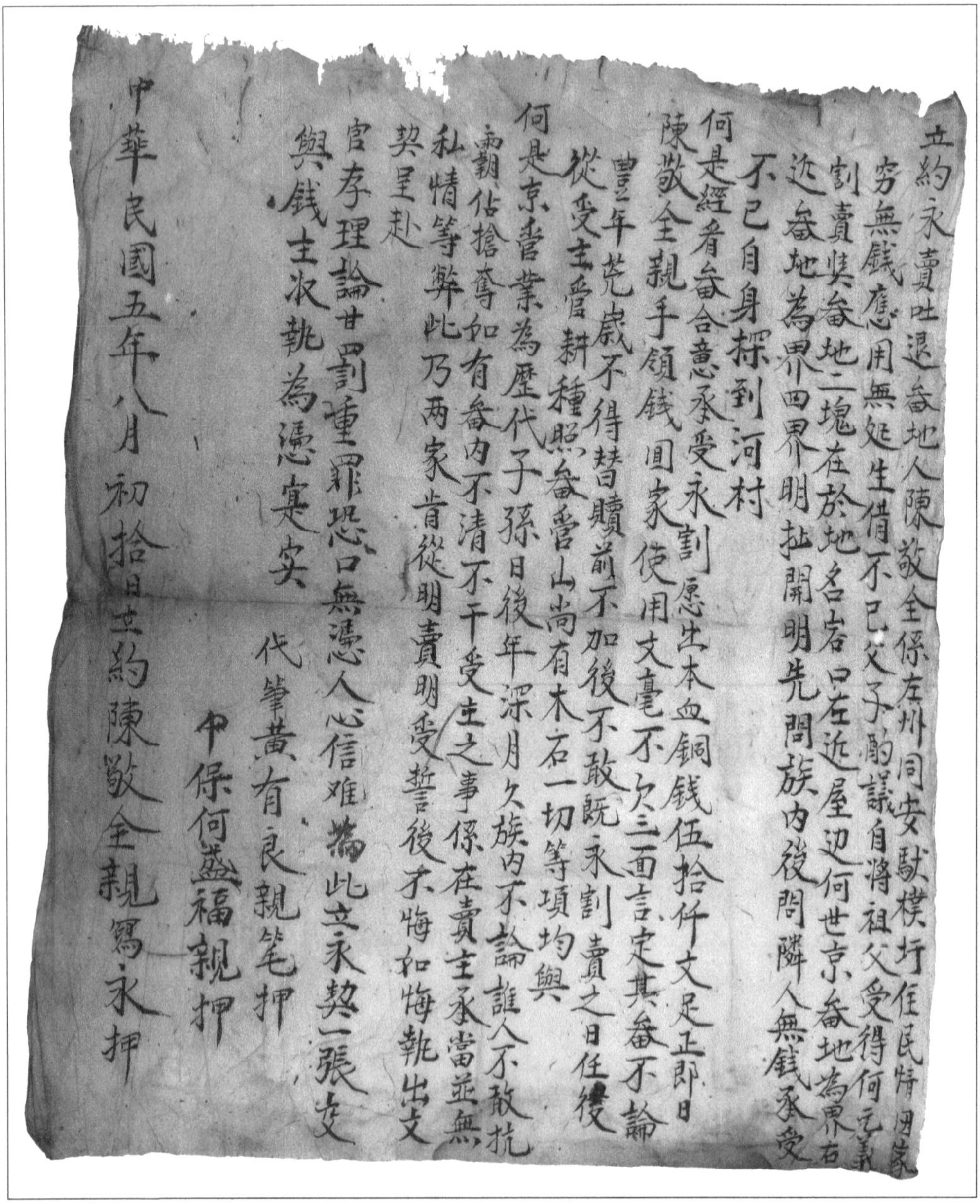
立約永賣吐退畲地人陳敬全係左州同安馱樸圩住民情因家
窮無錢應用無処生借不已父子商議自將祖父受得何元義
割賣其畲地二塊在於地名岩口左近屋边何世京畲地為界右
近畲地為界四界明扯開明先問族内後問隣人無錢承受
不已自身揾到河村
何是經看畲合意承受永割 愿出本血銅錢伍拾仟文足正即日
陳敬全親手領錢回家使用文毫不欠三面言定其畲不論
豐年荒歲不得替贖前不加後不敢既永割賣之日任從
從受主管耕種照畲管山尚有木石一切等項均與
何是京管業為歷代子孫日後年深月久族内不論誰人不敢抗
霸佔搶奪如有畲内不清不干受主之事係在賣主承當並無
私情等弊此乃兩家甘從明賣明受誓後不悔如悔執出支
契呈赴
官存理論甘罰重罪恐口無憑人心信难端此立永契一張交
與錢主收執為憑是实
代筆黄有良親笔押
中保何盛福親押
中華民國五年八月初拾日立約陳敬全親寫永押

附图 18 《中华民国五年陈敬全卖畚地契约》

立约永卖吐退畬地人陈敬全，系左州同安驮朴圩住民。情因家穷，无钱应用，无处生借。不已，父子酌议，自将祖父受得何元义割卖契畬地二块，在于地名岩口，左近屋边何世京畬地为界，右近畬地为界，四界明扯(址)开明。先问族内，后问邻人，无钱承受。不已，自身探到河村何是[世]经看畬合意，承受永割，愿出本血铜钱五十千文足正。即日陈敬全亲手领钱回家使用，文毫不欠。三面言定：其畬不论丰年荒岁，不得替赎；前不加，后不敢，既永割卖之日，任后从受主管耕种，照畬管山尚有木石一切等项均与何世京管业为历代子孙。日后年深月久，族内不论谁人不敢抗霸占抢夺。如有畬内不清，不干受主之事，系在卖主承当，并无私情等弊。此乃两家肯从，明卖明受，誓后不悔。如悔，执出文契呈赴官府理论，甘罚重罪。恐口无凭，人心信难。为此，立永契一张，交与钱主收执为凭。是实。

代笔黄有良亲　笔押

中保何盛福　亲押

中华民国五年八月初十日立约陈敬全亲写　永押

契约 19：

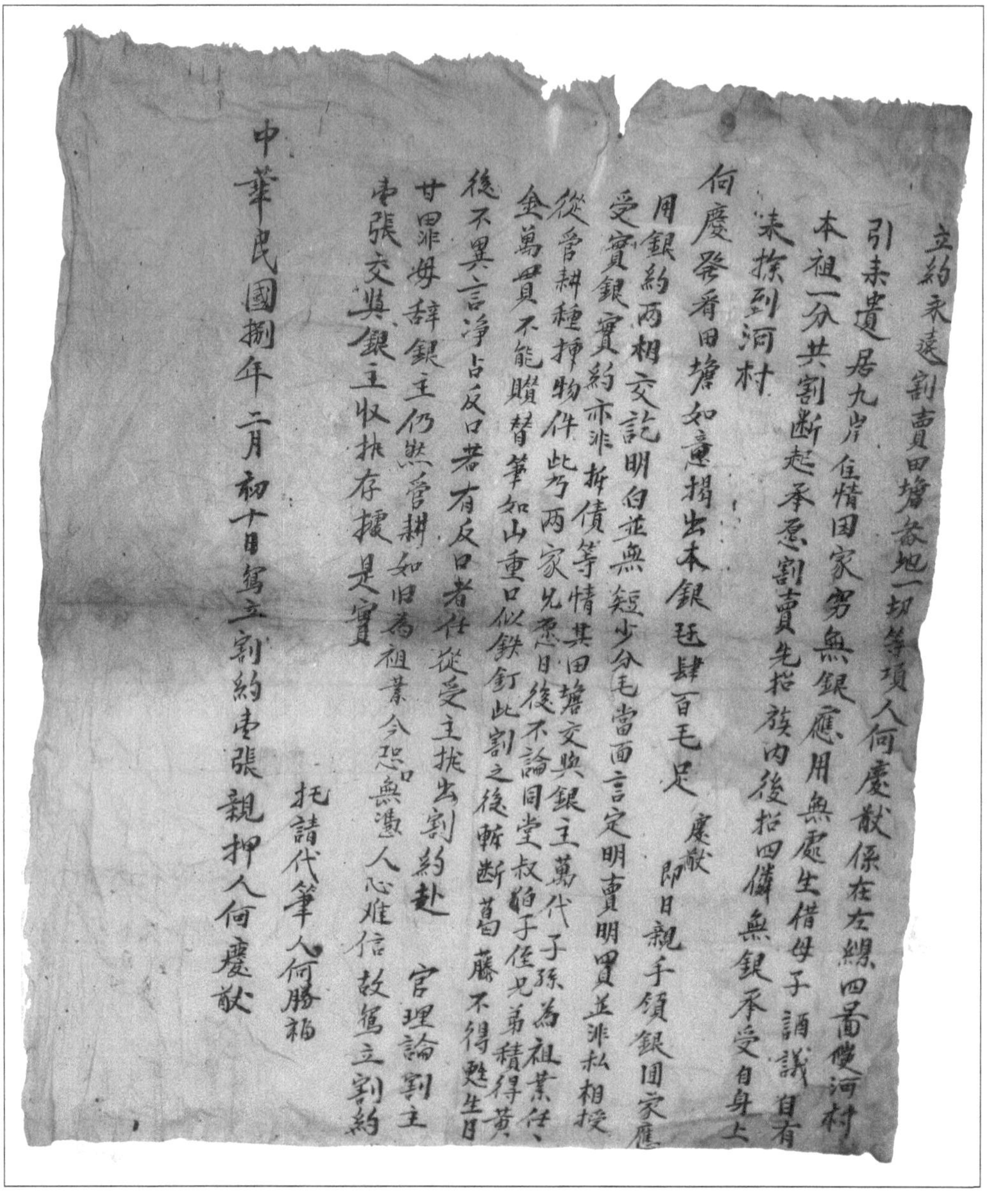
立約永遠割賣田塘畬地一切等項人何慶猷係在左縣四畨便河村
引耒遺居九岸在情田家窮無銀應用無處生借毋子語議自有
本祖一分共割断起承愿割賣先招族内後招四僯無銀承受自身上
耒探到河村
何慶癸肴田塘如意揭出本銀廷肆百毛足 慶猷 即日親手領銀回家應
用銀約兩相交訖明白並無短少分毛當面言定明賣明買並非私相授
受實銀實約亦非折債等情其田塘交與銀主萬代子孫為祖業任
從管耕種插物件此乃兩家允愿日後不論同堂叔伯子侄兄弟積得黄
金萬貫不能贖替筆如山重口似鉄釘此割之後斬断葛藤不得甦生日
後不異言淨占反口若有反口者任從受主挑出割約赴 官理論割主
甘田非毋辭銀主仍照管耕如旧為祖業今恐口無憑人心难信故寫立割約
壹張交與銀主收执存據是實
托請代筆人何勝福
中華民國捌年二月初十日寫立割約壹張親押人何慶猷

附图 19 《中华民国八年何庆猷卖田塘畬地契约》

立约永远割卖田塘畬地一切等项人何庆猷，系在左县四图更河村引来遗居九岸住。情因家穷，无银应用，无处生借。母子谪议自有本祖一分，共割断起，承愿割卖。先招族内，后招四邻，无银(人)承受，自身上来探到河村何庆发看田塘如意，揭出本银△肆百毛足。庆猷即日新手领银回家应用。银约两相交讫明白，并无短少分毛。当面言定：明卖明买，并非私相授受，实银实约，亦非拆债等情。其田塘交与银主，万代子孙为祖业，任从管耕种插物件。此乃两家允愿，日后不论同堂叔伯、子侄、兄弟，积得黄金万贯，不能赎替。笔如山重，口似铁钉。此割之后，斩断葛藤不得甦生。日后不异言，净占反口。若有反口者，任从受主执出割约，赴官理论，割主甘罪毋辞，银主仍然管耕如旧为祖业。今恐口无凭，人心难信，故写立割约壹张交与银主收执存据。是实。

托请代笔人　何胜福

中华民国八年二月初十日写立割约一张亲押人　何庆猷

契约 20：

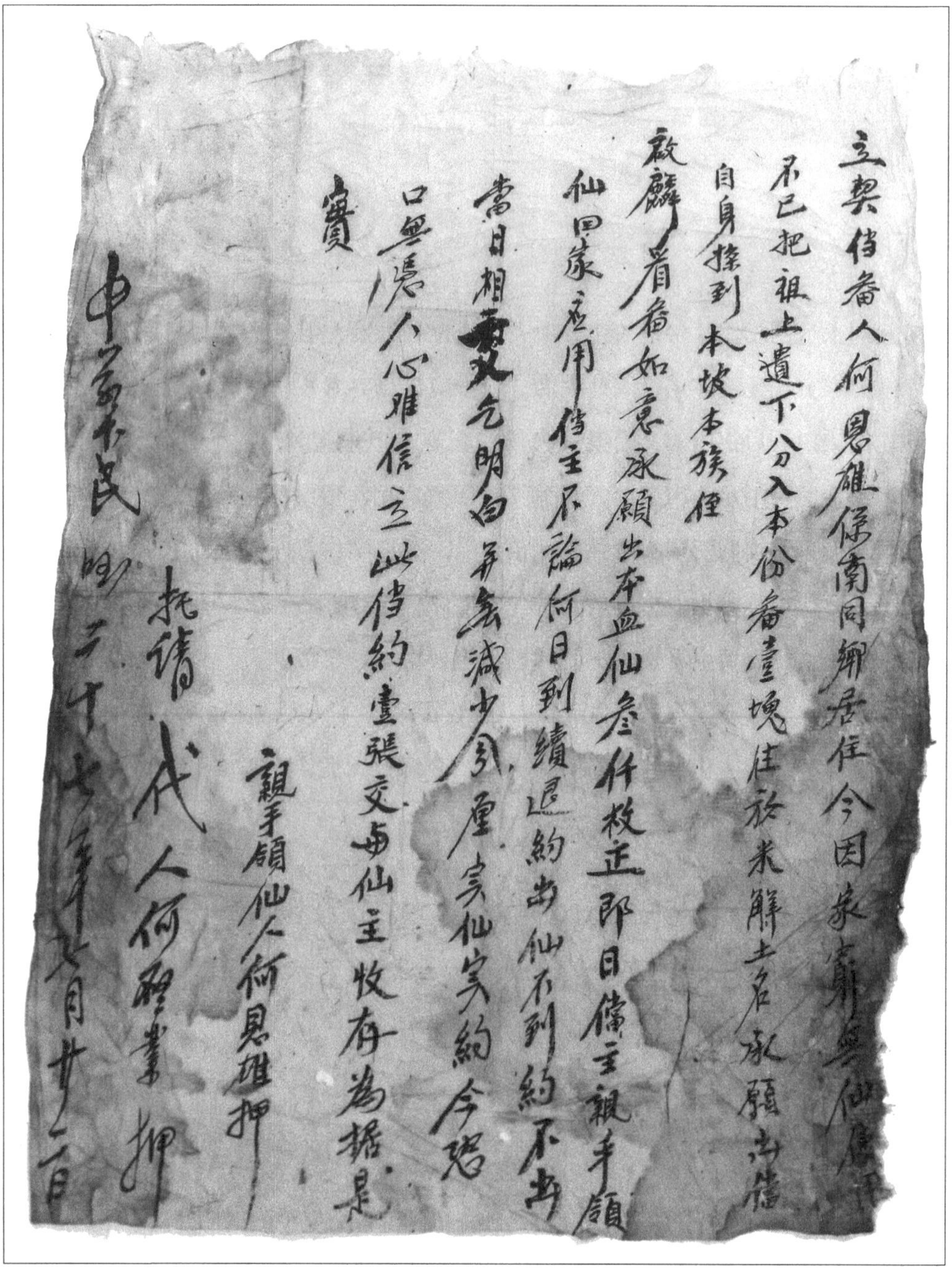

立契當畬人何恩雄係南同鄉居住今因家貧無錢使用
不已把祖上遺下分入本份畬壹塊住於米解土名承願出當
自身接到本坡本族住
叔麟看着如意承願出本艮仙叁仟枚正即日備主親手領
仙回家應用當主不論何日到續退約出仙不到約不出
當日相面交元明白并無減少分厘實仙實約今恐
口無憑人心難信立此當約壹張交與仙主收存為據是
實

親手領仙人何恩雄押

托請代人何殿華押

中華民國二十七年五月廿二日

附图 20 《中华民国二十七年何恩雄当畬地契约》

立契当畲人何恩雄，系南同乡居住，今因家穷无仙[1]使用。不已，把祖上遗下分入本份畲一块，在于米解土名，承愿出当。自身探到本坡本族侄启麟，看畲如意，承愿出本血仙三千枚正，即日当主亲手领仙回家应用。当主不论何日到续，退约出，仙不到，约不出。当日相交乞（讫）明白，并无减少分厘，实仙实约。今恐口无凭，人心难信，立此当约一张交与仙主收存为据。是实。

亲手领仙人何恩雄　押

托请代〔笔〕人何圣业　押

中华民国二十七年七月二十二日

① 仙即为钱。

契约 21：

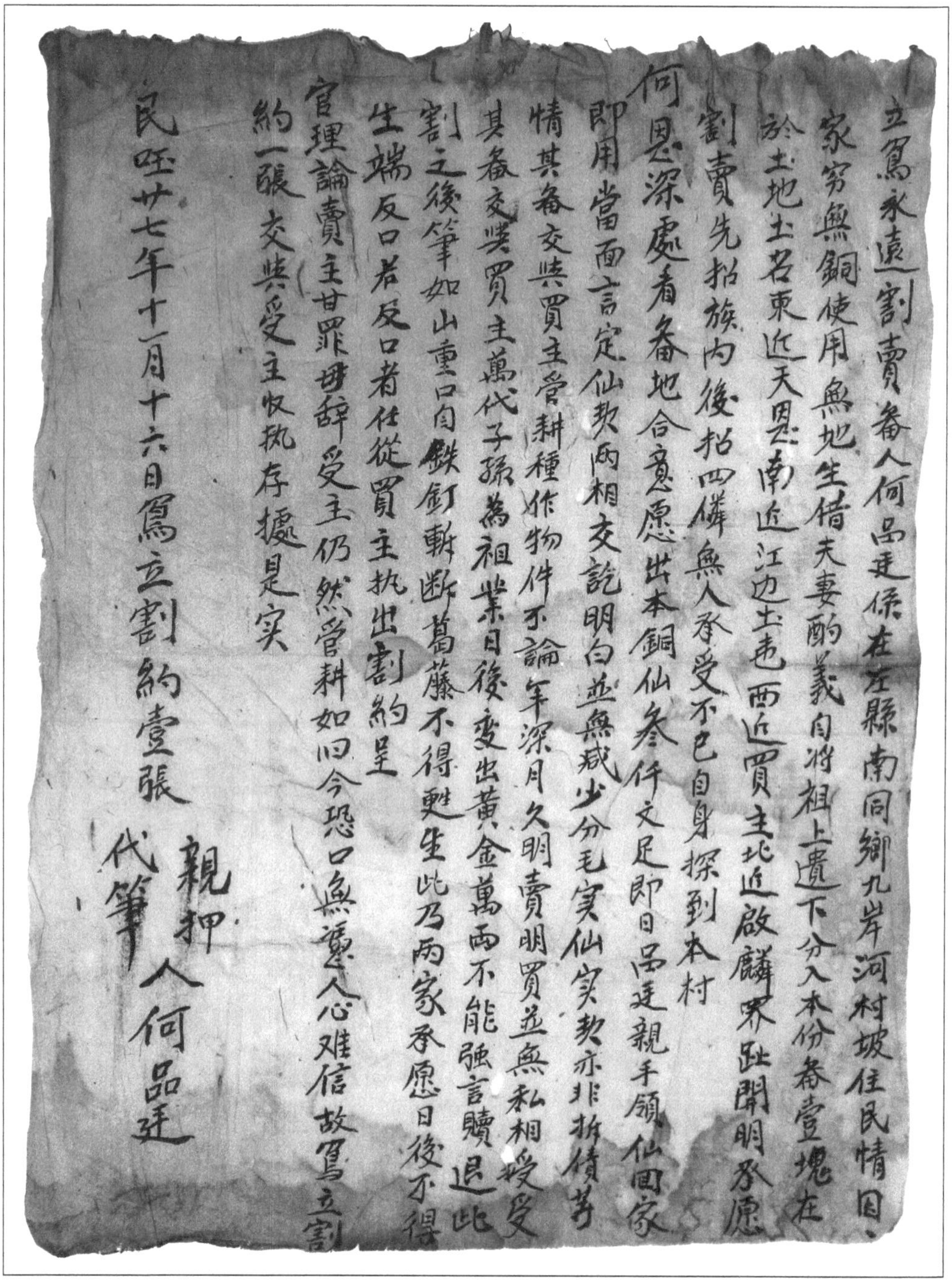
立寫永遠割賣畚人何品廷係在左縣南同鄉九岸河村坡住民情因
家窮無銅使用無地生借夫妻酌義自將祖上遺下分入本份畚壹塊在
於土地土名東近天恩南近江边土屯西近買主北近啟麟界趾開明承愿
割賣先招族內後招四隣無人承受不已自身探到本村
何恩深處看畚地合意愿出本銅仙叁仟文足即日品廷親手領仙回家
即用當面言定仙契兩相交訖明白並無缺少分毛実仙実契亦非折債苟
情其畚交與買主管耕種作物件不論年深月久明賣明買並無私相授受
其畚交與買主萬代子孫為祖業日後變出黃金萬两不能強言贖退此
割之後筆如山重口自鐵釘斬斷葛藤不得甦生此乃兩家承愿日後不得
生端反口若反口者任從買主执出割約呈
官理論賣主甘罪毋辞受主仍然管耕如旧今恐口無憑人心难信故寫立割
約一張交與受主收执存據是实
民国廿七年十一月十六日寫立割約壹張
親押人何品廷
代筆

附图 21 《中华民国二十七年何品廷卖畚地契约》

立约永远割卖畲人何品廷，系在左县南同乡九岸河村坡住民。情因家穷，无铜使用，无地生借。夫妻酌议，自将祖上遗下分人本份畲一块，在于土地。土名东近天恩，南近江边土违，西近买主，北近启麟，界址开明。承愿割卖。先招族内，后招四邻，无人承受。不已，自身探到本村何恩深处看畲地合意，愿出本铜仙叁仟文足。即日品廷亲手领仙回家即用。当面言定：仙契两相交讫明白，并无减少分毛；实仙实契，亦非拆债等情。其畲交与买主管耕种作物件。不论年深月久，明卖明买，并无私相授受。其畲交与买主万代子孙为祖业。日后变出黄金万两，不能强言赎退。此割之后，笔如山重，口自铁钉，斩断葛藤不得甦生。此乃两家承愿，日后不得生端反口。若反口者，任从买主执出割约，呈官理论，卖主甘罪毋辞，受主仍然管耕如旧。今恐口无凭，人心难信，故写立割约一张，交与受主收执存据。是实。

民国二十七年十一月十六日写立割约壹张　亲押人、代笔人何品廷

契约 22：

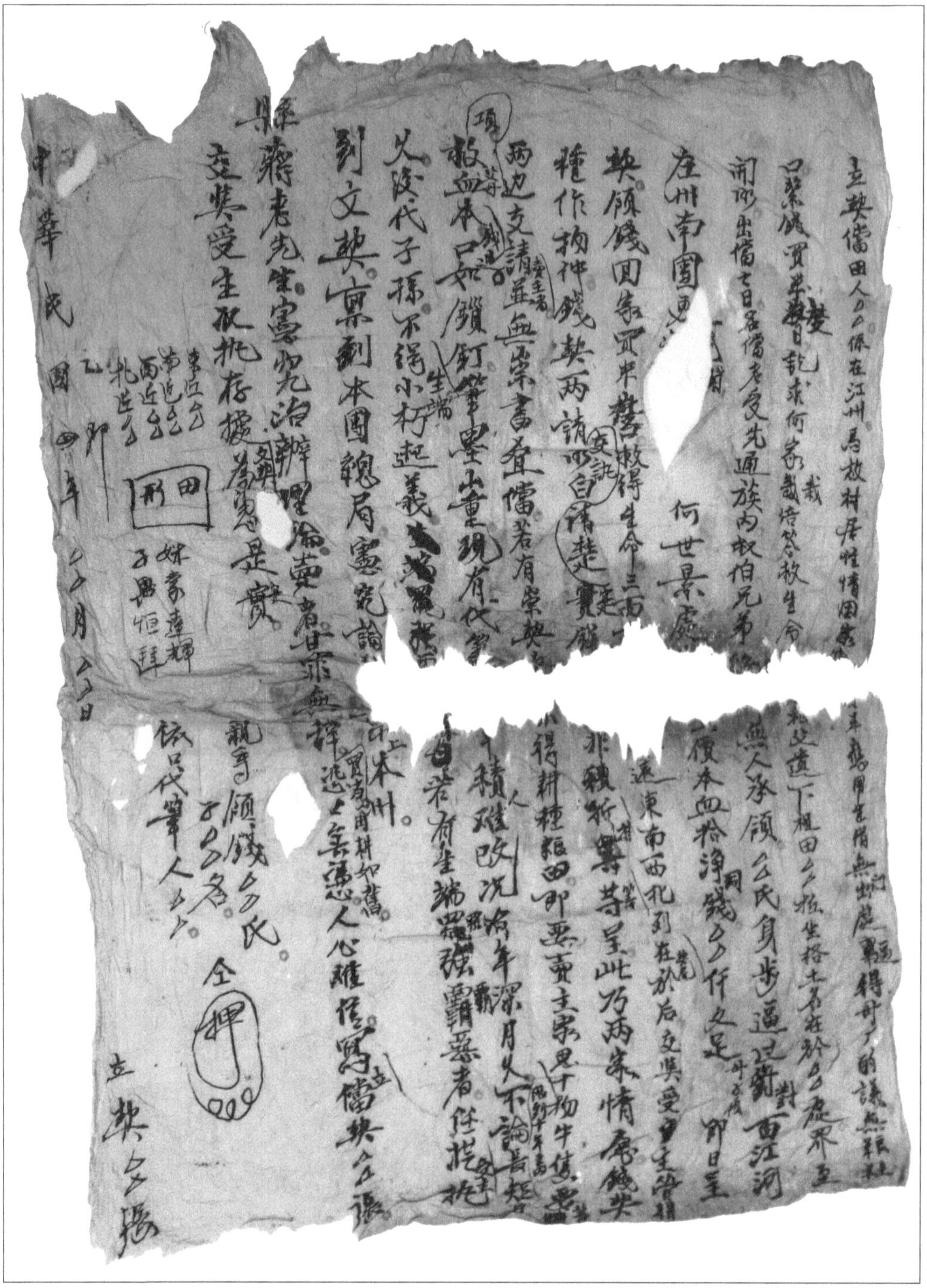

附图 22 《中华民国四年当田契约范本》

立契当田人△△，系在江州马放村居住。情因家穷无米，应用生借无门出处，逼得母子酌议，无粮杜(度)口，△(无)钱买米度日。讫求何家栽培答救生命。祖父遗下祖田△△坵坐格，土名在于△△处，界至开明。出当之日，名(明)当名(明)受，先通族内叔伯兄弟，终无人承领。△△氏身步逼过对面江河左州南團□□何世景处□□价本血拾净铜钱，△△千文足。母子领即日呈契领钱回家买米△，△得生命。三面□□远，东南西北列在契尾于后。交契受主，管耕种作物件。钱契两请(清)。交讫清楚明白。实钱□□，非折□□等呈。此乃两家情愿，钱契两边交请(清)。卖主者并无祟(重)书叠当，若有祟(重)契△不得耕种粮田，即要卖主家思十物牛只要等项。救父母血本钱。口如锁钉，笔墨山重，现有代笔□积人难改。况有年深月头久，不论长短日久，限到十年之内。后代子孙，不得生端小朽起义。若有生端罪强霸恶者，任将受主执到文契，禀到本團总局，宪究论□〔呈〕上本州。县蒋老先生，宪究治办理论。卖者甘罪无辞。买当再耕如旧。恐口无凭，人心难信。写立当契△△张。交与受主收执存据文契为凭。是实。

东近△△　　　　　　　　　　亲手领钱△△氏

南近△△　　　　　　　　　　子△△名 仝 押

西近△△　　田形　　　　姝蒙达辉　　依口代笔人△△

北近△△　　　　　　　　　　子男恒拜

中华民国四年△△月△△日　　　　　　立契△△张

契约 23：

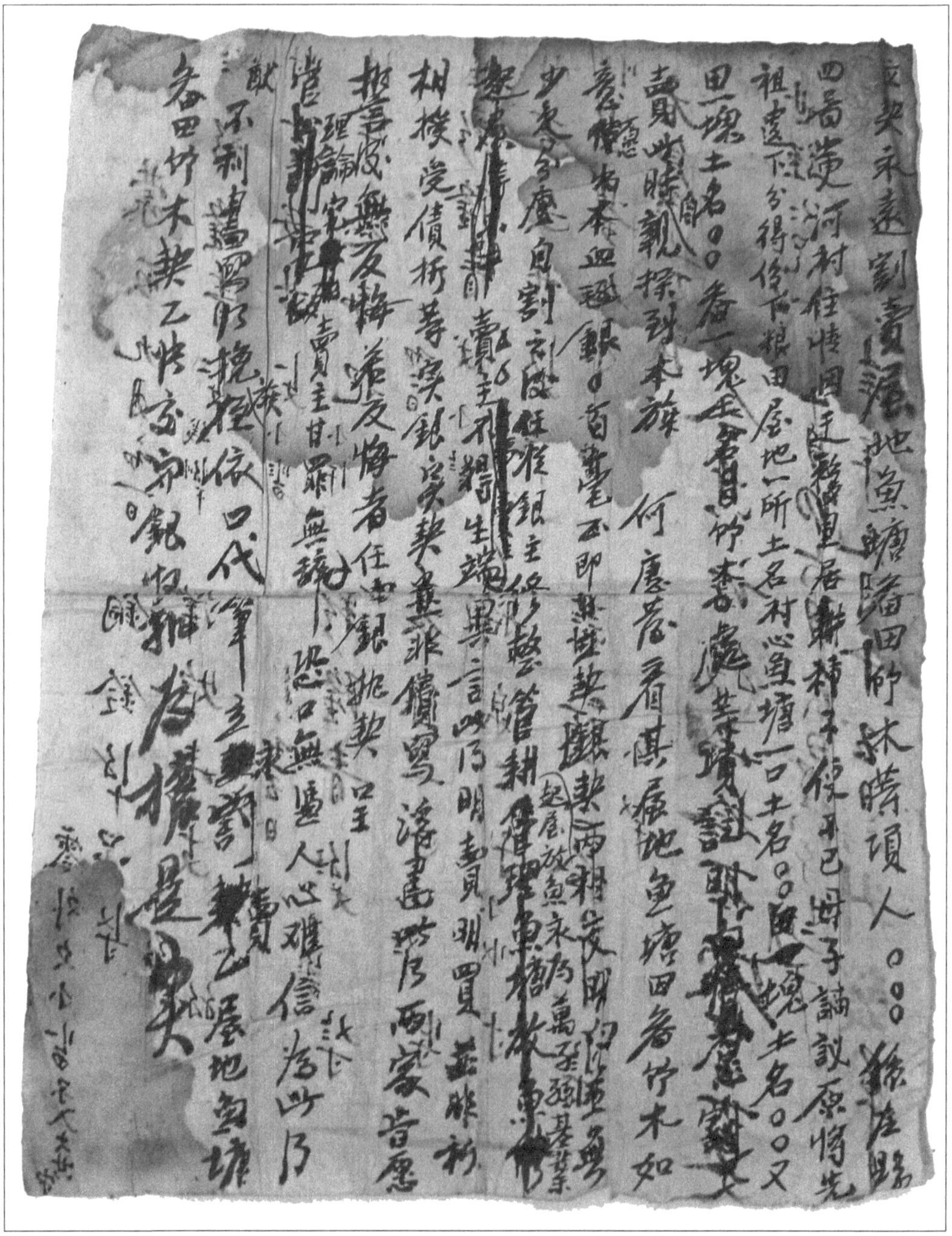

附图 23 《卖屋地鱼塘畬田竹木等项范本》

立契永远割卖屋地鱼塘畬田竹木等项人○○○，系在县四图山更河村住。情因迁移里居耕种不便，不已，母子谪议原将先祖遗下分得份下粮田屋地一所，土名村心；鱼塘一口，土名○○；田一块土名○○；又田一块，土名○○；畬一块，土名○○；竹木○处等项，記明△△愿割永卖。此时亲探到本族何庆苍看其屋地鱼塘田畬竹木如意，愿出本血△银○百毫正即日立契，银契两相交明白，并无少足分厘。自割之后，任银主修整管耕起屋放鱼永为万〔代〕子孙基业，卖主不得生端异言。此乃明卖明买，并非私相授受、债折等，实银实契，并非债写谣书。此及两家肯愿，誓及无反悔。若反悔者，任由银〔主〕执契呈官理论，卖主甘罪无辞。恐口无凭，人心难信，为此，乃献不利书写，乃挽族侄依口代笔，立永割卖一屋地鱼塘畬田竹木契二片交与银〔主〕收执为据。是实。

二、分单

分单 1：

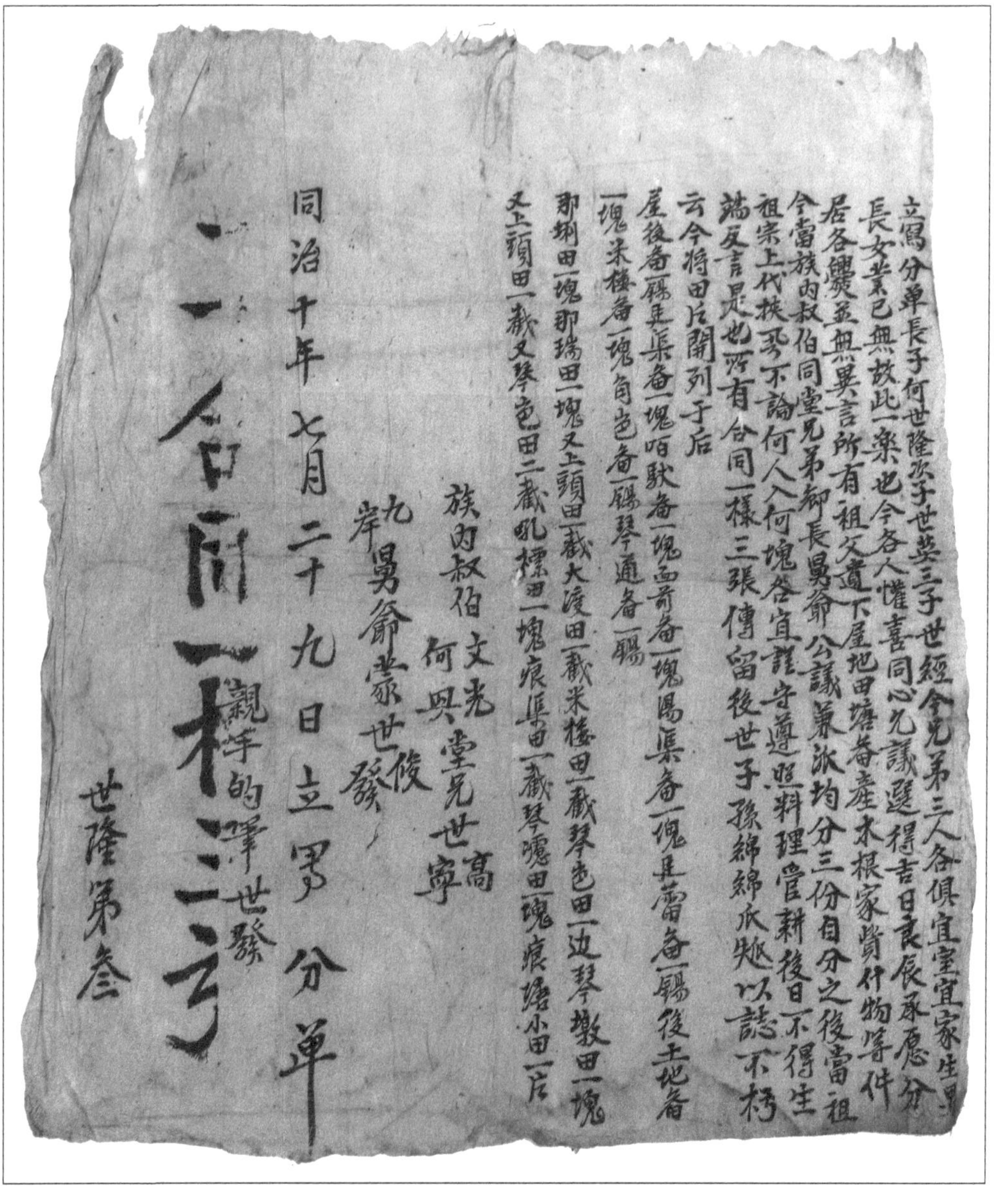
立寫分單長子何世隆次子世英三子世經今兄弟三人各俱宜室宜家生男
長女業已無故此一樂也今各人懽喜同心允議選得吉日良辰承恩分
居各爨並無異言所有祖父遺下屋地田塘畬產木根家貲什物等件
今當族內叔伯同堂兄弟舅長舅爺公議兼派均分三份自分之後當祖
祖宗上代挾悉不論何人入何塊各宜謹守遵照料理管耕後日不得生
端反言是也所有合同一樣三張傳留後世子孫綿綿永遠以誌不朽
云今將田片開列于后
屋後畬一塊县渠畬一塊咟馱畬一塊西岢畬一塊渴渠畬一塊县𡻕畬一塊後土地畬
一塊渠樓畬一塊角邑畬一塊琴通畬一塊
那圳田一塊那瑞田一塊又上頭田一截大渡田一截米樓田一截琴邑田一边琴墩田一塊
又上頭田一截又琴邑田二截叽𣗳田一塊痕渠田一截琴𤃩田一塊痕墻小田一片
族內叔伯 文光 何興 堂兄 世高 世寧
九舅爺 蒙世俊 世發
同治十年七月二十九日立寫分單
親手的筆 世發
一合同一樣三張
世隆 第叁

附图 24 《清同治十年何世隆分单》

立写分单长子何世隆、次子世英、三子世经，今兄弟三人各俱宜室宜家，生男长女，业已无故，此一乐也。今各人欢喜同心，允议选得吉日良辰，承愿分居各爨，并无异言。所有祖父遗下屋、地、田、塘、畬、产、木、根、家赀什物等件，今当族内叔伯、同堂兄弟、乡长舅爷，公议兼派均分三份。自分之后，当祖宗上代挟飞，不论何人入何块，各宜谨守遵照，料理管耕，后日不得生端反言，是也。所有合同一样三张，传留后世子孙。绵绵瓜瓞，以志不朽云。今将田片开列于后：

屋后畬一锡，廷渠畬一块，咟驮畬一块，西前畬一块，汤渠畬一块，廷蕾畬一锡，后土地畬一块，米楼畬一块，角岜畬一锡，琴通畬一锡，那△田一块，那瑞田一块，又上头田一截，大渡田一截，米楼田一截，琴岜田一边，琴墩田一块，又上头田一截，又琴岜田二截，吼标田一块，痕渠田一截，琴滤田一块，痕塘小田一片。

族内叔伯文光、何兴　堂兄世高、世宁

九岸舅爷蒙世俊、蒙世发

同治十年七月二十九日立写分单

亲手的笔世发

（骑缝字“立合同一样三张”）

世隆第三

分单 2：

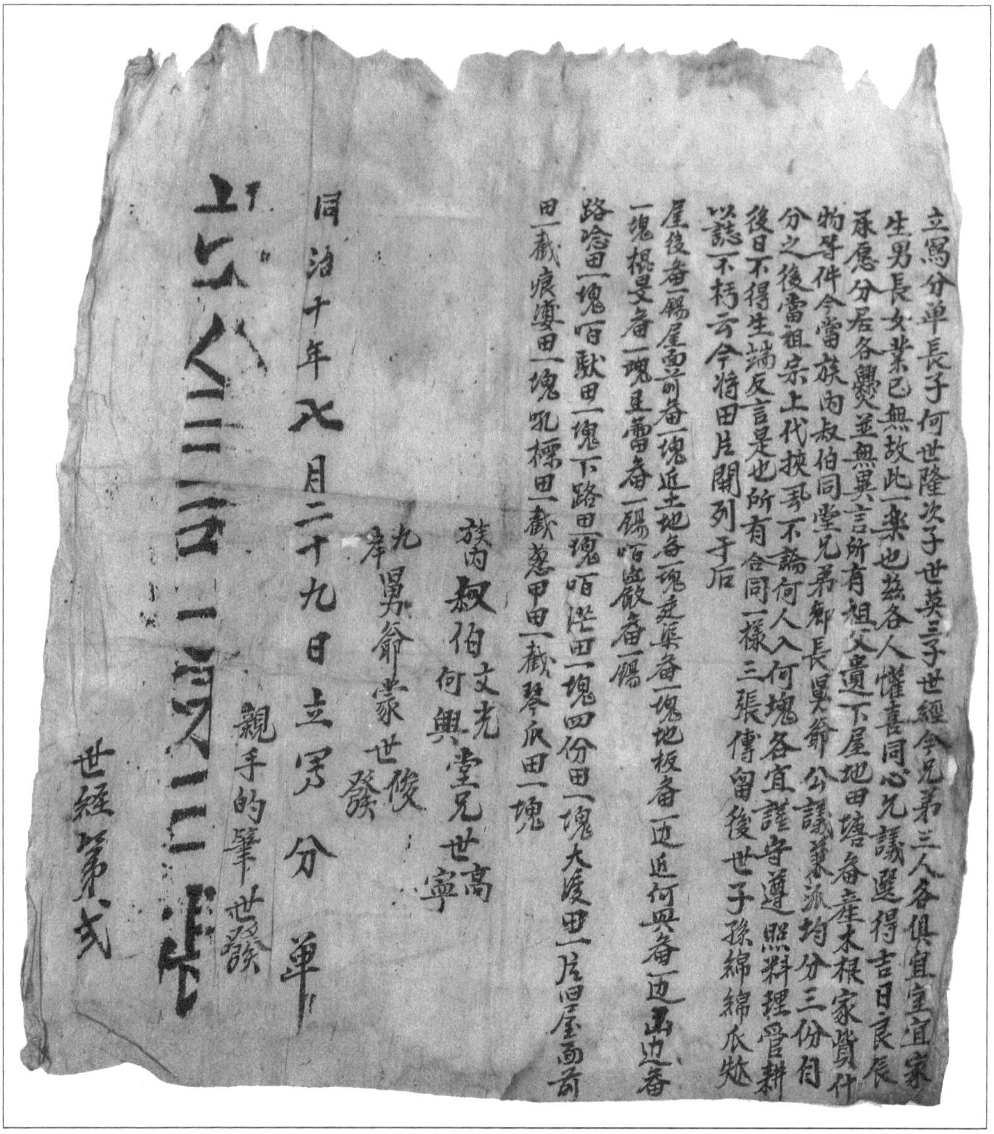
立寫分單長子何世隆次子世英三子世經今兄弟三人各俱宜室宜家
生男長女業已無故此一樂也茲各人懽喜同心允議選得吉日良辰
承應分居各爨並無異言所有祖父遺下屋地田塘畬產本根家貲什
物等件今當族内叔伯同堂兄弟舅長舅爺公議叢派均分三份付
分之後當祖宗上代换手不論何人入何塊各宜謹守遵照料理管耕
後日不得生端反言是也所有合同一樣三張傳留後世子孫綿綿瓜瓞
以誌不朽云今將田片開列于后
屋後畬一隅屋面前畬一塊近土地畬一塊走渠畬一塊地板畬一边近何興畬一边黑边畬
一塊根旻畬一塊且蕾畬一隅咟崗畬一隅
路埝田一塊咟馱田一塊下路田一塊咟浥田一塊四份田一塊大淩田一片回屋面前
田一截痕婁田一塊吼標田一截葱甲田一截琴瓜田一塊

族内叔伯文光
何興
堂兄世高
世寧
九岸舅爺蒙世俊
發

同治十年八月二十九日立寫分單

親手的筆世發

世經第弍

附图 25 《清同治十年何世经分单》

立写分单长子何世隆、次子世英、三子世经，今兄弟三人各俱宜室宜家，生男长女，业已无故，此一乐也。兹各人欢喜同心，允议选得吉日良辰，承愿分居各爨，并无异言。所有祖父遗下屋、地、田、塘、畲、产、木、根、家资什物等件，今当族内叔伯、同堂兄弟、乡长舅爷，公议兼派均分三份。自分之后，当祖宗上代挟飞，不论何人入何块，各宜谨守遵照，料理管耕，后日不得生端反言，是也。所有合同一样三张，传留后世子孙。绵绵瓜瓞，以志不朽云。今将田片开列于后：

屋后畲一锡，屋面前畲一块，近土地畲一块，廷渠畲一块，地板畲一边，近何兴畲一边，山边畲一块，棍旻畲一块，廷蕾畲一锡，咟严畲一锡，路唸田一块，咟驮田一块，下路田一块，咟茫田一块，四份田一块，大渡田一片，旧屋面前田一截，痕△田一块，吼标田一截，葱甲田一截，琴瓜田一块。

族内叔伯文光、何兴　堂兄世高、世宁

九岸舅爷蒙世俊、蒙世发

同治十年七月二十九日立写分单

亲手的笔　世发

（骑缝字“立合同一样三张”）

世经第二

三、收据

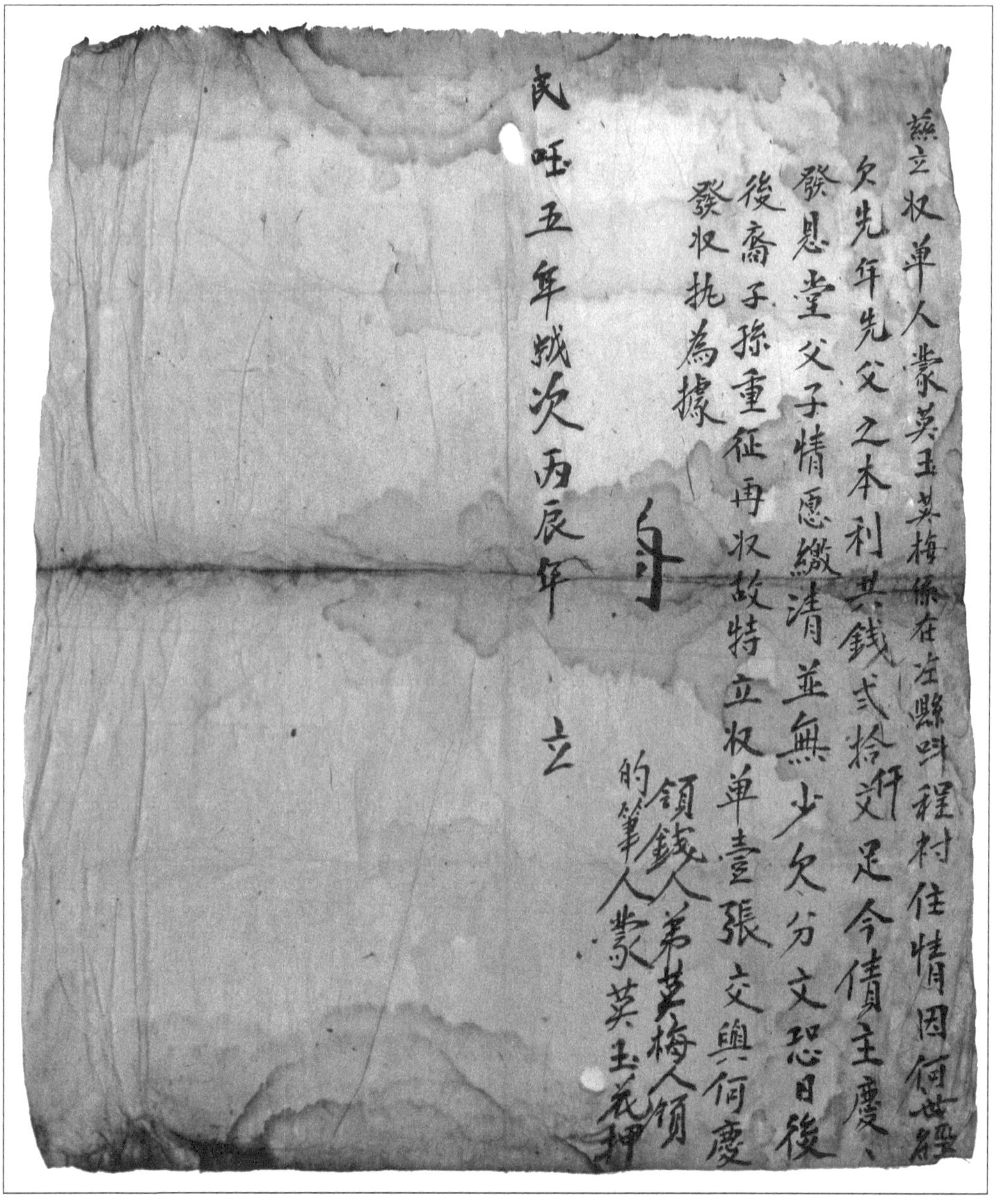
兹立收单人蒙英玉英梅係在左縣𠯗程村住情因何世發
欠先年先父之本利共錢弍拾仟文足今債主慶
發恳堂父子情愿繳清並無少欠分文恐日後
後裔子孫重征再收故特立收单壹張交與何慶
發收执為據
領錢人弟英梅人領
的筆人蒙英玉花押
民国五年歲次丙辰年　立

附图 26 《中华民国五年蒙英玉姐弟收据》

兹立收单人蒙英玉、英梅，系在左县叫程村住，情因何世经欠先年先父之本利共钱贰拾仟文足，今债主庆发、恩堂父子情愿缴清，并无少欠分文。恐日后后裔子孙重征再收，故特立收单一张交与何庆发收执为据。

领钱人弟英梅人领

的(代)笔人蒙英玉花押

民国五年岁次丙辰年　立

四、账单[①]

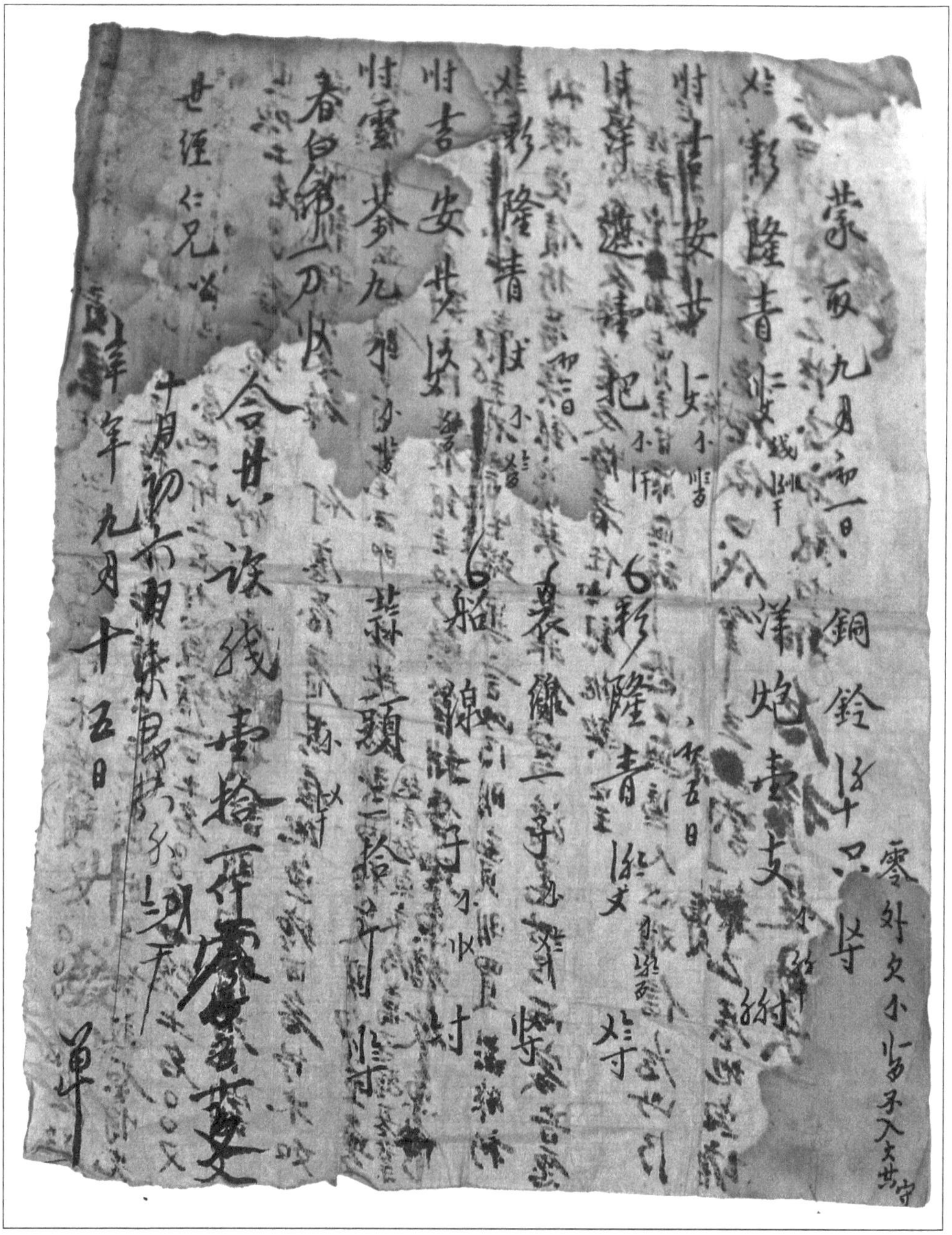

附图 27 《蒙取九月初一日账单》

① 本账单与《卖屋地鱼塘畲田竹木等项范本》是在一张纸上正反两面的内容，在统计何村契约文书数量时，算2件。

蒙取九月初一日

铜铃一十五只　一寸四分　　零(另)外欠　二百一　不入火共守

四八彩隆青三丈二尺　钱一千五百三十六　　洋炮一支　五千五　五寸五分

三寸吉安等一丈一尺　三百三

一寸洋遮一把　一千

初二日

四八彩隆青一丈　四百八

三寸吉安等一丈九尺　五百九

三寸吉安写一丈九尺　四百七

三寸云茶九　二七　二百七

春白布一刀　二四

初五日

彩隆青　一丈五尺七寸　一百五十七　四寸八分

衣线二子　四十八　二寸四分

船线二子　二四　七寸

蒜头三十斤　三寸八分

一千一百四

合共款钱一十一千零五十文

十一月初六日　柒银共八千〇四

世经仁兄

辛年九月十五日　单

五、何村礼封簿

（一）《清光绪二十四年十月十四日完穀旦立礼封簿》

（a）

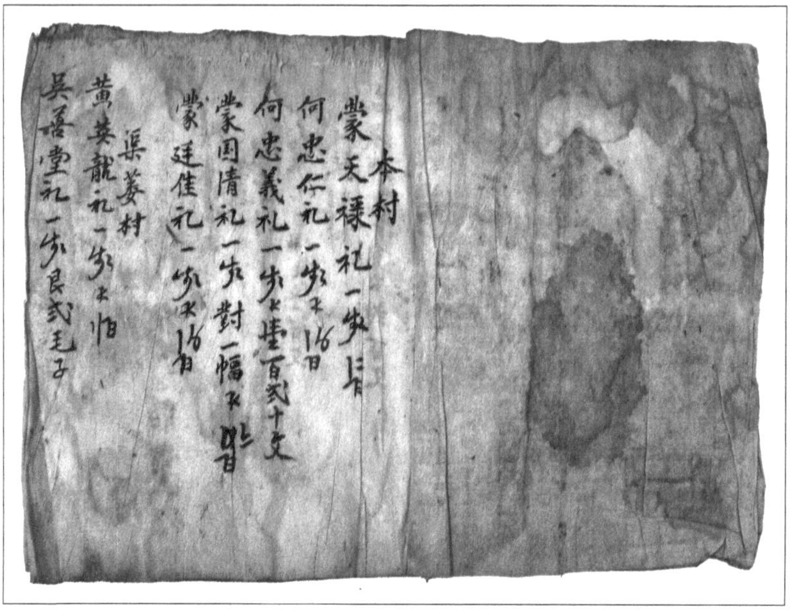

（b）

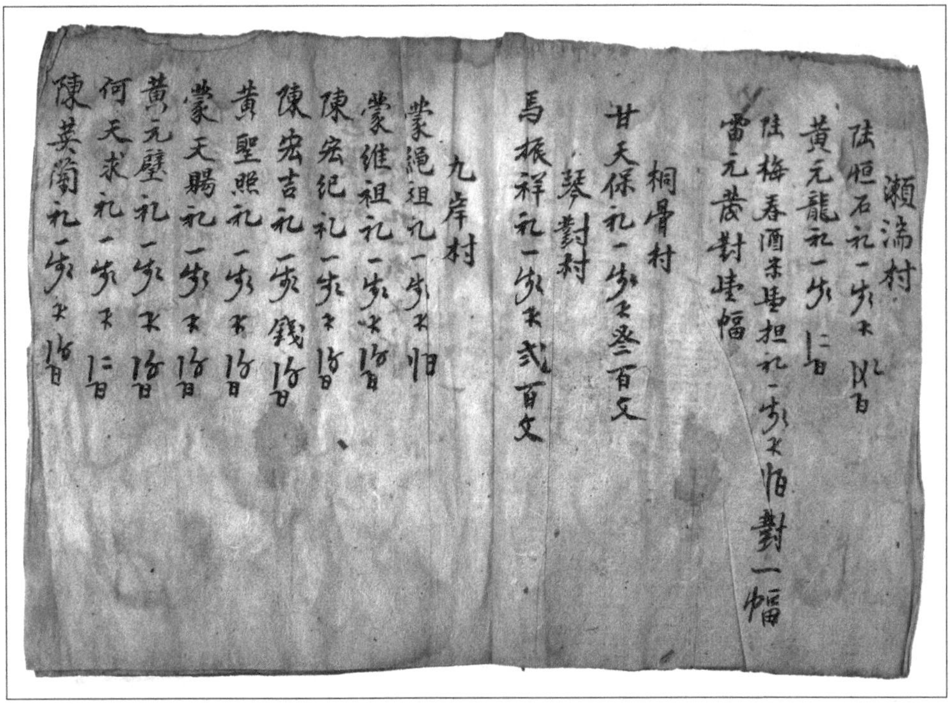

瀨滸村
陆恒石礼一步半以旨
黄元龍礼一步仁旨
陆梅春酒米壹担礼一步半伯 對一幅
雷元蓝對壹幅
桐骨村
甘天保礼一步半叁百文
琴對村
馬振祥礼一步半貳百文
九岸村
蒙绳祖礼一步半伯
蒙維祖礼一步半旨
陳宏紀礼一步半旨
陳宏吉礼一両錢旨
黄聖照礼一步半旨
蒙天賜礼一步半旨
黄元壁礼一步半旨
何天求礼一步半仁旨
陳英蘭礼一步半旨

(c)

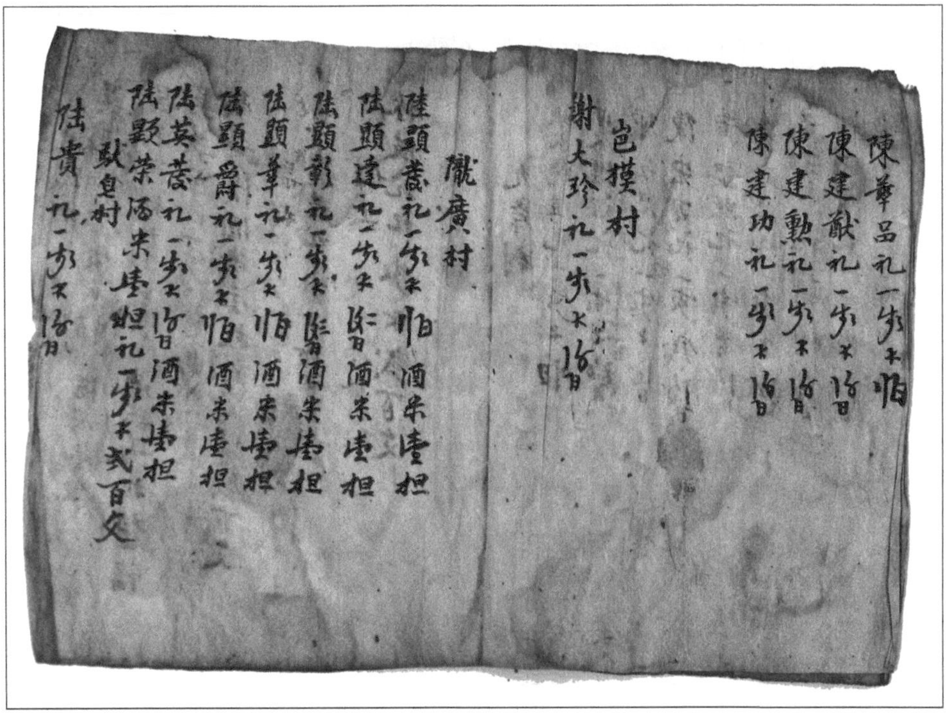

陳華吕礼一步半伯
陳建猷礼一步半旨
陳建勲礼一步半旨
陳建功礼一步半旨
岜模村
謝大珍礼一步半旨
朧廣村
陸顕蓋礼一步半伯 酒米壹担
陸顕達礼一步半旨 酒米壹担
陸顕彰礼一步半旨 酒米壹担
陸顕華礼一步半伯 酒米壹担
陸顕爵礼一步半伯 酒米壹担
陸英蓋礼一步半旨 酒米壹担
陸顕榮酒米壹担礼一步半貳百文
馱息村
陸貴礼一步半旨

(d)

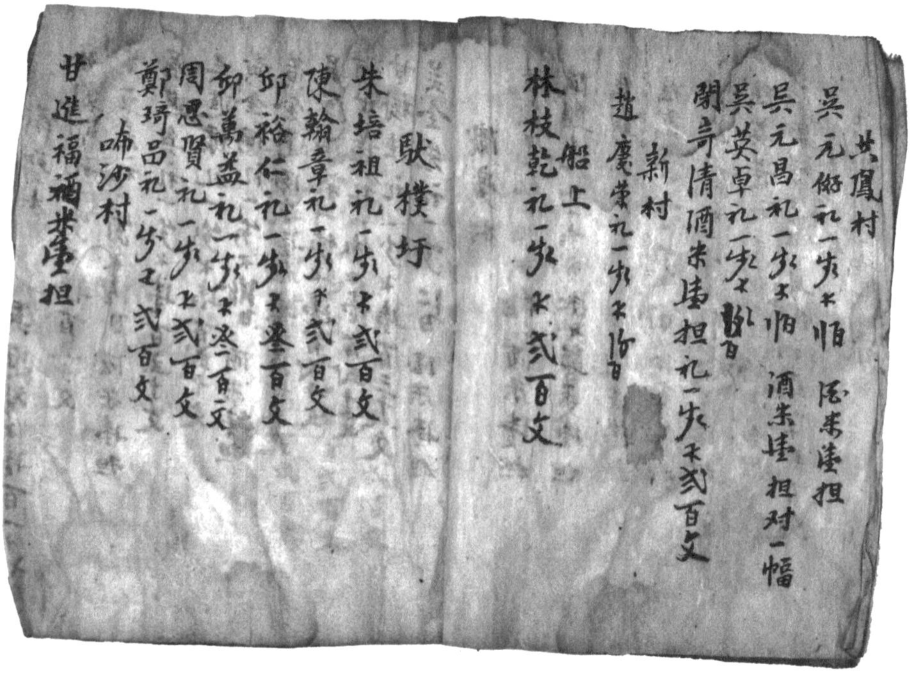

(e)

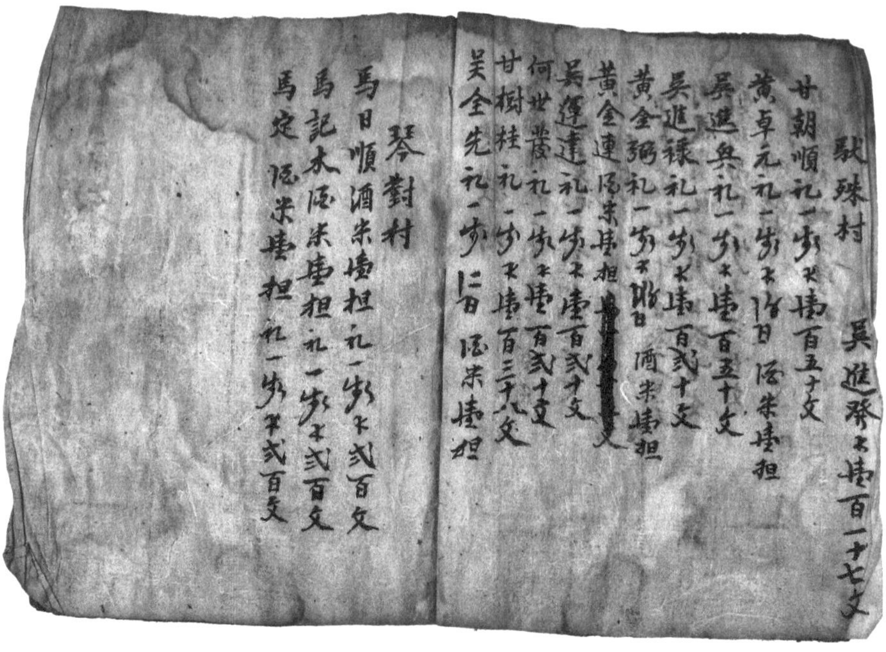

(f)

附图 28 《清光绪二十四年十月十四日完穀旦立礼封簿》

光绪二十四年十月十四日中完穀旦　立

本村

蒙天禄礼一步　一百二十

何忠仁礼一步　一百五十

何忠义礼一步　一百二十文

蒙国清礼一步对一幅　一百四十七

蒙廷佳礼一步　一百五十

渠娄村

黄英龙礼一步　二百

吴善堂礼一步　贰毛子

濑湍村

陆恒石礼一步　一百四十

黄元龙礼一步　一百四十

陆梅春酒米一担礼一步　二百　对一幅

雷元茂对一幅

桐骨村

甘天保礼一步　三百文

琴对村

马振祥礼一步　二百文

九岸村

蒙绳祖礼一步　二百

蒙维祖礼一步　一百五十

陈宏纪礼一步　一百五十

陈宏吉礼一步　一百五十

黄圣照礼一步　一百五十

蒙天赐礼一步　一百五十

黄元璧礼一步　一百五十

何天求礼一步　一百二十

陈英兰礼一步　一百五十

陈华品礼一步　二百

陈建猷礼一步　一百五十

陈建勋礼一步　一百五十

陈建功礼一步　一百五十

岜模村

谢大珍礼一步　一百五十

陇广村

陆显发　礼一步　二百　酒米一担

陆显达　礼一步　一百九十二　酒米一担

陆显彰　礼一步　一百九十三　酒米一担

陆显华　礼一步　二百　酒米一担

陆显爵　礼一步　二百　酒米一担

陆英茂　礼一步　一百五十　酒米一担

陆显荣酒米一担礼一步　二百文

驮皂村

陆贵礼一步　一百五十

共凤村

吴元△礼一步　二百文　酒米一担

吴元昌平　酒米一担礼一步　二百文

吴英卓　礼一步　一百九十六文

闭奇清　酒米一担　礼一步　二百文

新村

赵庆荣礼一步　一百五十文

船上

林枝乾礼一步　二百文

驮朴圩

朱培祖礼一步　二百文

陈翰章礼一步　二百文

邱裕仁礼一步　三百文

邱万益礼一步　三百文

周思贤礼一步　二百文

郑琦品礼一步　二百文

咘沙村

甘进福　酒米一担

驮殊村

吴进发　一百一十七文

甘朝顺　礼一步　一百五十文

黄卓元　礼一步　一百五十　酒米一担

吴进兴　礼一步　一百五十文

吴进禄　礼一步　一百二十文

黄金弼　礼一步　一百四十五　酒米一担

黄金连　酒米一担

吴运达　礼一步　一百二十文

何世发　礼一步　一百二十文

甘树桂　礼一步　一百三十八文

吴全先　礼一步　一百二十　酒米一担

琴对村

马日顺　酒米一担　礼一步二百文

马记木　酒米一担　礼一步二百文

马定　酒米一担　礼一步二百文

（二）《清癸未年十月十四日榖立礼封簿》

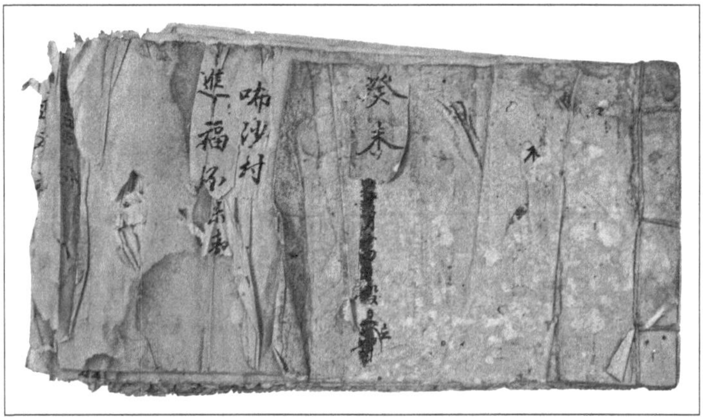

（a）

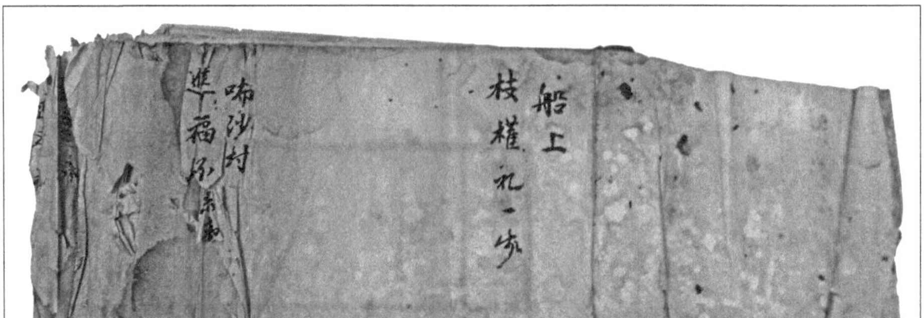

（b）

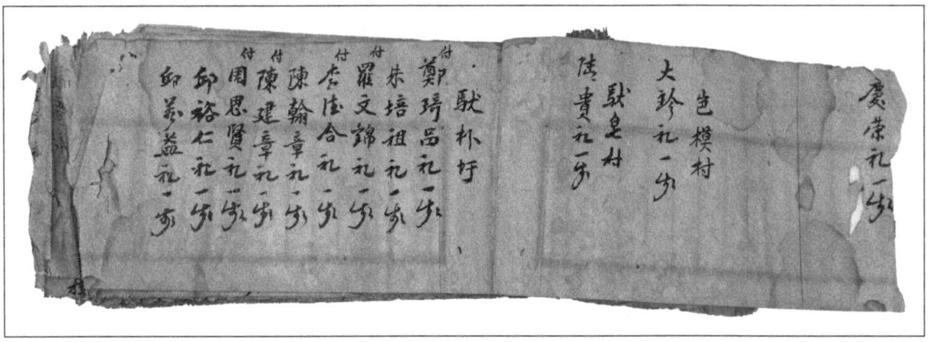

(c)

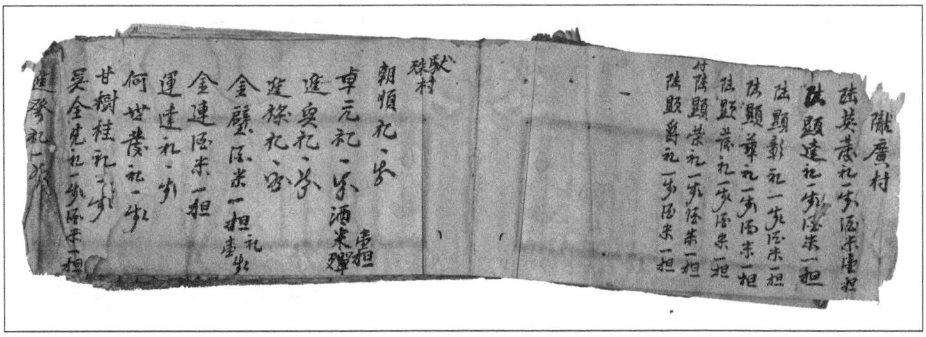

(d)

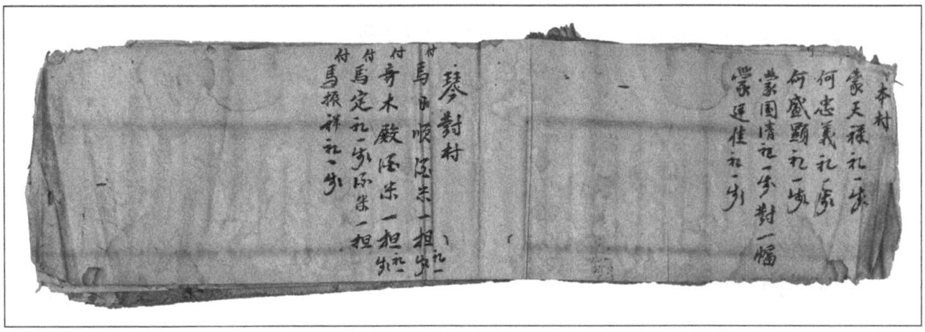

(e)

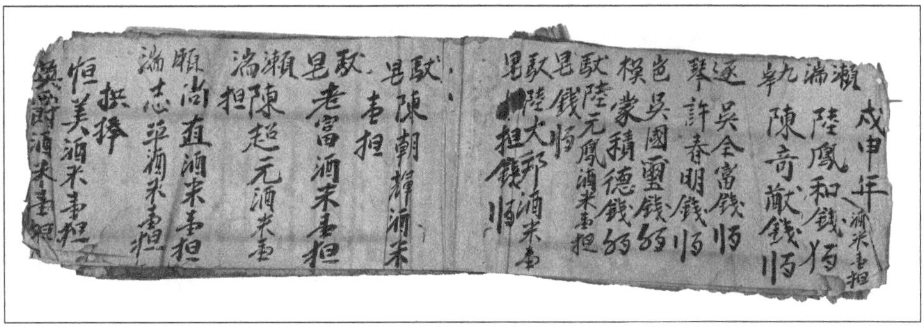

(f)

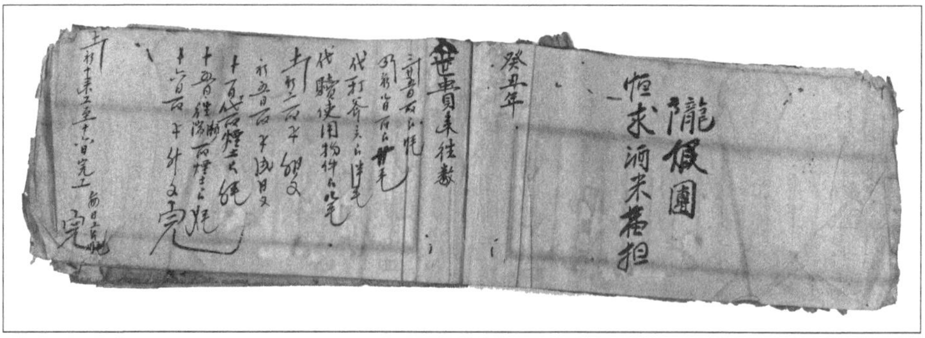

(g)

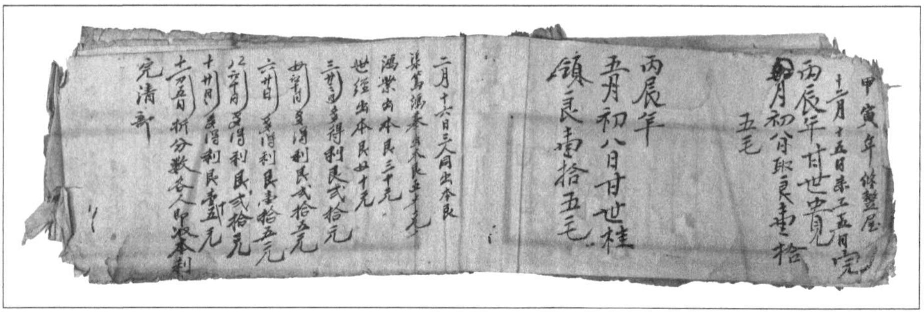

(h)

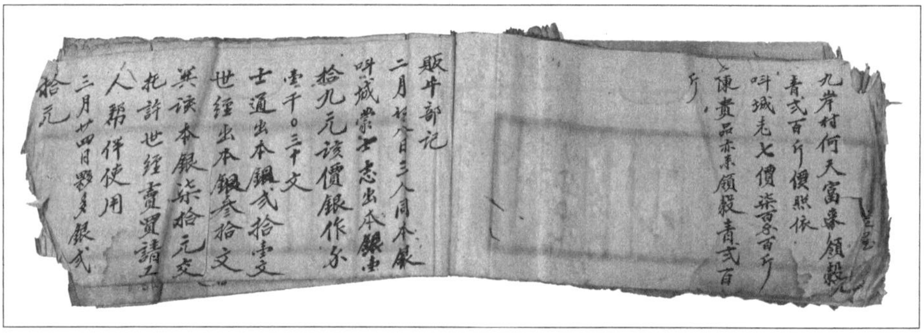

(i)

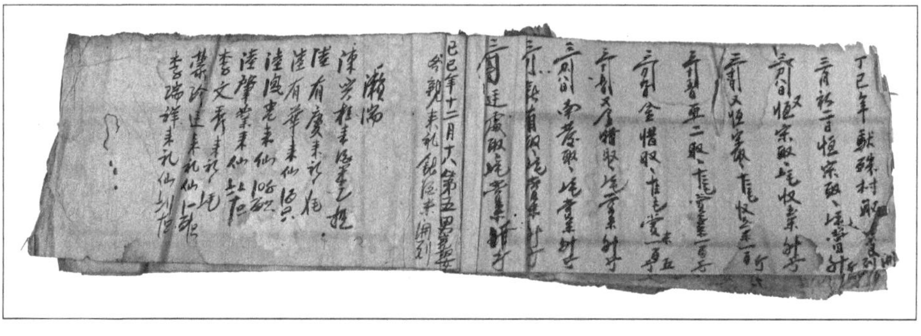

(j)

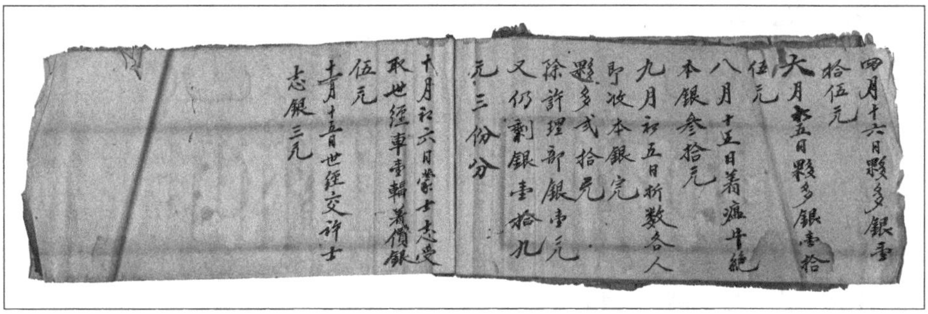

四月十六日戮多银壹
拾伍元
六月十五日戮多银壹拾
伍元
八月十五日着瘟牛絶
本银叁拾元
九月初五日析数合人
即收本银完
戮多贰拾元
除許理部银壹元
又仍剩银壹拾九
元三份分
十月初六日紫士志受
取世经車壹輛着價银
伍元
十一月十五日世经交許士
志银三元

（k）

附图 29 《清癸未年十月十四日穀立礼封簿》

癸未年十月十四日穀日

船上

枝权　礼一步

㖔沙村

进福□□□

庆荣　礼一步

邑模村

大珍　礼一步

驮皂村

陆贵　礼一步

驮朴圩

付郑琦品　礼一步

朱培祖　礼一步

付罗文锦　礼一步

付李德合　礼一步

陈翰章　礼一步

付陈建章　礼一步

付周思贤　礼一步

邱裕仁　礼一步

邱万益　礼一步

陇广村

陆英发　礼一步　酒米一担

陆显达　礼一步　酒米一担

陆显彰　礼一步　酒米一担

陆显华　礼一步　酒米一担

陆显茂　礼一步　酒米一担

付陆显荣　礼一步　酒米一担

陆显爵　礼一步　酒米一担

驮殊村

朝顺　礼一步

卓元　礼一步　酒米一担

进兴　礼一步

进禄　礼一步

金壁　酒米一担　礼一步

金连　酒米一担

运达　礼一步

何世发　礼一步

甘树桂　礼一步

吴全先　礼一步　酒米一担

进发　礼一步

本村

蒙天禄　礼一步

何忠义　礼一步

何盛显　礼一步

蒙国清　礼一步　对一幅

蒙廷佳　礼一步

琴对村

付马日顺　酒米一担　礼一步

付奇木殿　酒米一担　礼一步

付马定　礼一步　酒米一担

付马振祥　礼一步

戊申年

濑湍　陆凤和　钱四百　酒米一担

九岸　陈奇猷　钱二百

逐琴　吴全富　钱二百

　　　许春明　钱二百

岜模　吴国玺　钱五百

　　　蒙积德　钱五百

驮皂　陆元凤　酒米一担　钱二百

驮皂　陆大邦　酒米一担　钱二百

驮皂　陈朝辉　酒米一担

驮皂　老富　酒米一担

濑湍　陈超元　酒米一担

濑湍　尚直　酒米一担

　　　志平　酒米一担

拱捧

恒美　酒米一担

英爵　酒米一担

陇团

恒求　酒米一担

己巳年十二月十八第五男完娶

各亲来礼银酒米开列

濑湍

陈兴桂来酒米一担

陆有庆来礼四毛

陆有华来仙一百只

陆凤光来仙一百零五只

陆启业来仙七十六只

李文秀来礼六毛

蒙珍廷来礼仙一百一十只

李瑞祥来礼仙七十二只

癸丑年

世贵来往数

三〔月〕二十五日取〔银〕二毛

八〔月〕初八日取〔银〕二十毛

代打斧头银十一毛五分

代赎使用物件银八毛

十〔月〕初二取银五百文

初五日取银三百文

十一日代取烟土银五毛

十五日往漱湍取烟土银四毛

十六日取银五十文完

十〔月〕初十来工至十六日完工每日工钱三毛

完

甲寅年　修整屋

十二月十五日来工五日完

丙辰年甘世贵

五月初八日取银一拾五毛

丙辰年

五月初八日甘世桂领银一拾五毛

二月十六日同出本银

渠笃鸿基出本银五十元

鸿业出本银三十元

世经出本银二十元

三〔月〕二十日多得利银二十元

四〔月〕初十日多得利银二十元

六〔月〕二十日多得利银一拾五元

八〔月〕初十日多得利银二十元

十〔月〕二十日多得利银一拾五元

十一〔月〕初五日折分数各人即收本利

完清部

九岸村何天富来领谷青二百斤价照依

呌城老七价柒百△百斤

陈贵品亦来领谷青二百斤

贩牛部记

二月初八日三人同本银

呌城蒙士志出本银一

拾九元该价作△

一千零三十文

士通出本银二十一文

世经出本银三十文

共该本银七十元交

托许世经卖买请工

人帮伴使用

三月二十四日夥多银二拾元

丁巳年　驮殊村取银列开

三月初二日恒宋取(银)六毛、赏米五十斤

三〔月〕八日又恒宋取(银)六毛赏米五十斤

三〔月〕十日又恒宋取(银)十二毛　收玉米一百斤

三〔月〕十五日亚二取(银)十二毛　收玉米一百斤

三〔月〕初九日金惜取(银)十三毛赏米一百五十斤

三〔月〕十五日又金惜取(银)六毛赏米五十斤

三〔月〕初八日南发取(银)六毛赏米五十斤

三〔月〕初八日新有取(银)六毛赏米五十斤

三〔月〕十五日廷处取(银)六毛赏米一百斤

四月十六日夥多银一十五元

六月初五日夥多银一十五元

八月十王日着瘟牛绝本银三十元

九月初五日折数各人

即收本银完

夥多二十元

除许理部银一元

又仍剩银一十九元三份分

十月初六日蒙士志受

取世经车一辐着价银五元

十一月十五日世经交许士志银三元

（三）《中华民国十五年仲冬朔二日立礼封簿》

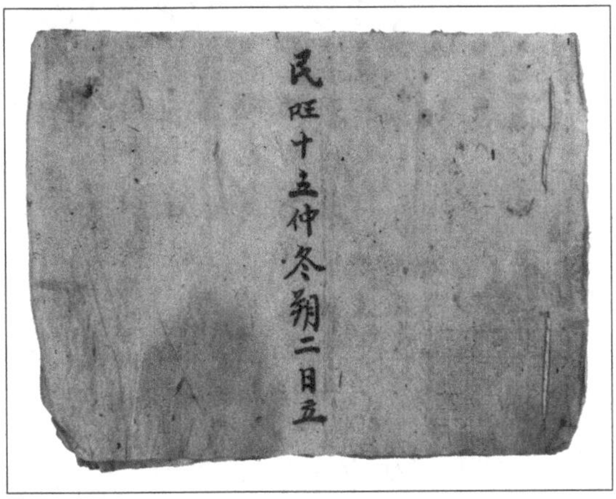

（a）

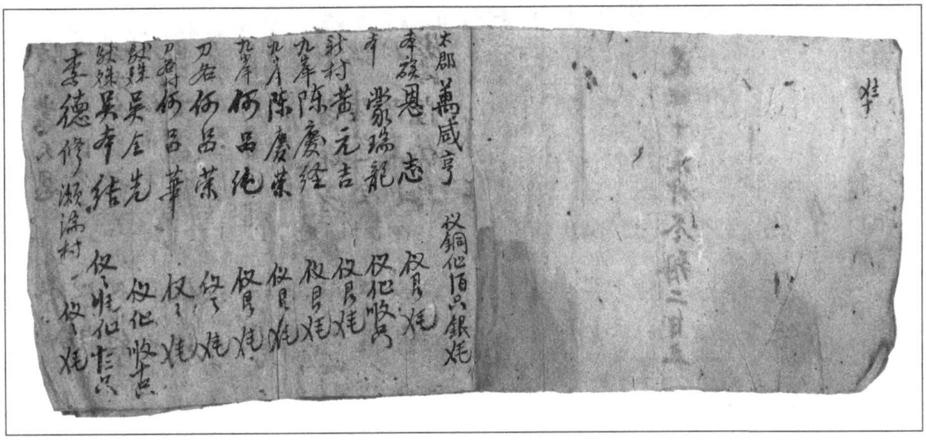

（b）

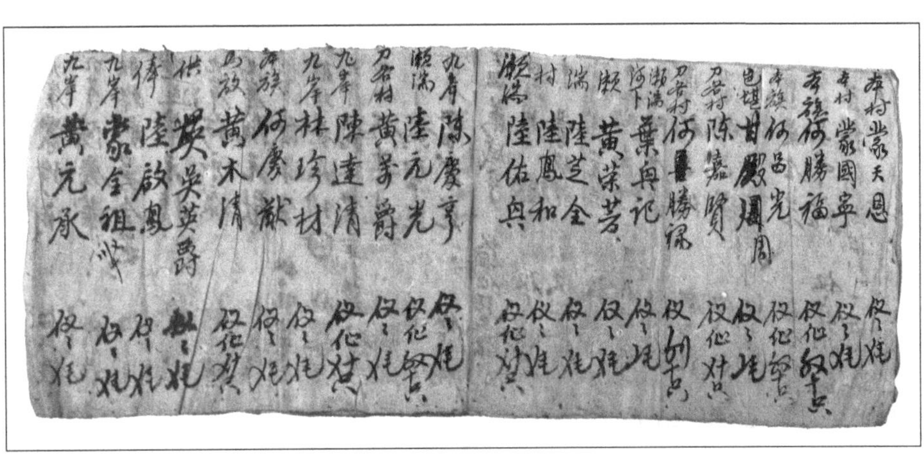

（c）

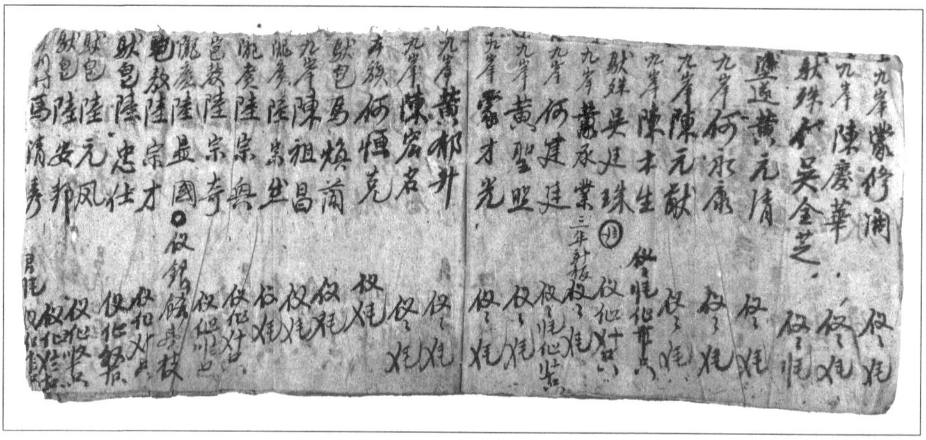

（d）

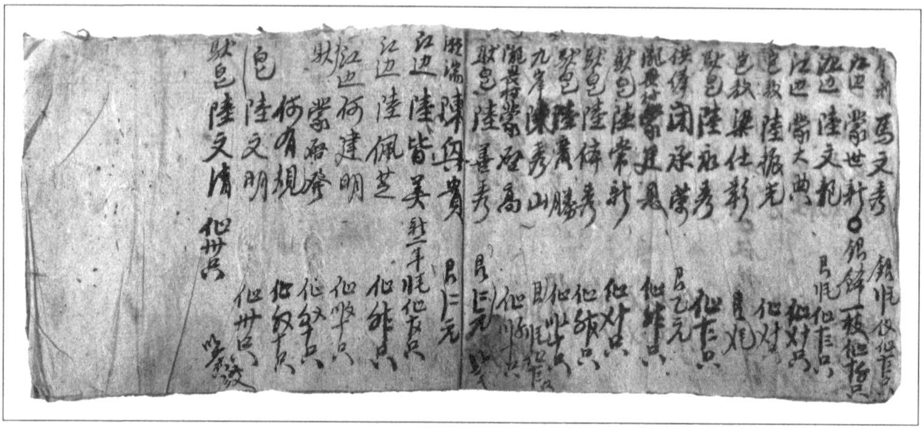

（e）

附图 30 《中华民国十五年仲冬朔二日立礼封簿》

民国十五年仲冬朔二日立

太郡　万咸亨　仪铜仙一百只银四毛

本族　恩志　仪银四毛

本族　蒙瑞龙　仪仙三十九只

新村　黄元吉　仪银四毛

九岸　陈庆经　仪银四毛

九岸　陈庆荣　仪银四毛

九岸　何品纯　仪银四毛

刀各　何品荣　仪银四毛

刀各村　何品华　仪银四毛

驮殊　吴全先　仪仙三十九只

驮殊　吴本结　仪银三毛仙十三只

李德修　濑湍村　仪银四毛

本村　蒙天恩　仪银四毛

本村　蒙国宁　仪银四毛

本族　何胜福　仪仙五十四只

本族　何品光　仪仙五十四只

岜堪　甘殿周　仪银六毛

刀各村　陈嘉贤　仪仙五十只

刀各村　何胜禄　仪仙五十二只

濑湍河下　叶兴记　仪银六毛

濑湍村　黄荣芳　仪银四毛

陆芝全　仪银四毛

陆凤和　仪银四毛

濑湍　陆佑兴　仪仙四十二只

九岸　陈庆亨　仪银四毛

濑湍　陆元光　仪仙五十四只

刀各村　黄美爵　仪银四毛

九岸　陈达清　仪仙四十只

九岸　林珍材　仪银四毛

本族　何庆猷　仪银四毛

马放　黄木清　仪仙四十只

供俸　吴英爵　仪银四毛

陆敞凤　仪银四毛

九岸　蒙全祖　仪银四毛

九岸　黄元承　仪银四毛

九岸　蒙修开　仪银四毛

九岸　陈庆华　仪银四毛

驮殊　吴金芝　仪银二毛

浦遂　黄元清　仪银四毛

九岸　何永康　仪银四毛

九岸　陈元猷　仪银四毛

九岸　陈木生　仪银二毛仙十只

驮殊　吴廷珠　仪仙四十只

九岸　黄承业　三年新板仪银四毛

九岸　何建廷　仪银二毛仙二十六只

九岸　黄圣照　仪银四毛

九岸　蒙才光　仪银四毛

九岸　黄郁升　仪银四毛

九岸　陈宏名　仪银四毛

本族　何恒克　仪银四毛

驮皂　马焕兰　仪银四毛

九岸　陈祖昌　仪银四毛

陇广　陆宗然　仪银四毛

陇广　陆宗兴　仪仙四十只

岜敖　陆宗才　仪仙四十只

岜敖　陆宗奇　仪仙三十八只

陇广　陆显国　仪银饰一枝

岜敖　陆忠仕　仪仙四十只

驮皂　陆元凤　仪仙三十九只

驮皂　陆安邦　仪仙四十八只

全利村　马清秀　仪仙十三只

全利　马文秀　银二毛仪仙十三只

江边　蒙世新　银饰一枝　仙十九只

江边　陆文龙　银二毛仪　仙十三只

江边　蒙大典　仙四十只

岜敖　陆振光　仙四十只

岜敖　梁仕彰　银四毛

驮皂　陆永秀　仙十二只

供俸　闭承荣　银 2 元

陇畏村　蒙廷恩　仙五十二只

驮皂　陆常新　仙四十只

驮皂　陆体秀　仙五十四只

驮皂　陆广胜　仙三十六只

九岸　陈秀山　银二毛仪仙十三只

陇畏村　蒙启高　仙三十五只

驮皂　陆善秀　银一十二元

濑湍　陈兴贵　银一十二元

江边　陆皆美　新二年二毛　仙十四只

江边　陆佩芝　仙五十二只

江边　何建明　仙三十九只

驮皂　蒙启发　仙五十四只

何有规　仙五十四只

陆文明　仙三十只

驮皂　陆文清　仙三十只

六、八字单[①]

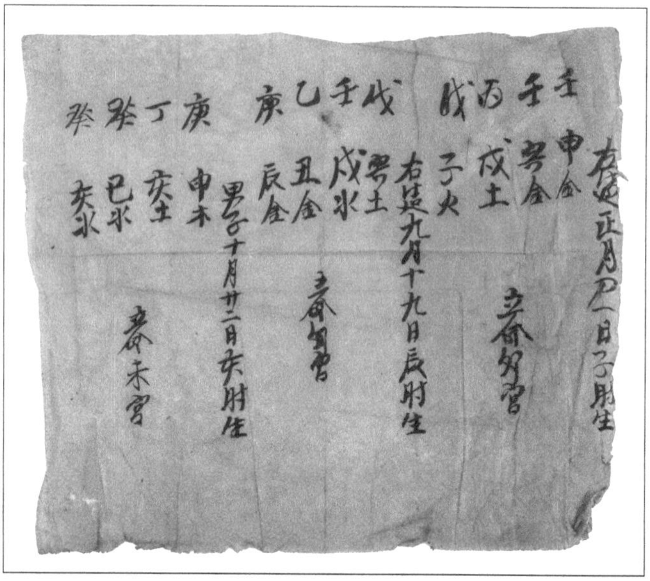

（a）

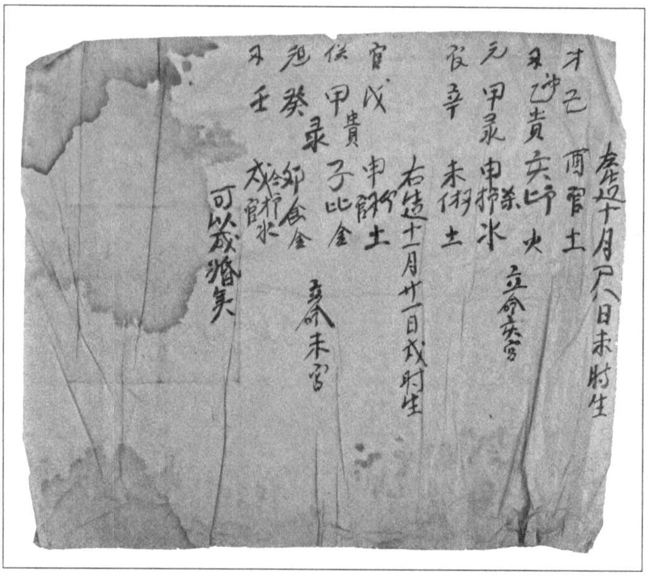

（b）

① 八字单上有不少算命先生简写的符号，无法以汉字表示，作者为全面呈现何村契约文书，在此仅以图片形式展示八字单。

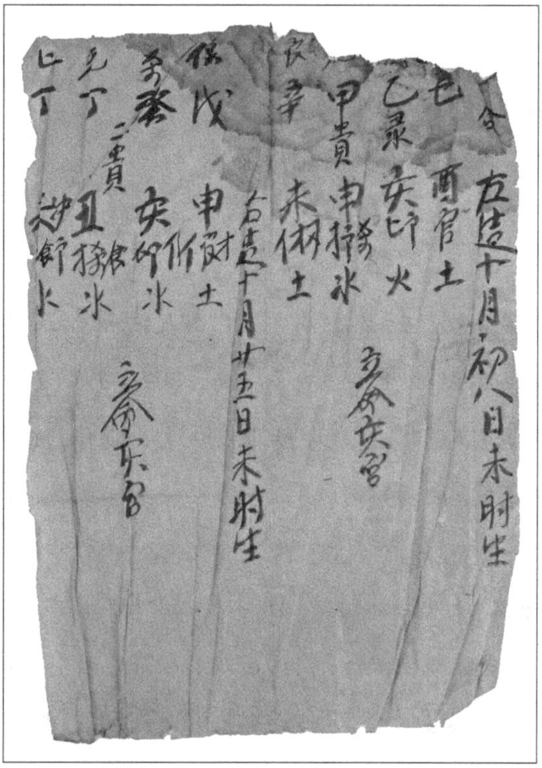

(c)

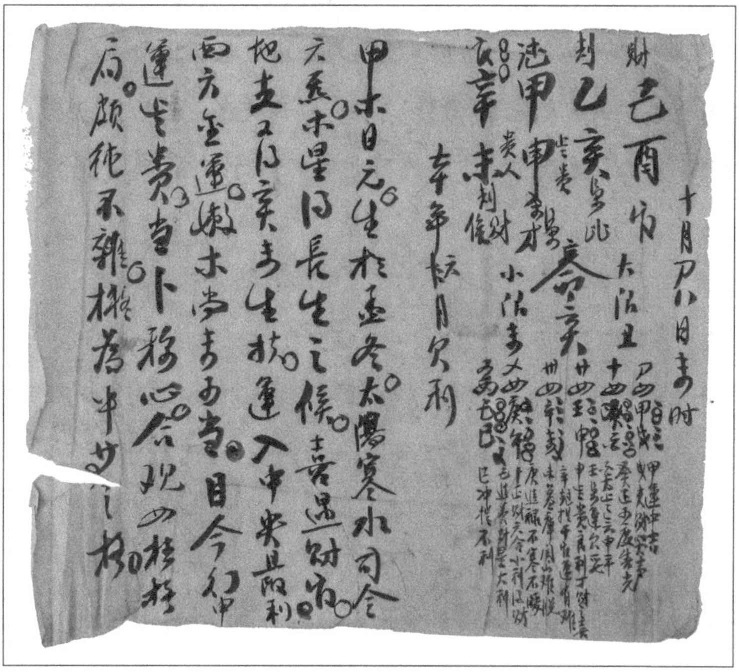

(d)

附图 31 《八字单》

参考文献

BIBLIOGRAPHY

[1] 谢启昆. 广西通志：五[M]. 南宁：广西人民出版社，1988.

[2] 赵尔巽. 清史稿[M]. 上海：中华书局，2021.

[3] 黎申产. 广西省宁明州志[M]. 台北：成文出版社，1970.

[4] 田涛，郑秦点校. 大清律例[M]. 北京：法律出版社，1999.

[5] 吴龙辉. 崇善县志[M]. 台北：成文出版社，1937.

[6] 甘汝来. (雍正)太平府志[M]. 南宁：广西人民出版社，2016.

[7] 杨世贤. 广西田赋概要[M]. 广西省政府经济委员会，1936.

[8] 大新县地方志编纂委员会. 大新县志(1986~2005)[M]. 南宁：广西人民出版社，2017.

[9] 陆德宁. 南宁地区志[M]. 南宁：广西人民出版社，2009.

[10] 韦强. 赤色龙州[M]. 南宁：广西人民出版社，2014.

[11] 黄体荣. 广西历史地理[M]. 南宁：广西民族出版社，1985.

[12] 中国第二历史档案馆. 中华民国史档案资料汇编[M]. 南京：江苏古籍出版社，2010.

[13] 姚秀兰. 户籍、身份与社会变迁：中国户籍法律史研究[M]. 北京：法律出版社，2004.

[14] 杨国桢. 明清土地契约文书研究[M]. 3 版. 北京：北京师范大学出版社，2021.

[15] 张传玺. 中国历代契约会编考释[M]. 北京：北京大学出版社，1995.

[16] 侯钧生. 西方社会学理论教程[M]. 天津：南开大学出版社，2006.

[17] 王旭. 契纸千年：中国传统契约的形式与演变[M]. 北京：北京大学出版社，2013.

[18] 吴向红. 典之风俗与典之法律[M]. 北京：法律出版社，2009.

[19] 王亚新，梁治平. 明清时期的民事审判与民间契约[M]. 北京：法律出版社，1998.

[20] 梁治平. 寻求自然秩序中的和谐：中国传统法律文化研究[M]. 北京：商务印书馆，2013.

[21] 梁治平. 清代习惯法[M]. 桂林：广西师范大学出版社，2015.

[22] 陈春声，陈东有. 杨国桢教授治史五十年纪念文集[M]，南昌：江西教育出版社，2009.

[23] 罗志欢，李龙潜. 清代广东土地契约文书汇编[M]. 济南：齐鲁书社，2014.

[24] 童列春. 身份权研究[M]. 北京：法律出版社，2018.

[25] 刘克祥. 中国永佃制度研究[M]. 北京：社会科学文献出版社，2017.

[26] 李志敏. 中国古代民法[M]. 北京：法律出版社，1988.

[27] 方行. 中国经济通史：清代经济卷[M]. 北京：经济日报出版社，1999.

[28] 张应强，王宗勋. 清水江文书[M]. 南宁：广西师范大学出版社 2011.

[29] 张应强. 木材之流动：清代清水江下游地区的市场、权力与社会[M]. 北京：生活·读书·新知三联书店，2006.

[30] 马小红. 礼与法：法的历史连接[M]. 北京：北京大学出版社 2017.

[31] 韦顺莉. 清末民初壮族土司社会研究：以广西大新县境为例[M]. 北京：民族出版社，2008.

[32] 龙登高. 地权市场与资源配置[M]. 福州：福建人民出版社，2012.

[33] 刘志伟. 在国家与社会之间：明清广东里甲赋役制度研究[M]. 广州：中山大学出版社，1997.

[34] 何汇江. 城市低收入群体贫困与扶贫对策研究[M]. 北京：中国社会出版，2018.

[35] 包亚明. 现代性与空间的生产[M]. 上海：上海教育出版社，2003.

[36] 高宣扬. 布迪厄的社会理论[M]. 上海：同济大学出版社，2004.

[37] 费孝通. 乡土中国生育制度[M]. 北京：北京大学出版社，1998.

[38] 费孝通. 江村经济：中国农民的生活[M]. 北京：商务印书馆，2001.

[39] 晓耕，刘杨. 中国古代土地法制述略[M]. 北京：中国和平出版社，1996.

[40] 赵晓耕. 身份与契约：中国传统民事法律形态[M]. 北京：中国人民大学出版社. 2012.

[41] 陈志武. 文明的逻辑：人类与风险的博弈[M]. 北京：中信出版社，2022.

[42] 胡宗山. 中国古代乡村治理[M]. 北京：中国社会科学出版社，2024.

[43] 广西壮族自治区编写组，《中国少数民族社会历史调查资料丛刊》修订编辑委员会. 广西少数民族地区碑文契约资料集[M]. 北京：民族出版社，2009.

[44] 广西壮族自治区编辑组，《中国少数民族社会历史调查资料丛刊》修订编辑委员会. 广西壮族社会历史调查(四)[M]. 北京：民族出版社，2009.

[45] 杜海军. 广西石刻总集辑校[M]. 北京：社会科学文献出版社，2014.

[46] 广西民族研究所. 广西少数民族地区石刻碑文集[M]. 南宁：广西人民出版社，1982.

[47] 黄家信. 壮族地区土司制度与改土归流研究[M]. 合肥：合肥工业大学出版社，2007.

[48] 白耀天，谷口房男. 壮族土官族谱集成[M]. 南宁：广西民族出版社，1998.

[49] 范宏贵，顾有识. 壮族历史与文化[M]. 南宁：广西民族出版社，1997.

[50] 陈文源. 明代中越邦交关系研究[M]. 北京：社会科学文献出版社，2019.

[51] 翁玮，刘红梅. 东南亚经济环境概论[M]. 北京：首都经济贸易大学出版社，2022.

[52] 徐勇，邓大才. 中国农村调查[M]. 南京：江苏人民出版社，2024.

[53] 张仲礼. 中国绅士：关于其在19世纪中国社会中作用的研究[M]. 李荣昌，译. 上海：上海社会科学院出版社，1991.

[54] 叶孝信. 中国民法史〔修订版〕[M]. 上海：复旦大学出版社，2021.

[55] 钟文典. 广西近代圩镇研究[M]. 桂林：广西师范大学出版社，1998.

[56] 鲁西奇. 中国古代买地券研究[M]. 厦门：厦门大学出版社，2014.

[57] 王军鹏. 城市更新背景下的居住隔离问题研究：基于社会流动的视角[M]. 武汉：武汉大学出版社，2020.

［58］左开大，林瑞英．马克思主义哲学原理［M］．北京：法律出版社，2003.

［59］濑川昌久．族谱：华南汉族的宗族风水移居［M］．钱杭，译．上海：上海书店出版社，1999.

［60］梅因．古代法［M］．沈景一，译．北京：商务印书馆，1959.

［61］詹姆斯·C·斯科特．农民的道义经济学：东南亚的反叛与生存［M］．程立显等，译．南京：译林出版社，2001.

［62］罗布斯·通斯．核心社会学思想家［M］．3 版．姚伟，李娜，译．上海：上海人民出版社，2020.

［63］莫菲．文化和社会人类学［M］．吴玫，译．北京：中国文联出版公司，1988.

［64］斯图亚特·霍尔，保罗·杜盖伊．文化身份问题研究［M］．庞璃，译．郑州：河南大学出版，2010.

［65］彼得·布劳．不平等和异质性［M］．王春光，谢圣赞，译．北京：中国社会科学出版社，1991.

［66］阿兰·德波顿．身份的焦虑［M］．上海：上海译文出版社，2007.

［67］滋贺秀三．中国家族法原理［M］．张建国，李力，译．北京：商务印书馆，2013.

［68］勒内·达维德．当代主要法律体系［M］．上海：上海译文出版社，1984.

［69］戴维·波普诺．社会学［M］．11 版．李强，等译．北京：中国人民大学出版社，2007.

［70］卡尔·马克思，弗里德里希·恩格斯．马克思恩格斯全集［M］．北京：人民出版社，1962.

［71］黑格尔．精神现象学［M］．贺麟，王玖兴，译．北京：商务印书馆，1979.

［72］长野郎．中国土地制度的研究［M］．强我，译．北京：中国政法大学出版社，2004.

［73］曾小萍，欧中坦，加德拉．早期近代中国的契约与产权［M］．李超，等译．杭州：浙江大学出版社，2011.

［74］栗本慎一郎．经济人类学［M］．王名，等译．北京：商务印书馆，1997.

[75] 马赛尔·莫斯. 论馈赠：传统社会的交换形式及其功能[M]. 卢汇，译. 北京：中央民族大学出版社，2002.

[76] 安东尼·吉登斯. 社会的构成：结构化理论大纲[M]. 李康，李猛，译. 北京：中国人民大学出版社，2016.

[77] 科大卫，刘东，卜永坚. 皇帝和祖宗：华南的国家与宗族[M]. 卜永坚，译. 南京：江苏人民出版社，2009.

[78] 宾长初. 清政府对广西农村圩镇的管理机制[J]. 广西师范大学学报(哲学社会科学版)，2012(5)：181-187.

[79] 宾长初，莫绍初. 规约与生计：乡规民约对经济活动的调适：清代南疆民间自我管理系列研究之一[J]. 广西师范大学学报(哲学社会科学版)，2016(3)：1-6.

[80] 杨丽云，秦婕. 清至民国时期广西左江流域民间契约文书研究：以崇左市壮族博物馆新藏何村契约为中心[J]. 农业考古，2024(3)：97-104.

[81] 杨丽云. 清代至民国时期左江流域民间契约文书中身份再生产研究：以何村契约文书为例[J]. 广西民族师范学院学报，2024(3)：47-57.

[82] 吕燕平. 安顺屯堡刊刻契约文书探析[J]. 安顺学院学报，2019(1)：1-6.

[83] 龙登高，林展，彭波. 典与清代地权交易体系[J]. 中国社会科学，2013(5)：125-141.

[84] 王明锁. 我国传统典权制度的演变及其在未来民商立法中的改造[J]. 河南省政法管理干部学院学报，2002(1)：48-54.

[85] 胡启扬. 清代永佃制盛行的制度分析[J]. 安徽文学，2008(10)：203-204.

[86] 陈进国. 扶乩活动与风水信仰的人文化[J]. 世界宗教研究，2004(4)：138-148.

[87] 陈进国. 骨骸的替代物与祖先崇拜[J]. 民俗研究，2005(2)：108-125.

[88] 范春义. 作为民间仪式文本的买地券文体研究[J]. 中南民族大学学报(人文社会科学版)，2018(5)：117-121.

[89] 郭睿君. 清代徽州契约文书所见“中人”身份探讨[J]. 档案学通讯，2017

(4)：58-63.

[90] 瞿见.“依口代笔”与“依稿代笔”：清代清水江契约的代笔方式[J]. 思想战线，2024(1)：83-97.

[91] 黎开然. 清至民国时期桂林契约文书“中人”身份探析[J]. 理论观察，2024(5)：129-133.

[92] 杜成材，吕燕平. 安顺大屯契约中的中人社会身份初探[J]. 安顺学院学报，2021(1)：1-5.

[93] 王烨. 清代湖北天门熊氏土地买卖契约文书所见中人身份探讨[J]. 社会科学动态，2023(8)：104-111.

[94] 郭睿君. 徽州契约文书所见“中人”称谓[J]. 淮北师范大学学报(哲学社会科学版)，2017(1)：47-50.

[95] 郭睿君. 明代徽州契约文书所见“中人”报酬：兼与清代的比较[J]. 安徽师范大学学报(人文社会科学版)，2020(3)：74-82.

[96] 郭睿君. 托中查处：明清“中人”的调解作用：以徽州为中心的考察[J]. 徽学，2020(1)：74-87.

[97] 杨志军，刘崧. 清水江文书的信任机制及其阐释[J]. 浙江档案，2017(11)：50-54.

[98] 王帅一. 明清时代的“中人”与契约秩序[J]. 政法论坛，2016(2)：170-182.

[99] 毛永俊. 古代契约“中人”现象的法文化背景：以清代土地买卖契约为例[J]. 社会科学家，2012(9)：107-110.

[100] 陈胜强. 中人在清代土地绝卖契约中的功能：以中国传统交易规则的影响为视角[J]. 北方法学，2012(4)：140-145.

[101] 陈胜强. 论清代土地绝卖契约中的中人现象[J]. 民间法，2011(1)：234-245.

[102] 李桃，陈胜强. 中人在清代私契中功能之基因分析[J]. 河南社会科学，2008(5)：61-63.

[103] 周进. 清代土地绝卖契约中人的双向性居间功能[J]. 长江大学学报(社

科版)，2013(5)：28-31.

[104] 周进，李桃. 同姓中人在清代土地绝卖契约中的法律角色研究：从与卖方的关系探讨[J]. 贵州社会科学，2009(5)：132-136.

[105] 张可辉. 从敦煌吐鲁番文书看中人与地权交易契约关系[J]. 西域研究，2011(2)：63-72.

[106] 刘爱新. 清代前期广西牙人牙行发展考略[J]. 中国社会经济史研究，2010(2：33-37.

[107] 高学强. 试论中国古代契约中的担保制度[J]. 大连理工大学学报(社会科学版)，2009(4)：70-75.

[108] 俞如先. 民间典当的中人问题：以清至民国福建闽西为视点[J]. 福建论坛(人文社会科学版)，2009(5)：108-113.

[109] 王雪梅. 自贡盐业契约中的中人现象初探[J]. 西南民族大学学报(人文社科版)，2009(2)：262-266.

[110] 渠桂萍. 试述20世纪前期华北乡村中人在社会分层结构中的地位[J]. 山西高等学校社会科学学报，2008(2)：126-127.

[111] 刘正刚，杜云南. 清代珠三角契约文书反映的妇女地位研究[J]. 中国社会经济史研究，2013(4)：49-59.

[112] 吴声军. 从贺江文书看清代以降南岭走廊妇女的权利——兼与清水江文书的比较[J]. 广西社会科学，2016(6)：125-130.

[113] 杜树海. 清末民初广西太平州“开圩”现象再探讨[J]. 中国经济史研究，2013(3)：145-150.

[114] 杜树海. 土地权与人身权：清代广西土司地区土地文书研究[J]. 中国经济史，2017(2)：68-83.

[115] 张江华. 科举、商品化与社会平等. 清代广西土司社会的“文明化”[J]. 社会，2020(2)：1-41.

[116] 王晓军. 移民、土司与边疆社会：以龙州县逐卜乡板弄屯明代碑刻为中心的考察[J]. 贺州学院学报，2023(4)：60-67.

[117] 黄粲茗. “南关封王”：清代广西边境朝廷差役的初步考察[J]. 清史研

究，2024(1)：57-65.

[118] 赵晓力. 中国近代农村土地交易中的契约、习惯与国家法[J]. 北大法律评论，1998(2)：116-193.

[119] 郑振满. 明清时期的林业经济与山区社会：福建永泰契约文书研究[J]. 学术月刊，2020(2)：148-158.

[120] 徐富洋子. 大理契约文书中女性社会经济史料的研究[J]. 中国国家博物馆馆刊，2022(5)：146-159.

[121] 徐志强. 中国古代庶民女性的家庭地位研究：对“三从”的再思考[J]. 阜阳师范大学学报(社会科学版)，2020(3)：127-139.

[122] 张丽虹. 清至民国昆明契约心理及贫困化趋势：以279件土地契约为基础[J]. 曲靖师范学院学报，2018(1)：38-44.

[123] 刘云生. 永佃权之历史解读与现实表达[J]. 法商研究，2006(1)：76-81.

[124] 张国臣. 略论永佃权与农业资本主义萌芽的关系[J]. 许昌师专学报(社会科学版)，1988(3)：95-99.

[125] 韦森，苏映雪. 从明清赋役制度变迁看宗族治理的内在逻辑[J]. 广西师范大学学报(哲学社会科学版)，2023(3)：131-144.

[126] 张赟. 鬼神、文化生命与存在方式上的远方：儒教祭祀精神[J]. 原道，2007：106-123.

[127] 陈国富，卿志琼. 从身份到契约：中国制度变迁的特征透视[J]. 人文杂志，2000(3)：19-22.

[128] 许经勇. 论土地商品的特殊属性[J]. 财经研究，1995(7)：32-35.

[129] 奚卫华. 中国传统农民的“恋土情结”[J]. 和田师范专科学校学报(汉文综合版)，2004(3)：97-98.

[130] 阿风. 明清时期徽州妇女在田土买卖中的权利与地位[J]. 历史研究，2000(1)：73-85.

[131] 习翼. “家亲叔大，娘亲舅大”：指定了孝的监督人[J]. 家庭服务，2016(2)：62.

［132］龙雪梅．以圩市窥探土司制度及改土归流对清代广西社会经济发展的影响［J］．广西教育学院学报，2009(1)：79-82.

［133］张占力．明清时期绅士阶层在宗族保障中的作用探析［J］．山东省农业管理干部学院学报，2010(1)：103-105.

［134］屈嘉文，杨志勇．近二十年国内明清绅士研究概述［J］．山西大同大学学报(社会科学版)，2023(5)：42-46.

［135］马源．清至民国时期太原吴家堡契约文书研究［D］．太原：山西大学，2023.

［136］王力平．身份的社会资本属性及其功能［D］．兰州：西北师范大学，2007.

［137］徐嘉露．明代民间契约习惯研究［D］．郑州：郑州大学，2018.

［138］马艳玲．清代契约文书中女性问题研究［D］．沈阳：沈阳师范大学，2022.

［139］窦立春．身份的伦理认同［D］．南京：东南大学，2016.

［140］宋瑞晨．清代归化城土默特的土地关系与乡村聚落［D］，呼和浩特：内蒙古大学，2020.

［141］徐国良．被征地农民的土地依恋问题研究：以无锡市为例［D］，南京：南京大学，2016.

［142］吕佩荣．从土地契约看清代中期至民国末年土默特地区的民间土地交易［D］，呼和浩特：内蒙古财经大学，2023.

［143］张姗姗．古代中国的“契约自由”：文本与实践的考察［D］．长春：吉林大学，2009.

［144］罗海山．传统中国的契约：法律与社会［D］．长春：吉林大学，2005.

［145］李力．清代民间契约中的法律［D］．北京：中国人民大学，2003.

［146］洪德善．民间文献遗产与传统乡村社会研究：以堡里契约文书为例(1781-1964)［D］．南京：南京大学，2021.

［147］卢佳明．经济关系券契“中人”“保人”异同论：以《中国历代契约会编考释》为样本［D］．沈阳：沈阳师范大学，2023.

[148] PETER J. BURKE, JAN E. STE. Identity Theory[M]. New York: Oxford University Press, 2009.

[149] WILLIAM JAMES. Psychology: the briefer course [M]. New York: Harper, 1892.

后　记

POSTSCRIPT

边疆，不单单是一个指向国家边界的地理概念，还包含着独特的政治、经济和文化，更是跨文化传播研究的热点区域之一。近二十年，随着研究边疆文化的国内学者不断增多，学术成果不断累积，学界同仁们建构起热门的边疆学。崇左作为南疆新兴城市，其边疆文化的无限魅力引来八方学者，因此成为不少学者进行边疆文化研究的首选田野调查点。教育部人文社会科学研究一般项目“中越边境民间文化的跨境传播问题研究”课题组同样选择了崇左作为长期驻守的田野调查点。

崇左市壮族博物馆杨丽云同志是本课题组的骨干成员之一，按照课题布局，她最初承担边疆考古文化研究，以文物史料民间契约为研究对象，预期成果可以支撑课题设计中的基础研究理论。杨丽云同志为民族学科班出身的学者，带着浓厚的“田野派”作风，长期扎根崇左的考古研究和民俗研究。例如，她在课题组中发挥女性身份优势，负责越南新娘相关调查，在龙州县金龙镇民建村跟当地人同吃同住同劳动，融入当地，了解越南新娘情况，顺利完成课题阶段性成果并公开发表《跨国婚姻中越南新娘的身份建构——以广西龙州县金龙镇民村个案为例》。在搜集、整理、爬梳边疆地区明清民间契约的文献之时，杨丽云同志逐步跳出“边疆考古”的思维定势，将眼光拓展至民间契约背后的身份流动问题。一项研究工作的结束意味着新研究的开始。在课题按时结项之后，为了完善并出版这本有关民间契约的相关支撑文献材料，杨丽云同志仍坚持考证、补充大量文献，跳出原有的学术爱好，跨越时空，从岁月沉积的左江流域刊刻契约中解读边疆历史文化，以身份流动的视角对崇左历史进行多学科交叉研究，引发新的思考。遂完成此阶段的成果文稿，是本项目结项后研究的延展贡献。

随着本项目的成果陆续发表与出版，项目研究成果已经夯实一条有关边疆跨文化传播的学术路径，并延伸至我国与邻国之间的民心相通学术研究。我们相信在不久的将来，我国与周边区域之间的跨境传播研究将成为显学，并成为国家面向东南亚开展文化交流交融互鉴的重要参考依据。

以此为记，与君共勉！

教育部人文社会科学研究一般项目

“中越边境民间文化的跨境传播问题研究”的课题组

2025 年 3 月 21 日于南宁